Über dieses Buch Eine praktische Menschenkunde als Orientierung für sich selbst und den Umgang mit anderen, ist das Ziel dieses Buches. Leitend war dabei der Gedanke, daß der Mensch »zwei Welten« angehört, dem Naturreich ebenso wie dem Bereich des Seelisch-Geistigen, der allein ihm die Ausbildung und Erfüllung seiner individuellen Fähigkeiten gewährleistet. Die bewußte Handhabung solcher Fähigkeiten kann »erlernt« werden, wenn eine erneuerte Pädagogik, beginnend im Kindes- und Jugendalter bis hin zur Selbsterziehung des Erwachsenen, Erkenntnisse und Schulung liefert. So steht hier eine für jedermann einsehbare und praktizierbare Psychologie im Mittelpunkt, die sich auch eingehend mit den vier Temperamenten befaßt und zeigt, wie deren Kenntnis bei Fragen des Berufs und der persönlichen Lebensgestaltung entscheidend sein kann.

Über den Autor Kurt Brotbeck, 1916 in Biel/Schweiz geboren, ist Schriftleiter der in Bern erscheinenden Zeitschrift ›*Gegenwart*‹. Als Publizist und Lehrer an der Höheren Technischen Lehranstalt Biel und als Dozent und Referent im industriellen Aus- und Fortbildungswesen ist er vor allem in der Schweiz bekannt geworden. Bisher sind von ihm u. a. erschienen »Im Schatten des Fortschritts. Die Herausforderung der Pädagogik durch Zivilisisation und Technik«, Zürich/Stuttgart 1969, »Durchbruch zur Menschenschule. Entwicklungswege zur Waldorf-Pädagogik«, Schaffhausen 1982.

Kurt Brotbeck

Der Mensch – Bürger zweier Welten

Menschenkunde als Erziehungs- und Führungshilfe

Fischer Taschenbuch Verlag

Perspektiven der Anthroposophie
Herausgegeben von
Johannes M. Mayer und Wolfgang Niehaus

Gekürzte Ausgabe
Veröffentlicht im Fischer Taschenbuch Verlag GmbH,
Frankfurt am Main, Mai 1986

Lizenzausgabe mit freundlicher Genehmigung
des Autors Dr. Kurt Brotbeck, Nidau/Schweiz

Die erste Auflage der Hardcoverausgabe erschien
1972 im Rotapfel Verlag AG, Zürich
Umschlaggestaltung: Jan Buchholz / Reni Hinsch
Gesamtherstellung: Clausen & Bosse, Leck
Printed in Germany
980-ISBN-3-596-25561-9

Das sind Menschen, die eine Wissenschaft haben, die ihren Kopf befriedigt, aber nicht ihr Herz – und die eine Religion haben, die ihr Herz befriedigt, aber nicht ihren Kopf.

Ku Mung Ming über die Europäer

Wenn die technische Welt eine bisher nie für möglich gehaltene Belastungsprobe für das Wesen des Menschen geworden ist, eine unerhörte Herausforderung seiner geistigen Substanz, seiner Menschlichkeit, ja seiner leib-seelischen Konstitution, dann darf man eine Gefahr solchen Ranges nur mit dem Mut angehen und bekämpfen, in welchem die Hoffnung auf Rettung und Überstehen als Element schon mitgegeben ist.

Joachim Bodamer

Der Geist steigt adlergleich empor,
vom Auge sinkt des Eintags Flor,
der Wille wirft sein Haupt zurück
und weiß: ihm wird des Sieges Glück.
Doch wen nicht adelt, was ihn schmerzt,
der hat, daß Gott ihm hilft, verscherzt.

Henrik Ibsen

Inhalt

Vorwort

Die gute Aufnahme, welche das im Rotapfel Verlag, Zürich, erschienene Werk *Im Schatten des Fortschritts, Die Herausforderung der Pädagogik durch Zivilisation und Technik* gefunden hat, hat mich ermutigt, an ein neues Thema heranzugehen, nämlich an eine Menschenkunde, die all denen helfen möchte, welche mit Aufgaben der Erziehung und Menschenführung betraut sind. Freilich erwies sich während der Arbeit am Text das Thema als so umfassend, daß immer wieder Kürzungen erforderlich wurden. So mußte beispielsweise die an sich so bedeutungsvolle Darstellung des Evolutionismus auf wenige Sätze zusammengedrängt werden. Auch eine Skizzierung der geschichtlichen Entwicklung des Menschen wurde dem Raum geopfert. Dafür ist dem Werdegang des Menschen und den Temperamenten mehr Aufmerksamkeit geschenkt worden. Zwar drängte sich auch hier starke Beschränkung auf. Der psychologisch Gebildete wird in dieser Darstellung verschiedene Temperamentlehren vermissen.

Mir ging es jedoch nicht um eine referierende Wiedergabe dessen, was die heutige psychologische Wissenschaft beschäftigt, sondern um eine lesbare Menschenkunde, welche einem gebildeten Laien in der Praxis das Verstehen von Situationen und Verhaltensweisen erleichtern möchte. In der gleichen Absicht ist auf eine den Text belastende Auseinandersetzung mit anderen modernen pädagogischen Strömungen weitgehend verzichtet worden.

Die hier vorgetragenen Ausführungen habe ich als Dozent an einer Höheren Technischen Lehranstalt, als Referent und Kursleiter verschiedener schweizerischer industrieller Organisationen, insbesondere in Kader- und Lehrlingsausbildner-Kursen der schweizerischen Tiefdruckanstalten, des Schweizerischen Verbandes von Betriebsfachleuten, der Vereinigung für freies Unternehmertum sowie an Volkshochschulen und an Veranstaltungen des Europäischen Studienwerkes in Freiburg im Breisgau entsprechend den jeweils vorliegenden Aufgaben bearbeitet. Manches freilich mußte für die Drucklegung ganz neu aufgebaut werden.

Den geistigen Grund dieser Arbeit bildet das Studium der Anthroposophie Rudolf Steiners, zu der mich Professor Friedrich Eymann, Roman Boos und Hans Erhard Lauer hingeführt haben. Mit diesen Persönlichkeiten verbindet mich eine große Dankbarkeit. Danken möchte ich auch all denen, welche zum Gelingen dieser Arbeit beigetragen haben: Dr. Paul Toggenburger, der den Impuls zur Niederschrift dieses Buches gab, und Otto Müller, der viele wertvolle Anregungen beisteuerte.

Nidau, Oktober 1985 *Dr. Kurt Brotbeck*

Das Vorhaben wird begründet

Die Literatur über Führungspsychologie, Unternehmerschulung, Kaderbildung, wächst von Jahr zu Jahr zu einem fast unüberblickbaren Berg von Publikationen an. Wege zum Erfolg, zu einer Erhöhung der Rendite, einer Steigerung des Umsatzes werden in großem Ausmaß empfohlen. Meist spielt bei solchen Werken der wirtschaftliche Gesichtspunkt die ausschlaggebende Rolle. Die vorliegende Arbeit entspringt einem anderen Bestreben. Nicht um einen ausmünzbaren Erfolg, nicht um wirksamere Ausbeutung seiner Mitarbeiter geht es dem Verfasser, sondern um einen Beitrag, unser Wissen vom Menschen zu vertiefen und zu erweitern. Je stärker der moderne Mensch eingespannt ist in den wirtschaftlichen Kreislauf, je enger und spezialisierter der Bezirk wird, in dem er beruflich und privat engagiert ist, desto dringender und wünschenswerter wird ein Versuch, einen weitgreifenden Überblick über die Fragen des Menschseins zu erhalten. Unser tagtägliches Leben, das unter einer Fülle von Pflichten, Terminen, kurzfristig gültigen Informationen und unter tausend Zerstreuungen steht, lenkt uns dauernd von dem wichtigsten Gegenstand der Erde ab: dem Menschen. Das Verflochtensein in tausendfältige Abhängigkeiten läßt manchen von uns zur Auffassung gelangen, daß der Verdienst, das Einkommen, den wichtigsten Inhalt unseres Lebens darstelle, obgleich einsichtige Persönlichkeiten wie Gustav Eichelberg, Albert Einstein, Walter Heitler, Alexander Mitscherlich, Joachim Bodamer und viele andere uns immer wieder warnen, den Dienstgedanken dem Verdienstgedanken zu opfern. Außerdem zeigt sich immer deutlicher, daß der Homo oeconomicus des 20. Jahrhunderts dem Streß dauernder Überbeanspruchung weder physisch noch psychisch gewachsen ist. Die besten Männer sterben im besten Alter hinweg. Offensichtlich fehlt den Managern des wirtschaftlichen Fortschritts das Instrument, das des Menschen Wesentlichstes zu erfassen vermag. Man kann darum Martin Buber beistimmen, der in einem Interview einem Korrespondenten gegenüber erklärte:

»I do not see danger in technization, but I see eminent danger in this: that there is in all technization no question about man.« Und Alexis Carrel schreibt in seinem immer noch lesenswerten Buch *Der Mensch – das unbekannte Wesen*: »Die Wissenschaft hat eine Welt geschaffen, in der der Mensch ein Fremdling ist.«

Vorliegendes Buch möchte die Frage nach dem Menschen von einem Standort angehen, der nicht durch die lähmende und einschränkende Sicht irgendeines Zweckdenkens bestimmt ist. Viel Gewicht wird der Frage nach dem Selbstverständnis des Menschen eingeräumt. Einzelne gegenwärtige Wissenschaftsströmungen neigen stark dahin, die Grenzen zwischen den Naturreichen zu verwischen und damit das wahrhaft Menschliche in einem Nebel von kybernetischen, mechanistischen und rein biologischen Vorstellungen verfließen zu lassen. Die Versuchung ist groß, die Wege zu einem Verständnis des Menschen mit Vorstellungen zu belegen, die den Menschen nur an einer peripheren Stelle erfassen, aber das Zentrale nicht treffen.

Vielleicht mag ein Leser finden, der Autor habe zur Fundamentierung seiner Menschenkunde allzuweit ausgeholt. Demgegenüber wäre zu bemerken, daß eine Urteilsbildung über irgendeinen Gegenstand in dem Grade leichter wird, als die entsprechenden Grundlagen vorhanden sind. Wie keiner ein guter Techniker oder Ingenieur werden kann, der nicht seine Wissenschaft mit dem Einmaleins beginnt, so scheint uns, könne niemand ein guter Erzieher und Vorgesetzter werden, der sich nicht bemüht, zu erkennen, welche Stellung dem Menschen innerhalb der verschiedenen Naturreiche und der Evolution zukommt und wie er sich von seiner Geburt an über mannigfache Fährnisse und Krisen hinweg zu einem reifen, handlungsfähigen Erwachsenen entwickelt.

Einen breiten Raum nimmt die Erörterung der Temperamente ein. Es ist eine tagtägliche Erfahrung, von welch entscheidender Bedeutung das Temperament eines Menschen ist. In jeder pädagogischen oder betrieblichen Situation, bei jeder unternehmerischen Tat, bei jedem irgendwie gelagerten Handel spielen die Temperamente mit. Es ist darum eine ganz außerordentliche Hilfe, wenn jemand in der Lage ist, seine Mitarbeiter »temperamentgemäß« einzusetzen und zu führen. Der Leser wird an sich selber feststellen, daß er manche ganz konkrete Lebenssituation sicherer und richtiger beurteilt, wenn er um die Eigenart der einzelnen Temperamente weiß, als ohne eine solche Kenntnis.

Die Nutzanwendung unserer Darstellungen auf das praktische Tun und das Verständnis der uns umgebenden Lebensverhältnisse dürfte alsdann ebensowenig Schwierigkeiten bieten, wie die Berechnung eines geometrischen Körpers demjenigen bietet, der die Gesetze der Mathematik beherrscht.

Die Stellung des Menschen in den Naturreichen

> Das Höchste wäre zu begreifen, daß alles Faktische schon Theorie ist. Man suche nichts hinter den Phänomenen; sie selbst sind die Lehre. *Goethe*

Ein Engländer hielt bei einem Japaner um die Hand seiner Tochter an, bekam jedoch nach Ablauf der Bedenkzeit abschlägigen Bescheid mit der lapidaren Begründung: »Wir Japaner stammen von den Göttern ab, ihr Engländer dagegen von den Affen.«

Ob diese Anekdote wahr ist oder nicht, sie beleuchtet blitzartig zwei gegensätzliche Menschenbilder und umgreift damit ein immenses Stück Menschheitsgeschichte sowohl in zeitlicher als auch in geographischer Hinsicht. Denn die Überzeugung, daß der Mensch von Gott oder Göttern abstamme, war der ganzen frühen Menschheit eigen und ist im Osten beheimatet, während die Meinung, der Mensch stamme vom Affen ab, ein Erzeugnis des 19. Jahrhunderts ist und in England, im Westen also, ihren Ursprung hat.

Wäre es aber nicht denkbar, daß beide Ansichten ihren Wahrheitsgehalt hätten, daß in beiden eine Teilwahrheit steckte? – Wir werden sehen, daß ohne Bejahung dieser Frage das Gesamtphänomen »Mensch« gar nicht verstanden werden kann.

Die Bemühungen der Neuzeit, den Menschen von der Naturseite her zu verstehen, setzten intensiv zur Zeit der Renaissance ein. Sie bilden einen integrierenden Bestandteil des allgemeinen Bewußtseinswandels, der sich damals in der abendländischen Menschheit vollzog. Zufolge dieses Wandels wurde der Blick von der göttlichen Welt, die noch das Mittelalter allem irdischen Geschehen übergeordnet hatte, auf den irdisch-materiellen Bereich umgelenkt, so daß dieser in steigendem Maße Priorität gewann.

Zwar berichtet schon die Genesis von der Erschaffung des Menschen aus einem Erdenkloß. Doch ist der biblische Bericht weit davon entfernt, einem monistischen Materialismus Vorschub zu leisten, wie er im gegenwärtigen Schrifttum vielfach zum Ausdruck kommt. Mit dem Erdenkloß ist nur das Material gemeint, aus dem der Mensch geschaffen wurde. Es heißt aber nicht, daß der Erdenkloß sich selber Form und Leben gab.

Unbestreitbar hat der Mensch in mancherlei Weise teil an der Natur. Sein Körper besteht aus denselben Stoffen wie die ihn umgebende Welt: Kohlenstoff, Wasserstoff, Sauerstoff, Stickstoff usw. Er ist insofern ein *mineralisches* Wesen – am augenfälligsten als Leiche. Als lebendes Wesen aber gehört er einer höheren Ordnung an wie schon die *Pflanze*, der Erstling in der organischen Welt. Er hat ferner eine ganze Anzahl von Merkmalen – Atmung, Empfindung, Fortbewegung, Fortpflanzung und andere – mit dem Tier gemeinsam. Und schließlich sind ihm ausgesprochen *menschliche* Kennzeichen und Fähigkeiten eigen, die ihn über das Tier erheben. So gehört er *vier Naturreichen* an, weshalb wir uns mit jedem dieser Reiche einzeln befassen wollen.[1]

1. Der Mensch und das Mineralreich

Unter dem Mineralreich verstehen wir das Gesamt der leblosen Substanzen der Erde. Es ist nicht leicht, sich dieses Reich vorzustellen, weil wir es selten isoliert vor Augen haben. Wir müßten in die Wüste gehen, wo nur Sand uns umgibt, oder auf die obersten Berggipfel steigen, wo nur Stein und Fels uns anstarren. Aber selbst die Wüste lebt, und auch um den Berggipfel fliegen Dohlen und erinnern uns an ein höheres Naturreich. Am reinsten begegnen wir dem Mineralreich vielleicht in einer mechanischen oder elektrotechnischen Werkstätte.

Der Mensch steht mit diesem Reich in engem täglichem Kontakt. Ihm entnimmt er zu einem großen Teil die Stoffe, die er zu seiner Arbeit braucht. Ganz besonders bedient sich der technisch orientierte Berufsmann der Bestandteile dieses Naturreiches. Man kann sich unsere Technik nicht denken ohne Eisen, Aluminium, Messing, Kupfer, Silber, Gold, Platin usw. Aus solchen Elementen und Legierungen stellt der Mensch seine Werkzeuge her, konstruiert er seine Maschinen, seine Gebrauchsgegenstände. Auf der Grundlage des starren Mineralreiches errichtet er seit Jahrtausenden seine Straßen und Plätze, Wohnhäuser und Werkstätten, Kirchen und Spitäler, Friedhöfe und Denkmäler. Das Mineralreich ist die eigentliche Materialkammer seiner mannigfaltigen Tätigkeit. Es gibt ihm die Möglichkeit zu arbeiten, zu werken, zu gestalten und damit seine Willenskräfte auch in sozial nützlicher Weise zu betätigen.

Nun gelingt ihm solches Werken aber nur, insofern er die Gesetze der physischen Natur kennt, und die Geschichte zeigt deutlich: In dem Augenblick, als ein allgemeiner Wille zur Naturbeherrschung erwachte, erwachte auch das drängende Verlangen, die Naturgeheimnisse zu enträtseln. In besonderem Maße hat der Engländer *Francis Bacon* (1561–1626) das Kulturbewußtsein für diese Aufgabe enthusiasmiert. Man kennt sein berühmtes Wort: »Wissen ist Macht.«[2]

Dieser Zusammenhang führt uns zu einer weiteren wichtigen Erkenntnis: Das Mineralreich bildet einen hervorragenden Angriffspunkt für das menschliche Denken. Im Umgang mit ihm hat sich das moderne naturwissenschaftliche Denken entwikkelt. Warum? Weil einzig das Mineralreich sich dem Verstandesdenken, der Ratio, gänzlich erschließt. Alle höheren Reiche lassen uns mit einem größeren oder kleineren ungelösten Rest »vor einem Geheimnis stehen«, wie es bei *Martin Heidegger* heißt.[3] Dagegen hat sich am Studium der toten Natur das abendländische Denken zu außerordentlicher Begriffsklarheit, Transparenz und Evidenz hinaufgearbeitet. Hier erleben wir absolut klare, durchsichtige Denkprozesse. Wir können durchschauen, warum ein Ziegel vom Dach fällt, weshalb die Kugel den Abhang hinunterrollt, warum das Flugzeug, das schwerer ist als die Luft, fliegen kann.

Es interessiert uns aber nicht nur, warum ein Stein fällt, sondern ebensosehr, wie rasch er fällt. Und tatsächlich können wir nicht nur feststellen, *warum* sich dieses oder jenes Phänomen so und nicht anders verhält: wir vermögen auch zu sagen, *wie* ein Prozeß sich vollzieht und wie er sich auch in Zukunft vollziehen wird. Den Schlüssel dazu liefert uns die Mathematik. Denn mit dem Wie zielen wir auf die meßbaren Verhältnisse der physikalischen Vorgänge. Von *Aristoteles* (384–322 v. Chr.) bis zu *Bacon* vollzog sich die Beschäftigung mit dem Naturgeschehen noch sozusagen unter Ausschluß der Mathematik.[4] Erst zur Zeit des Barocks und der Aufklärung erfolgte gleichzeitig mit gezielter experimenteller Forschung der entscheidende Durchbruch zur Mathematisierung, die nun erst eine exakte Formulierung der Naturgesetze ermöglichte. Als repräsentativ für diesen Durchbruch mag der Name *Galilei* (1564–1642) genannt werden.[5] Seither lebt die Naturwissenschaft in einer schicksalhaften Symbiose mit der Mathematik.

Diese Lebensgemeinschaft ist ein höchst merkwürdiges Phänomen, das uns stutzig machen müßte. Ist es nicht wahrhaft liebenswürdig von der Natur, daß sie den Wissenschaftern den Gefallen tut, sich »mathematisch« zu verhalten? Denn es ist zu bedenken, daß die Mathematik als eine a-priori-Wissenschaft gar nicht der sinnlichen Erfahrung (a posteriori) entnommen ist, sondern das Werk unseres eigenen Denkens darstellt. Die Aufklärer (*Descartes, Spinoza, Leibniz*) benützten sie als Beweis dafür, daß das Denken fähig ist, Erkenntnisse zu produzieren, die wahr und wirklich sind, auch wenn es sich nicht auf äußere Sinneserfahrungen abstützen kann. Wenn sich nun aber Naturwissenschaft und Mathematik bruchlos miteinander verbinden lassen, so ergibt sich daraus doch offenbar, daß der Weltengrund, welcher der äußeren, sinnlich wahrnehmbaren Natur zugrunde liegt, und der Erkenntnisgrund, aus dem der menschliche Geist die mathematischen Beziehungen erschließt, derselbe ist. Weltgesetze und Denkgesetze sind nicht verschiedene Sphären; nur im menschlichen Erlebnisraum werden sie auseinandergerissen in einen sinnlich wahrnehmbaren und einen denkbaren Teil.[6]

Neben Durchschaubarkeit und Mathematisierbarkeit der mineralischen Welt tritt als weiteres Charakteristikum das Prinzip der Kausalität. Die Vorgänge im mineralischen Bereich stehen in einem engen ursächlichen Verhältnis zueinander. Unter gleichen Umständen ereignen sich immer die gleichen, entsprechenden, voraussehbaren Wirkungen. Die Beziehung zwischen Ursache und Wirkung ist konstant. Die Konstanz der Verhältnisse im Mineralischen ermöglicht uns, mit den Prozessen zu rechnen, zu planen, zu konstruieren, zu arbeiten. »Die Welt wird beherrschbar, machbar. Der Mensch wird zum Homo faber.[7] Und als solcher erfährt er seine Macht und wird sich seiner Freiheit bewußt.

Max Thürkauf hat die Methoden, mit denen die exakte Naturwissenschaft der mineralischen Welt zu Leibe rückt, in überzeugender Weise herausgearbeitet.[8] »Diese Methoden sind
1. die mechanistisch-deterministische Betrachtungsweise,
2. das systematisch-reproduzierbare Experiment,
3. das differenziell-kausale Prinzip.«

Er zeigt, wie der *mechanistisch-deterministischen Betrachtungsweise* immer das Modell einer Maschine zugrunde liegt. »Dabei ist es unwesentlich, ob die Maschine wirklich existiert oder nur gedacht ist. Eine Maschine besteht immer aus einer nach formallogischen Prinzipien ablaufenden Konstruktion.«

Im *systematisch-reproduzierbaren Experiment*, das erst durch *Leonardo da Vinci* und *Galileo Galilei* als zielgerichtetes Forschungsinstrument eingeführt worden ist, »werden die der mechanistisch-deterministischen Betrachtungsweise zugrunde gelegten Maschinen im Laboratorium verwirklicht, in ihrem Zustand und Ablauf unter Ausschaltung von störenden Faktoren beobachtet und ausgemessen. Dabei ist eine wesentliche Tatsache festgestellt: zu den störenden Faktoren gehört auch der Experimentator, also der Mensch.« Das *differenziell-kausale Prinzip* schließlich »ermöglicht einerseits eine quantitative Erfassung von mechanistisch-deterministischen Betrachtungen und experimentellen Beobachtungen unter Zuhilfenahme von mathematischen Werkzeugen«.

Die genannten Methoden haben aber noch weitere Folgen. Die Reduzierbarkeit der naturwissenschaftlichen Phänomene auf eine mathematisch ausdrückbare Gleichung, in der wir ein Gesetz festhalten, hat zur Ausschaltung ihrer sinnlichen Erscheinung geführt. An die Stelle von Farben und Tönen sind Schwingungsverhältnisse getreten. Die Versuchung des Naturwissenschafters ist groß, die eigentlichen Phänomene als subjektiv, vom »Störfaktor Mensch« verursacht, aufzufassen und nur die durch »Maschinen« meßbaren Schwingungsverhältnisse als objektiv anzuerkennen. Der berühmte Kampf *Goethe*s gegen *Newton* in der Auffassung der Farben zeichnet sich hier ab. *Walter Heitler* hat auf diese Problematik hingewiesen.[9] *Adolf Portmann* und *Martin Wagenschein*, beide nicht nur wissenschaftlich, sondern auch pädagogisch lebhaft interessiert, warnen eindringlich davor, die »primäre Welt« der Phänomene auf Kosten der »sekundären Welt«, der mathematisch formulierten Gesetze, preiszugeben.[10]

Schließlich hat die Konzentration der Forschung auf das Experiment, mit welchem nur systematisch reproduzierbare Prozesse erfaßt werden können, noch zu einer weiteren Reduktion des Erkenntnisstrebens geführt. *Walter Heitler* zeigt, wie noch bei *Johannes Kepler* die Suche nach dem Sinn, dem Wozu der Verhältnisse im Weltraum, als treibende Kraft wirksam war.[11] Demgegenüber erklärt *Walter R. Fuchs*, es sei so lange unmöglich gewesen, die Welträtsel zu lösen, als man nach dem Warum der Dinge, nach ihrem Sinnzusammenhang, fragte; erst *Galilei* sei es gelungen, den Gordischen Knoten zu lösen, indem er die Frage nach dem Warum preisgegeben und sich auf das Wie beschränkt habe.[12]

Zusammenfassend läßt sich feststellen, daß der Mensch in vierfacher Weise mit der mineralischen Welt verbunden ist:

1. Er entnimmt diesem Naturreich die Stoffe, aus denen er seinen Körper aufbaut, von denen er, zum Teil wenigstens, sich ernährt und lebt.
2. Es dient seinem Willen und Schöpferdrang als Arbeitsgrundlage.
3. Es bildet eine vorzügliche Forschungsgrundlage seines Erkenntnisstrebens, indem es sich seinem Verstandesdenken restlos erschließt.
4. In der erkenntnismäßigen und tatkräftigen Auseinandersetzung mit der selbstlosen mineralischen Welt gelangt der Mensch zum Erlebnis seiner Freiheit. Das ist die moralische Komponente, die wir diesem untersten Naturreich zu verdanken haben.

2. Der Mensch und die Biosphäre

Beim Studium der toten mineralischen Welt hat die moderne Naturwissenschaft kausal sich vollziehende, mathematisch ausdrückbare, reproduzierbare Gesetze gefunden. Nun müssen wir wohl beachten: Denkformen und Denkgesetze entsprechen den Objekten, an denen sie erarbeitet werden. Wollten wir die Forschungsergebnisse und Denkformen, die dem untersten Naturreich entsprechen, unverändert in den höheren Bereich des Lebendigen übertragen, so würden wir uns einer unzulässigen Extrapolation schuldig machen. Zwar wird immer wieder versucht, die Prinzipien der mineralischen Welt auch im Lebensbereich nachzuweisen – mit Erfolg, insofern die stoffliche Natur ja die ganze wahrnehmbare Welt durchzieht. Indessen erweist die Forschungspraxis immer erneut, daß wir das Stoffliche im Bereich des Lebendigen erst erfassen und untersuchen können, nachdem wir ihm das Leben entzogen und es vom organischen in den anorganischen Zustand übergeführt haben. Nur der anorganische Stoff läßt sich zerlegen und analysieren[13].

Weil uns die entsprechenden Sinne fehlen, können wir diese Kräftewelt nicht wahrnehmen. Sie ist dennoch da; wir erkennen sie an ihren Wirkungen. Sie gehört zur *schaffenden* Natur, der »natura naturans« im Sinne des *Scotus Erigena* (810–877), und als *geschaffene* Natur, »natura naturata«, vermögen wir sie in den lebendigen Sinnendingen – Pflanzen, Tieren, Menschen –

nachzuweisen. Sie läßt sich denkend erfassen, wenn man die Genesis eines lebendigen Wesens mit der Entstehung eines toten, mechanischen Gegenstandes vergleicht. Wie entsteht ein Apparat, eine Maschine? Durch Zusammenfügen einzelner vorbereiteter Teile, die miteinander verschraubt, vernietet, verschweißt werden. Aus Teilen fügt sich ein Ganzes zusammen. Immer ist der Teil früher als das Ganze. Bei einem Lebewesen, ob hoher oder niedriger Art, ist das Ganze im Samen oder in der Eizelle schon von Anfang an da. Es entsteht nicht additiv, durch Aneinanderfügen von Gliedern und Organen, sondern durch differenzierende Entwicklung von innen her. Und während bei einem Mechanismus das einzelne Teil auch ohne das funktionale Ganze bestehen und so zu ganz verschiedenen Zwecken gebraucht werden kann, ist der Teil eines lebendigen Wesens, sobald er sich vom Ganzen löst, dem Zerfall ausgeliefert. Und nur in Christian Morgensterns phantastischen Humoresken »geht einsam ein Knie (das Knie eines erschossenen Soldaten) durch die Welt«. In Wahrheit können Teile eines Lebewesens nur in organischer Verbindung mit dem Ganzen bestehen, und wenn diese Verbindung einmal unterbrochen ist, läßt sie sich kaum wiederherstellen.

Dazu kommt, daß im Gegensatz zu einem mechanischen Apparat, der abgesehen von Abnützungserscheinungen unverändert bleibt, jedes Lebewesen in dauerndem Wandel, in Werden und Vergehen begriffen ist. Wir stoßen damit auf ein neues konstitutives Element des Lebendigen: die Zeit. Alles Lebendige lebt im Fluß der Zeit. Erst wenn ein lebendes Wesen in den mineralischen Zustand übergeht, hört die Zeit auf, mitgestaltendes Element zu sein. In fossilen Versteinerungen haben wir zugleich erstarrte Form und erstarrte Zeit vor uns, doch eben auf der Stufe des Mineralischen. Anders können wir Leben überhaupt nicht fixieren. Ja wir müssen uns fragen, ob nicht letztlich alles Tote, Mineralische, eine Ausscheidung, ein Abfallprodukt des Lebendigen sei. Denn immer wieder begegnen wir der Tatsache, daß Lebendiges Totes zurückläßt: als Skelett, Asche, Erde, Kalk, Elfenbein, Horn, Wolle, Holz, Zellstoff usf., während wir nie beobachten können, daß Totes lebendig wird.[14]

Alles Lebendige wächst heran, bis es die ihm gemäße Größe und Gestalt, die seiner Art gemäßen Proportionen erreicht hat. An der einjährigen Pflanze läßt sich dieser Lebensprozeß am eindrücklichsten beobachten, indem wir hier alle »Lebensstufen« von der Keimung über das Wachsen und Sprossen bis zum Blühen, Fruchttragen und Verwelken verfolgen können. Hier wird uns bewußt, daß die Pflanze nicht nur ein räumliches Gebilde, sondern ebensosehr ein zeitliches Wesen darstellt, das neben den physischen auch bestimmte zeitliche Proportionen hat, die sich nicht beliebig verändern lassen. Wir können ihre in einem bestimmten Zeitraum sich ausbreitende Organisation ihren Zeitleib nennen. Dieser Zeitleib bedient sich gewissermaßen der materiellen Substanz als eines Mediums und tritt erst dadurch in Erscheinung. Die Materie ist die Mater (Mutter), das empfangende Prinzip, dem die Lebens- und Zeitorganisation den Stempel einer bestimmten Gestalt aufprägt. In diesem Sinne verstanden, erscheint uns die Pflanze als raumgewordene Zeit.[15]

Auffallend ist, daß das Lebendige in einer viel größeren Zahl von Formen auftritt als das Mineralische, und zwar in Formen, die wir nicht ausdenken könnten – im Gegensatz zu denen der anorganischen Welt. Die Elemente und Verbindungen des anorganischen Bereiches geben sich, wo sie sich selber gestalten können, im Kristallisationsprozeß, immer streng geometrische Formen. Pyrit (Schwefeleisen) nimmt Würfel- oder Oktaederform an; Bergkristall (Quarz) gibt sich hexagonale Formen. Jedem Stoff entspricht eine bestimmte Form. Das ist im Bereich des Lebendigen nicht der Fall. Hier ist die Gestalt unabhängig vom Stoff. Man könnte sie autonom nennen. Sie erhält sich, auch wenn die Substanzen wechseln. Wir können dies an uns selber erfahren bei einer Verletzung: Die Zellen erneuern sich, aber die Gestalt verändert sich nicht. In je sieben Jahren wechselt unser Körper seine Zellen vollständig aus, aber die Gestalt bleibt. Und umgekehrt: Pflanzen mit gleicher oder doch annähernd gleicher Substanz unterscheiden sich in Gestalt, Blättern, Blüten, Früchten.

Jedes lebendige Wesen trägt das Zielbild dessen, was es werden soll, in sich selbst und wächst und wandelt sich, bis es die ihm eigentümliche Gestalt erreicht hat. So treten an Stelle kausal bestimmter Prozesse, die das Mineralische kennzeichnen, zielgerichtete. Der Stein im fließenden Wasser formt sich entsprechend den Wirkungen der ihn umsprudelnden Fluten; die Billardkugel rollt gemäß den von außen auf sie ausgeübten Kräften. Die lebendigen Wesen dagegen entwickeln sich nach dem ihnen selber innewohnenden Bauplan und lassen sich durch nichts von dieser Zielrichtung abbringen. Antike und mittelalterliche Philosophen, von *Platon* (427–347 v. Chr.) bis auf *Thomas von Aquin* (1225–1274), sprachen im Hinblick auf diese Tatsache von den Urbildern, den »paradigmata«, die als Ideen in der Ideenwelt (platonisch) oder bei Gott (jüdisch-christlich) aufgehoben seien.[16]

Die Zielstrebigkeit eines Lebewesens ist unabhängig von seiner Umgebung. Wohl wächst eine Pflanze je nach Lage und Bodenverhältnissen schneller oder langsamer, wird größer oder kleiner, trägt mehr oder weniger Frucht; aber ihre Gestalt setzt sich durch. Klimatische und Bodenverhältnisse sind nicht kausale, sondern nur konditionale Elemente. Als Lebens*bedingungen* haben sie ihre zum Teil große Bedeutung. Aber nur bezüglich des rein Mineralischen kommt ihnen kausale Funktion zu. Die lebendigen Wesen tragen ihre Kausa, ihre Ur-Sache, in sich selbst.

Unentbehrlich als Lebens*bedingung* sind Licht, Wärme und Wasser. Ein Blick auf das Pflanzenkleid der Erde belehrt uns über die unermeßliche Bedeutung der Sonne als Licht- und Wärmespenderin. Neben den wenigen mineralischen Substanzen, die die Pflanzenwelt aus der Erde saugt, nimmt sie aus der Luft das Kohlendioxid, das durch Verbrennung, durch tierische und menschliche Atmung entsteht, in sich auf und zerlegt es wieder in seine Bestandteile. Aus Kohlenstoff und Wasser baut sie die Kohlenhydrate auf und speichert in ihnen potentielle Energie: Sonnenenergie, die uns ernährt und wärmt. Und den Sauerstoff gibt sie als wichtigsten Bestandteil gesunder Atemluft wieder ab. Die Pflanzenwelt wird damit zur Lebensgrundlage für Mensch und Tier.[17]

Die Pflanze kann ihrerseits nicht leben ohne Wasser, und es ist wieder die Sonne, die das Wasser zu uns bringt. Wo immer Leben entstehen soll, muß Wasser vorhanden sein. Die Wüste lebt nur, wo wenigstens Spuren von Wasser da sind. Darum lehrte der griechische Philosoph *Thales von Milet* (um 600 v. Chr.), alles sei aus dem Wasser hervorgegangen. Wasser ist die physische Grundbedingung des Lebens. Die übermaterielle Lebensorganisation ist offensichtlich auf die wässerig-gallertige Konsistenz dieses materiellen Mediums angewiesen, um ihre Gestalten auszuprägen. Wie stark die Pflanzenwelt mit dem Wasserhaushalt verbunden ist, läßt sich beispielsweise aus der Tatsache ablesen, daß eine ausgewachsene Buche in einem einzigen Sommer etwa 9000 Liter Wasser verdunstet.

Mit den geheimnisvollen chemischen Verwandlungen im lebendigen Organismus hängt es schließlich zusammen, daß auch im stofflichen Aufbau große Unterschiede bestehen zwischen dem Lebensbereich und dem Mineralischen. Anorganische Verbindungen sind relativ einfach und von geringem Molekulargewicht. Dagegen finden sich im Bereich des Lebendigen vorwiegend hochmolekulare Stoffe von höchst komplizierter Struktur.

Was haben diese komplizierten Strukturen zu bedeuten? Muß damit die Eigendynamik der Stoffe aufgehoben werden?[18]

Es ist dringlich, daß wir versuchen, die Beziehungen zwischen Leben und Materie richtig zu durchschauen.

Und mit aller Deutlichkeit müssen wir uns den Zusammenhang zwischen Pflanzenleben und Menschenleben bewußt machen, weil unser technisches Denken gerade diese Beziehung zu verkennen geneigt ist und damit zur Schädigung und Zerstörung der Biosphäre verleitet. Auf längere Sicht betrachtet, ist unser gegenwärtiges diesbezügliches Tun und Nichttun ein Selbstmordprogramm. Es ist dringend notwendig, daß wir die Realität der Biosphäre als übersinnlicher Seinswelt erkennen, daß wir sie bis in alle Einzelheiten hinein erforschen und mit all ihren Gesetzmäßigkeiten schützen und erhalten. Erfreuliche Ansätze dazu sind vorhanden.[19]

Mit besonderer Vehemenz setzt sich der Basler Gelehrte *Max Thürkauf* für die Erkenntnis der Eigenwelt des Lebendigen ein, wobei er überzeugend darlegt, daß mit dem Instrumentarium der sogenannten »exakten Naturwissenschaft« dem Phänomen Leben nicht beizukommen ist. »Für die Gesetze der Physik ist eine Amöbe genau so unfaßbar wie ein Elefant. Oder mit anderen Worten: das Phänomen Leben kann der Ratio nicht zugänglich gemacht werden, wenn der Bereich des Lebendigen kleiner und kleiner gemacht wird. Das Leben erscheint immer in Ganzheiten. Das ist der Grund, warum ein Lebensdifferential allen Anstrengungen zum Trotz nicht gefunden werden konnte.« »Das Leben ist dasjenige, das im Reagenzglas verschwindet.«[20] Auch *Walter Heitler* ringt als Physiker um eine Abgrenzung des exakt-naturwissenschaftlichen Bereiches vom Bereich des Lebens und verlangt, daß Raum geschaffen werde »für eine zukünftige Wissenschaft des Lebendigen«, »die nicht an die für alles Lebendige so lähmende Idee des kausalzwangsläufigen Ablaufs gekettet ist«.[21]

Wenn wir vom Pflanzenreich zum Tierreich aufsteigen, offenbart sich ein weites Spektrum neuer Möglichkeiten.

Den Ausgangspunkt zur Erkenntnis ihrer Unterschiede bildet die Gestalt. Die Pflanze erzeugt flächige Gebilde. Ihr Grundorgan ist das Blatt, das sich zu den vielfältigsten Formen metamorphosieren kann: »Es mag die Pflanze sprossen, blühen oder Früchte tragen, so sind es doch immer nur dieselbigen Organe, welche in vielfältigen Bestimmungen und unter oft veränderten Gestalten die Vorschrift der Natur erfüllen« (*Goethe*). Die Pflanze lebt ganz nach außen. Sie breitet sich im Lichtraum aus und hält sich dadurch den Wirkungen von Licht und Wärme offen. Dank der sonnenhaften Mitarbeit ist sie der Assimilation fähig. Schon das Samenkorn, kaum hat es zu keimen begonnen und sich in der Erdscholle verankert, »erhebt sich sogleich aus der umgebenden Nacht« und strebt mit dem Sproß zum Licht empor.[22]

Beim Tier vollzieht sich ein komplizierterer Vorgang. »Das Tier schließt sich in seinem Organismus ab und trennt sich damit aus dem allgemeinen Raum einen eigenen *Innenraum* heraus.« Schon im Embryo wird die Bildung des Innenraums veranlagt, indem sich die zunächst flächenhaft angelegten Keimblätter zusammenfalten. Damit »trennt sich das Tier sowohl aus dem unmittelbaren Zusammenhang mit den irdischen wie mit den kosmischen Kräften heraus«.[23]

Durch die Emanzipation von der Außenwelt wird das Tier zu einer in sich geschlossenen Ganzheit, zu einem *Individuum*. Die Pflanze ist ein *Organ* der Erde, das Tier ein *Organismus* für sich. Mit der Emanzipation von der Erde beginnt bei ihm der Ausbau einer Innenwelt, die das Weltganze um eine neue Seinsform bereichert und aus der die ganze weitere Evolution hervorgeht. Von seiner Innenwelt aus versucht das Tier im Verlaufe seiner stammesgeschichtlichen Entwicklung, sich Organe herauszugliedern, welche die Verbindung zur Außenwelt wieder herstellen. Es baut sich ein ganz neues Organsystem auf: *das Sinnes- und Nervensystem*. Dank diesem kann es den Verlust der Weltverbindung wieder ausgleichen und mit seinen Artgenossen und der weiteren Umwelt in Kontakt treten.

Mit der Gebärde des Sich-Abschließens und Sich-Lösens von der Erde ist aber auch die Aufforderung verbunden, auf die Suche nach den lebensnotwendigen Stoffen zu gehen: sich fortzubewegen. Also muß das Tier die hierzu erforderlichen Einrichtungen ausbilden: Segmente bei den Würmern und Schlangen, Flossen und Schwimmhäute zur Bewegung im Wasser, Flügel zum Fliegen, Grabschaufeln, Pranken, Hufe, Kletterfüße zur verschiedenartigsten Lebensweise auf der Erde. Dank diesen Einrichtungen wird das Tier »frei«. Es kann kriechen, schwimmen, klettern, laufen, fliegen. Das *Nerven- und Sinnessystem* und die *Bewegungsapparate* stehen in korrelativer Beziehung zueinander.[24]

Mit dem Nerven-Sinnes-System ist aber eine noch »höhere« Funktion verbunden: das Tier kann – was die Pflanze nicht vermag – Lust und Schmerz empfinden. Die ersten Anfänge von *Bewußtsein* treten auf, bei den primitiven Tieren (Würmern, Schnecken zum Beispiel) noch ganz dumpf, auch bei Reptilien wenig differenziert, deutlicher schon bei den Amphibien, von starrem, maskenhaftem Ausdruck in der Vogelwelt, und dann in eine bunte Fülle seelischer Empfindungen aus- und aufbrechend bei den Säugern. Im Blick auf solche Erscheinungen spricht der Biologe von der Tierseele. Zwar ist die Tierseele, wie wir noch sehen werden, eine Triebseele, steht im Banne der sie beherrschenden Instinkte und Triebe und erreicht nie die Wachheit, Klarheit und Unabhängigkeit der dem Menschen eigenen Geistseele. Darum müssen wir uns hüten, wie *B. F. Skinner* betont, einem vorgreifenden Anthropomorphismus zum Opfer zu fallen und menschliche Verhältnisse in das Tier hineinzuprojizieren.[25] Wenn von Bewußtsein die Rede ist, so kann damit nicht die dem Menschen eigene Denkfähigkeit gemeint sein, wohl aber ein gewisses Vermögen, sich etwas zu *merken* (Futterstellen, Feindeinflüsse). Auch ein Gedächtnis im menschlichen Sinne ist nicht vorhanden, sondern nur ein »Sich-Wiedererinnern«, wenn der entsprechende Reiz sich einstellt. Der Hund, den einmal eine Wespe gestochen hat, kann dies nicht im Gedächtnis behalten, aber jedesmal, wenn er wieder eine Wespe riecht oder sieht, erinnert er sich der drohenden Gefahr. Darum spricht die Tierpsychologie nicht von »Gedächtnis«, sondern von Mneme (Erinnerung).[26]

Die Empfindungsfähigkeit bringt das Tier dem Menschen nahe. Unmittelbar spüren wir: das Tier ist in gewisser Weise mit uns verwandt; es ist »unser Bruder«. Seit je pflegen wir denn auch, nicht zu Unrecht, bestimmte menschliche Eigenheiten und Schwächen mit einem Tiernamen zu kennzeichnen. Jemand ist stolz wie der Pfau, fromm wie die Taube, langsam und träge wie das Lama, falsch wie die Schlange und schlau wie der Fuchs. Offensichtlich spiegelt das Tier in Gestalt, Wesen und Verhalten in besonders ausgeprägter Art Eigentümlichkeiten, die auch dem Menschen zukommen. Der romantische Naturphilosoph *Lorenz Oken* (1779–1851) hat in treffsicherer Weise auf diesen Zusammenhang zwischen Tier und Mensch hingewiesen. Er schreibt: »Das Tierreich ist nur *ein* Tier, d. h. die Darstellung der Tierheit mit allen ihren Organen, jedes für sich ein Ganzes. Ein einzelnes Tier entsteht, wenn ein einzelnes Organ sich vom allgemeinen Tierleib ablöst und dennoch die wesentlichen Tierverrichtungen ausübt. Das Tierreich ist nur das zerstückelte höchste Tier: Mensch. Es gibt nur eine Menschenzunft, nur ein Menschengeschlecht, nur eine Menschengattung, eben weil er das ganze Tierreich ist.«[27]

Mit anderen Worten: Tiere sind einseitige Objektivationen einzelner Grundfunktionen, die sich auf Kosten anderer Funktionen entfalten. Das Tierreich erscheint in dieser Sicht als das ausgefächerte, in viele Sonderheiten zergliederte Gesamtphänomen »Mensch«, wie es auch *Goethe* aufgefaßt hat: »Sind doch die Tiere nur Zerrbilder des Menschen.« Auch *Herder*s Gedanken bewegen sich in dieser Richtung. Der Mensch erscheint ihm als »Mittelgeschöpf unter den Tieren«: »die ausgearbeitete Form, in der sich die Züge aller Gattungen um ihn her im feinsten Inbegriff sammeln«.[28] Einzig beim Menschen können sich alle Funktionen harmonisch entfalten. Wir werden auf diesen Gesichtspunkt zurückkommen.

Die genannten Beziehungen dürfen uns aber nicht dazu verleiten, den Menschen als Tier zu sehen. Ein bedeutungsvoller Unterschied springt schon in die Augen, wenn man beachtet, in welchem Rahmen Mensch und Tier ihren Sinnesapparat verwenden. Der Mensch kann »weltoffen und entscheidungsfrei« seinen Sinnen gebieten, dies oder jenes wahrzunehmen, während die Sinnesorgane des Tieres »umweltgebunden und instinktgesichert« mit dem ihm von der Natur diktierten Lebensprogramm gekoppelt sind. Es nimmt vom Weltganzen nur diejenigen Ausschnitte wahr, die für seine Art, sein programmiertes Verhalten von vitalem Interesse sind. Und das gilt für all seine Organe: Sie stehen zur Gänze im Dienste des Bios. »Das Tier wird durch seine Organe belehrt; der Mensch belehrt die seinigen und beherrscht sie.«[29] Die den Wesensunterschied trefflich charakterisierenden Ausdrücke »weltoffen und entscheidungsfrei« einerseits, »umweltgebunden und instinktgesichert« anderseits stammen von *Adolf Portmann*, der mit seinen »Biologischen Fragmenten zu einer Lehre vom Menschen« überaus wertvolle Erkenntnisse zum Thema »Mensch und Tier« vermittelt.[30]

Erhaltung seiner Art: das ist das Hauptthema, welches das Tier in unzähligen Variationen spielt, spielen muß. Denn nicht es selbst ist die bestimmende Instanz. Die »Melodie« seines Treibens ist ihm als Instinkt eingeboren. Jedermann weiß, welch intelligente, zweckmäßige, sinnreiche Verhaltensweisen als instinkthafte Naturgabe dem Tier einwohnen können. Wir denken an das differenzierte Sozialverhalten in der Vogelwelt, an die erstaunlichen baumeisterlichen Fähigkeiten des Bibers, an die weisheitsvolle Arbeitsteilung im Bienen- und Ameisenstaat.

Bei all diesem sinnvollen Tun ist das einzelne Tier nie Autor seiner Verrichtungen, sondern nur eine »Marionette« seines Instinktes, »eines der Tierseele angeborenen Zwanges«.[31] Es ist nicht Subjekt seines Tuns, sondern Objekt, wie das Räderwerk eines Automaten, das abläuft, wenn der entsprechende Impuls gegeben wird. Darum hat auch *Descartes* nicht ganz zu Unrecht Tiere als höhere Automaten bezeichnet. In dem »höher« ist freilich der Qualitätsunterschied ausgedrückt, der zwischen dem starren Mechanismus eines wirklichen Automaten und der Plastizität des Instinktes besteht. Qualitativ steht der Instinkt zwischen dem Reflex – einer automatisch durch einen Reiz ausgelösten Bewegung, die wir ansatzweise schon im Pflanzenreich antreffen – und der bewußten, planenden, zweckgerichteten Intelligenz des Menschen. Zwar übt auch der Mensch instinktive Handlungen aus, dann nämlich, wenn er nicht ganz geistesgegenwärtig ist. Das Tier aber ist nie »geistes-gegenwärtig«, d. h. der Geist ist bei ihm nie einwohnender Besitz, sondern er bleibt als Gruppenseele im Hintergrund. Darum betont *Hoffmeister*: »Der Instinkt gehört zur Problematik des unbewußt überindividuell Seelischen.«[32] Während die Gegenwart des Geistes den Menschen »weltoffen und entscheidungsfrei« macht und ihm ein individuelles, »persönliches« Leben ermöglicht, wirken in der Organisation des Tieres einzig die Kräfte, die es durch Vererbung von seinen Ahnen mitbekommen hat, weshalb sein Leben gattungsmäßig festgelegt bleibt. Oft entdecken Kinder spontan Wahrheiten, an denen viele Erwachsene achtlos vorbeisehen. So stellte ein Junge fest, als er das Gewimmel und Gepicke der Spatzen auf dem Fensterbrett beobachtete: »Nicht wahr, Mutter, von den Tieren hat der Liebe Gott immer viele gemacht, von den Menschen immer nur einen.« Das Kind hatte recht: Bei den Tieren machen viele Exemplare eine Gattung aus; bei den Menschen ist jeder einzelne eine Gattung für sich. Ein anderes Kind antwortete, als es in der Schule nach dem Unterschied von Mensch und Tier gefragt wurde, mit überraschender Treffsicherheit: »Bei den Menschen gibt es gute und böse, bei den Tieren sind alle gleich.«

Durch den Erbstrom erhält das Tier seine Triebe, denen es in blinder Unterworfenheit ausgeliefert ist und zu deren Befriedigung ihm seine Instinkte und Organe dienen. Der Arterhaltungstrieb treibt den Löwen zur Gazelle, den Wolf in die Schafherde, die Katze zur Maus, die Maus in die Speisekammer. Der Geschlechtstrieb treibt zur Brunstzeit die Geschlechtspartner zueinander.

Obwohl sich das Tier von der Erde gelöst hat, wodurch es sich von der Pflanze unterscheidet, ist es doch auf einen bestimmten Lebensraum, auf bestimmte klimatische und vegetative Bedingungen angewiesen. Die Ökologie zeigt überzeugend, wie es für eine bestimmte Umwelt präformiert und prädestiniert ist und sich außerhalb dieses Lebenskreises kaum zurechtzufinden vermag. *Hans Volkelt* hat festgestellt, daß eine Spinne, die im Netz eine Fliege mit tödlicher Sicherheit fängt, Anzeichen des Schreckens von sich gibt, wenn man ihr außerhalb des Netzes eine Fliege vorhält.[33] Die Wespe versteht in trefflicher Weise, Baumaterial zu suchen und ihr Nest zu bauen; vor der viel einfacheren Aufgabe, eine durchsichtige Fensterscheibe zu umgehen, versagen ihre Instinkte. Unentwegt müht sie sich ab, das Glas zu durchdringen; auf den »Gedanken«, einen anderen Durchgang zu finden, kommt sie nicht.

Diese Phänomene kennzeichnen das »umweltgebundene« und in dieser Umwelt – aber nur in ihr – »instinktgesicherte« Verhalten des Tieres, von dem sich die Weltoffenheit und Entscheidungsfreiheit des Menschen deutlich abheben. Gewiß spielen Triebe und Instinkte auch im Menschenleben eine nicht unbedeutende Rolle; indes neigt die gegenwärtige Wissenschaftsströmung dazu, diese Seite gewaltig überzubewerten. Der Mensch ist nicht dazu verdammt, sich »treiben« zu lassen; er hat die Fähigkeit, bewußt zu »handeln«. Und seine Lebensart ist nicht ein- für allemal festgelegt; er kann sich Ziele setzen.

Schiller drückt den Wesensunterschied so aus: »Bei dem Tiere und der Pflanze gibt die Natur nicht bloß die Bestimmung an, sondern führt sie auch allein aus. Dem Menschen aber gibt sie bloß die Bestimmung und überläßt ihm selbst die Erfüllung derselben.« Und er fügt bedeutsam hinzu: »Dies allein macht ihn zum Menschen.«[34]

Wie Schiller sah auch *Goethe* das den Menschen vom Tier Unterscheidende vorwiegend im Geistig-Moralischen:

Edel sei der Mensch,
Hilfreich und gut!
Denn das allein
Unterscheidet ihn
Von allen Wesen,
Die wir kennen.

Derselbe Goethe hat aber auch einwandfrei nachgewiesen, daß der Körperbau des Menschen und derjenige der Säugetiere einem gemeinsamen Typus angehören, indem er 1784 den Zwischenkieferknochen entdeckte, den viele Naturforscher seiner Zeit dem Menschen absprachen, um dessen leibliche Sonderstellung zu verteidigen.

Der Evolutionismus hat in der Folgezeit die körperliche Übereinstimmung zwischen Mensch und Tier bestätigt und daraus die Abstammung des Menschen aus dem Tierreich abgeleitet.

Es gibt nun aber beim menschlichen Körper doch recht merkwürdige Abweichungen. Darauf macht *Hermann Poppelbaum* in seinem Werk *Mensch und Tier* aufmerksam.[35]

Besonders aufschlußreich sind seine Ausführungen über die menschliche *Hand*.

Der Leser betrachte »das vielgepriesene Wunder einer Menschenhand und halte sie im Geiste neben alle jene Bildungen, die bei den Tieren ihre Stelle einnehmen: die Pranke des Löwen, das Bein des Pferdes, den Grabfuß des Maulwurfs, den Kletterfuß des Faultieres, den Flügel des Vogels, die Flosse des Fisches. Er befasse sich geduldig mit dieser Reihe wohlbekannter Gebilde, gehe mit dem Blick von einem zum anderen über und kehre immer wieder zur Menschenhand zurück. Er versuche sich darüber klar zu werden, was alle diese Gliedmaßen, als *leibliche* Gebilde betrachtet, sind. Läßt er alle liebgewonnenen Begriffe von Vollkommen und Unvollkommen beiseite, so muß er sich eingestehen, daß die *Hand von allen Gliedmaßenformen am wenigsten leiblich zu ihren Aufgaben gerüstet ist.* Man sagt, sie sei ein wunderbar vollkommenes Werkzeug, aber ihre körperliche Zurichtung steht weit hinter der einer Tierextremität zurück. Sie ist unvergleichlich gegliederter und vielseitiger, feiner und beweglicher als Pranke, Flosse, Flügel, aber *ein Instrument im Sinne dieser Tierorgane ist sie nicht.* Ihr fehlt zur ›Vollkommenheit‹ eines jeglichen unter diesen etwas. Ungeachtet dessen, daß in ihr unendliche Möglichkeiten des Gebrauchs liegen, ist sie, als zugerichtetes Werkzeug betrachtet, die *unvollkommenste* von allen. Und solange wir ihre nur körperliche Grundform ins Auge fassen, kann sie allein als der Ausgangspunkt für alle anderen Gebilde begriffen werden. Denn dazu eignet sich keins der übrigen. Die Flosse nicht, denn sie ist ganz Ruder; nicht der Pferdefuß, sein Gebrauch ist viel zu beschränkt; nicht der Flügel, er taugt nur für die Luft. Die Hand allein begreift sie alle in sich –, aber nicht, weil sie über alle hinaus vervollkommnet wäre, sondern weil sie, im Gegenteil, hinter allen zurückbleibt. Ja, die Hand ist – leiblich gesehen – eine *primitivere* Bildung als alle Tierextremitäten, und will man sich diese aus einer Umbildung entwickelt denken, so müßte man wohl von etwas Handartigem ausgehen. Sie bewahrt sich vor extremen Ausbildungen, vor zügellosen Metamorphosen, die ihre Verwendbarkeit nur einschränken würden. *Das Geheimnis ihrer Vielseitigkeit liegt in ihrem Stehenbleiben in der leiblichen Entwicklung.* Sie wird Organ des menschlichen Geistes gerade durch das, was ihr körperlich mangelt.«[36]

Das Sich-Bewahren der Menschenhand vor jeder weiterführenden Spezifikation zwingt den menschlichen Geist, all das zu erfinden und durch künstliche Werkzeuge und Hilfsmittel zu ersetzen, was der Hand fehlt:

»Der Mensch muß seine Hand gleichsam verlängern: durch das Ruder, um sie zur Flosse zu machen (das Ruder ist eine Fischflosse aus Holz); er muß den Stiefel anziehen, um gut laufen zu können (der Pferdehuf gab dem Stiefel das Vorbild), er schnallt sich das Steigeisen ans Bein, wenn er klettern muß (das Steigeisen ist die Sichelkralle des Faultiers, in Stahl nachgebildet), er braucht die Tragfläche, um fliegen zu können (die Tragfläche ist der erstarrte Vogelflügel).«[37]

Wir erkennen daraus: Die Natur tritt zurück. Sie vollendet ihr Werk nicht. Jede Vollendung würde ja nur eine hemmende Fixierung bedeuten. »*Die Hand ist allein zu unendlichen Verrichtungen geschickt, weil das Werkzeugliche an ihr weniger her-*

vortritt als bei einer tierischen Gliedmaße. Ein Menschliches, die kulturschöpferische Fähigkeit der Hand, wird durch das *Zurücktreten* der leiblichen Gestaltung möglich.«[38]

Dieser Vergleich zwischen Menschenhand und Tierextremität wird noch überzeugender, wenn man die Embryonalentwicklung von Tier und Mensch betrachtet.[39]

Die Natur gestaltet das Tier zu größerer Fertigkeit und Vollkommenheit aus als den Menschen. Das Tier wird – morphologisch gesehen – weiter entwickelt als der Mensch. Dieser hält sich schon als Embryo vor einer Spezialisierung seiner Extremitäten weitgehend zurück.

Ein weiteres Indiz dafür, daß die Menschenhand eine Urform darstellt und die Tierextremität eine Spätentwicklung, zeigt die Paläontologie am Beispiel des *Pferdefußes*. In den einander folgenden Schichten des Tertiärs läßt sich nachweisen, daß sich dieser aus einer handähnlichen, fünfstrahligen Anlage entwickelt hat, indem sich der »Mittelfinger« zum kräftigen Laufknochen metamorphosierte, während sich die übrigen Strahlen zurückbildeten. Beim Eohippus, dem Pferd der ältesten Tertiärstufe, sind die fünf Strahlen noch deutlich sichtbar, jedoch nicht als langgestreckte Glieder, sondern ausgesprochen kurz, der Menschenhand sehr ähnlich.[40]

Man beachte auch die Bildung des Gesichtes. Einzig beim Menschen hält sich das Gesicht vor jeder Spezialisierung nach der einen oder andern Richtung zurück und bewahrt eine harmonische Form, die sich in Ober-, Mittel- und Untergesicht gliedern läßt. Beim Tier dagegen bilden sich einzelne Gesichtsteile zu zweckmäßigen Werkzeugen um: Der Mund wird beim Vogel zu einem harten Instrument, das sich zum Picken, Schaben, Bohren und Klettern gebrauchen läßt. Der Säuger bildet die Mund-Nasen-Partie zur lang nach vorne gezogenen Schnauze, die sich zum Spüren, Packen, Beißen und Quetschen verwenden läßt. Der Elefant bildet die Nase zum Rüssel, der auch als Greifarm geeignet ist. Beim Maulwurf und beim Ameisenbär wird die ganze Kopfform zu einem Bohrinstrument, beim Biber zu einem Meißel umfunktioniert.

Auch das Gebiß weist bei den Tieren eine starke Differenzierung auf, je nach ihren Lebensgewohnheiten: Man denke an die Reißzähne des Wolfes, die Stoßzähne des Elefanten, die Mahlzähne des Rindes, die Nagezähne der Maus. Selbst beim Affen ragen die Eckzähne als scharfe, spitze, gekrümmte Kegel her-

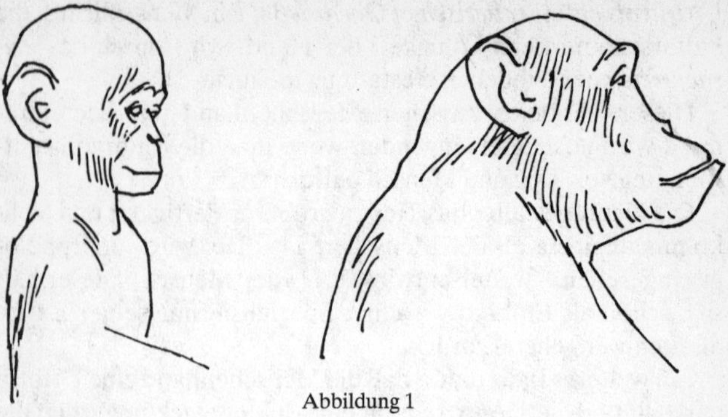

Abbildung 1

Junger Schimpanse Alter Schimpanse

Man beachte, wie sich das ganz »menschliche«, kindhafte Gesicht des jungen Schimpansen im Laufe des Lebens zu einer schreckhaften Fratze umbildet.

(Die Wiedergabe erfolgt mit der freundlichen Erlaubnis des Verlages Julius Springer, Berlin/Heidelberg, aus der Arbeit von J. Naef in der Zeitschrift ›Die Naturwissenschaften‹, Heft 20–21, 14. Jahrgang.)

vor und bilden eine furchtbare Waffe. Einzig der Mensch bewahrt das ebenmäßige Gebiß. Zweifellos ist immer das Differenziertere, Spezialisiertere das spätere, das Harmonische das frühere. Der Vergleich zwischen einem jungen und einem erwachsenen Schimpansen bestätigt uns dies. Das Schimpansenkind hat noch den runden, menschenähnlichen Kopf. Der erwachsene Schimpanse streckt seine Schnauze furchterregend weit nach vorne. *Ludwig Rütimeyer* (1825–1895), Schweizer Zoologe und Paläontologe, bemerkt zu dieser Wandlung: »Die grausigste Brutalität grinst uns nunmehr aus dem zähnefletschenden Antlitz, das erst vor wenig Jahren so sinnig angehoben hatte. Unwillkürlich entwindet sich uns die Klage: was ist aus dir geworden!«[41] (Abb. 1). Dieses Beispiel erhärtet die Belege aus der Embryologie und der Paläontologie: Eine menschengemäße Anlage des Kopfes wird beim Tier zu einem »Hilfsorgan der leiblichen Einwirkung auf die Umwelt« umgeformt. Der Tierkopf ist somit das »fortentwickelte, das Menschenhaupt das zurückgebliebene Gebilde«. »Niemals verkürzt sich das Tiergesicht zu einem menschlichen Antlitz, nie verkleinern sich die mächtigen Zähne, nie veredeln sich die

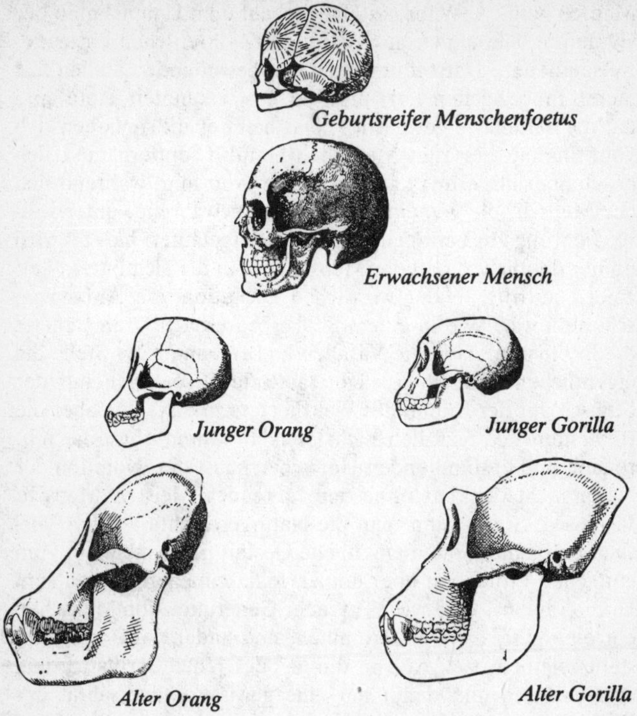

Abbildung 2

Schädel-Abstiegsreihe

Während sich die harmonische Grundgestalt des menschlichen Schädels im Laufe der Entwicklung vom Neugeborenen zum Erwachsenen erhält, verzerrt sich beim Affen die Uranlage, welche beim Jungtier noch schwach angedeutet ist, mit dem Älterwerden immer stärker, indem die Mund-Nasen-Partie sich zur furchterregenden Schnauze mißbildet. Man beachte auch, wie sich das ebenmäßige Gebiß des Menschen erhält, während beim Affen im Laufe des Wachstums eine starke Differenzierung eintritt.

(Die Abbildung ist, mit freundlicher Erlaubnis des Verlages Julius Springer, Berlin/Heidelberg, der oben erwähnten Arbeit von J. Naef entnommen.)

groben Lefzen zu einem menschlichen Munde, sondern es stellt sich umgekehrt der Tierkopf als Verzerrung des menschlichen Urbildes dar«[42] (Abb. 2).

Die Erkenntnis der hier geschilderten Tatsachen hat zu einer bedeutsamen Wandlung des Stammbaums von Tier und

Mensch geführt. Während Haeckel auf dem Hauptstamm der Evolution Tiernamen als Vorstufen des Menschen einsetzte, weisen neuere Darstellungen an den betreffenden Stellen fast lauter Fragezeichen auf, und die uns bekannten Tiere sind auf die Seitenäste gerutscht.[43] Das heißt eben: sie haben sich vom Stamm, der zum Menschen hinführt, entfernt und sich durch Spezialisierung in »Sackgassen« verrannt, während sich der Mensch, die gemeinsame Urform bewahrend, unter weiser Führung zur heutigen Gestalt hinaufgeläutert hat. So wird immer deutlicher, daß der Mensch, der in der sichtbaren Welt zuletzt auftritt, in der wirklichen Evolution von Anfang an schon da war. Wie in einem Shakespeareschen Drama zuerst die Bedienten, dann die Vasallen und erst an letzter Stelle die eigentlichen Handlungsträger auftreten, so erscheint der Mensch auf der Bühne des Welttheaters zuletzt. Wie aber die Bedienten und Vasallen nicht denkbar wären ohne die führenden und bestimmenden Herrscher, so ist die Evolution der Natur nicht denkbar ohne den führenden Meister: Mensch. In diesem Sinne kann man die Naturgeschichte als den Versuch betrachten, die menschliche Gestalt heranzubilden, vom einfachen Protozoon über immer vollkommenere Stufen zum Homo sapiens. Und wie es in jeder Generation von Menschen einzelne gibt, die weiterkommen, und andere, die irgendwo stehenbleiben, sich früh in dieser oder jener Berufsrichtung spezialisieren und damit auf eine gewisse Universalität der Bildung und Ausformung der menschlichen Anlagen verzichten, so kann auch die naturhafte Evolution verstanden werden: Der Mensch allein hält sich von jeder Spezialisierung und Verhärtung fern. Er ist der »Erstling« in der Schöpfung, dem es durch die »Zurückdrosselung des Tierbildungsimpulses« möglich wurde, Mensch zu werden[44] (Abb. 3 und 4).

Fassen wir die Ergebnisse dieses Kapitels zusammen. Tier und Mensch haben folgendes miteinander gemein:

1. Beide haben, im Gegensatz zur Pflanze, freie Beweglichkeit und sind mit den hierzu notwendigen Organsystemen ausgerüstet bei zum Teil weitgehend analogem Körperbau: Stoffwechselsystem, Bewegungsapparat und Sinnesorganen.
2. Der Mensch stellt den Gesamtkomplex der im Tierreich ausgebreiteten Teilfunktionen dar, er ist »Mittelgeschöpf unter den Tieren«.

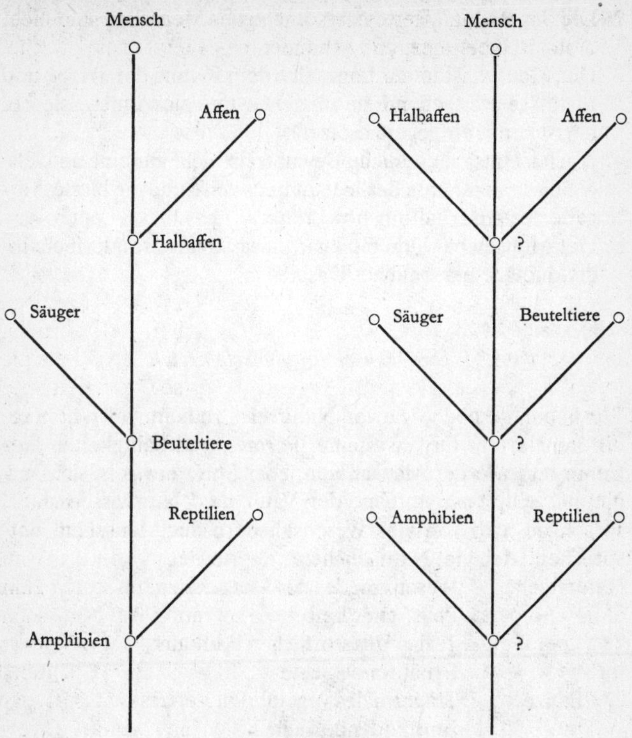

Abbildung 3
Wandlung des Stammbaums

Die bekannten Tierformen rücken auf die Seitenäste hinauf und die Gabelstellen erhalten Fragezeichen.

(Nach Poppelbaum und Hauschka)

3. Bei Tier und Mensch lassen sich Reflexe, Instinkte und Triebe wahrnehmen.
4. Mensch und Tier sind der Empfindung fähig. Seelisches tritt in Erscheinung.

An *Unterschieden* können dem Dargestellten folgende Gesichtspunkte entnommen werden:

1. Organismus und Körperbau des Menschen bleiben bezüglich einer zweckgerichteten Spezialisierung weit hinter denen des Tieres zurück (Hand, Fuß, Kopf, Gebiß).

2. Die Sinnes- und Bewegungsorgane des Menschen sind nicht biologisch begrenzt und gebunden.
3. Der Mensch ist in der Lage, sich dem Zwang der Triebe und Instinkte weitgehend zu entziehen und sich ihnen, sie beherrschend, entgegenzusetzen.
4. Auch ist das menschliche Bewußtsein nicht auf eine umweltgebundene, unabänderliche Lebensweise und die bloße Aufgabe der Arterhaltung beschränkt.
5. Der Mensch hat kein bloß gattungsmäßiges, sondern ein individuelles, persönliches Dasein.

4. Der Mensch im Menschenreich

Wir haben gesehen, wie von Naturreich zu Naturreich höhere, differenziertere Organsysteme, Formen und Fähigkeiten auftreten und wie der Mensch von jeder Stufe etwas in sich aufnimmt. Schon Aristoteles, der Vater der Naturwissenschaft, sprach deshalb von vier Wesensgliedern des Menschen, entsprechend den vier Naturreichen:[45]

Naturreiche	Wesensglieder des Menschen
1. Mineral	Physischer Leib Träger des stofflichen Aufbaus
2. Pflanze	Ernährende Seele Trägerin des vegetabilen Lebens
3. Tier	Empfindende Seele Trägerin des animalischen Lebens
4. Mensch	Denkende Seele (Geist) Trägerin des eigentlich menschlichen Lebens

Leider wurde diese grundlegende Menschenerkenntnis später verschüttet. Physischer Leib und ernährende Seele wurden zusammen in den Begriff »Leib« eingeschmolzen, und als höheres Wesensglied ließ man seit dem Konzil von Konstantinopel im Jahre 869/70 nur noch die »Seele« gelten. Es wurden ihr zwar noch einige geistige Eigenschaften zuerkannt, aber der Geist als selbständiges Wesensglied wurde wegdekretiert. So bestand der Mensch nur noch aus »Leib und Seele«; das Wortpaar ist uns wohl vertraut – eine Simplifikation, die für wahre Menschenerkenntnis nicht nur unzureichend ist, sondern sie geradezu verbaut. Und damit nicht genug, versuchte tausend Jahre später die materialistische Naturwissenschaft auch noch die Seele

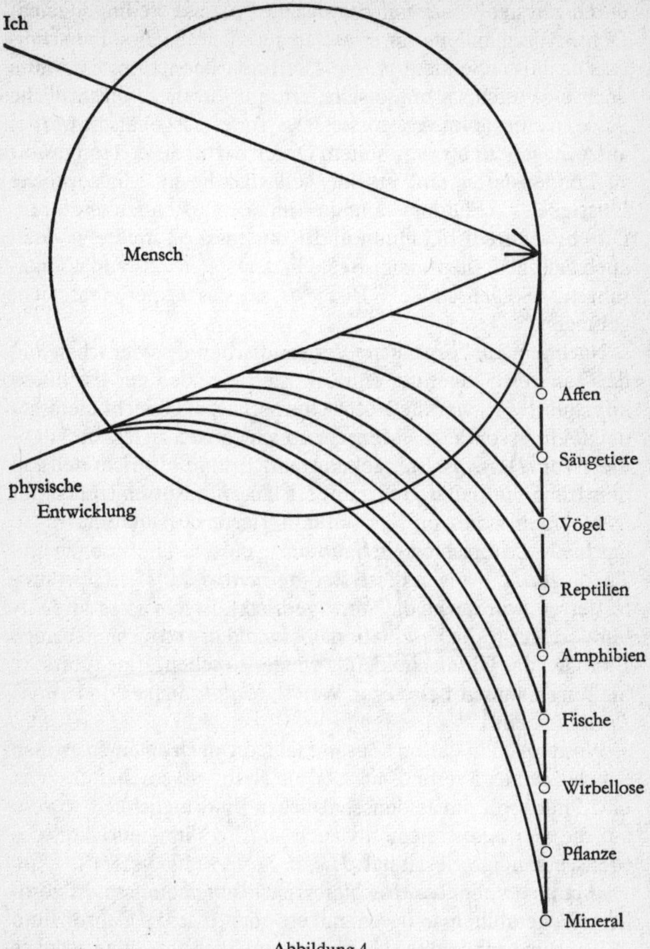

Abbildung 4
Der Mensch als Urbild der Schöpfung
Der physische und der geistige Aspekt der Menschwerdung
(Nach Hauschka und Poppelbaum)

wegzudisputieren. Für *Ernst Haeckel* (1834–1919), war »Seele« nurmehr ein »Kollektivbegriff für eine Summe von Gehirnfunktionen« die »ebenso wie alle andern Lebenstätigkeiten durch physikalische und chemische Prozesse bedingt« seien. Den »Aberglauben« an eine »unsterbliche Seele« überschüttete er mit beißendem Hohn: Die Experimentalphysik müßte doch eigentlich imstande sein, schreibt er, diese unsterbliche Seele, wenn sie im Augenblick des Todes ausgehaucht werde, aufzufangen, unter sehr hohem Druck bei niederer Temperatur zu kondensieren und in einer Glasflasche als »unsterbliche Flüssigkeit« (Fluidum animae immortale) aufzubewahren. Durch weitere Abkühlung und Kondensation müßte es dann auch gelingen, die flüssige Seele in den festen Zustand überzuführen: »Seelenschnee«. Bis jetzt sei das Experiment nicht gelungen.[46]

Nachdem die körperliche Verwandtschaft des Menschen und der höheren Säugetiere entdeckt und die Idee der Evolution konzipiert war, war die Naturwissenschaft auch nicht mehr geneigt, ein besonderes »Menschenreich« gelten zu lassen. Fasziniert von *Darwin*s Entdeckung und Erklärung, richtete man den Blick ein halbes Jahrhundert lang fast ausschließlich auf das Gemeinsame von Mensch und Tier und glaubte nur noch graduelle Unterschiede behaupten zu dürfen. Philosophen und Theologen, die gegen diese *Zoologisierung des Menschen* protestierten, wurden an die Wand gedrückt. Erst in unserem Jahrhundert wurde die Faszination überwunden und begannen auch Biologen das Unterscheidende wieder zu sehen. Eine führende Stellung nahmen bei dieser Wende *Rudolf Steiner* und *Adolf Portmann* ein.

Wir denken in diesem Zusammenhang auch an einen großen Schweizer aus älterer Zeit, der als Naturwissenschafter, Arzt und Philosoph mit leidenschaftlicher Eindringlichkeit sowohl auf die vier Naturreiche als auch auf die Viergliedrigkeit des Menschen hingewiesen hat: *J. P. V. Troxler* (1780–1866).[47]

»Man hat von jeher drei Naturreiche angenommen, Mineralien, Vegetabilien und Animalien oder Irden, Pflanzen und Tiere. Wir kennen aber ein viertes und höchstes, ohne welches die übrigen nicht nur ihre tiefste und wesentlichste Beziehung verlieren, sondern auch das innigste Band der Schöpfung reißen würde, welches Gott und Welt in einer Natur vermittelt, die den Schöpfer im Geschöpf und das Geschöpf im Schöpfer darstellt.

Das *Mineralreich* oder die sog. unorganische Natur auf Erden zeichnet sich aus durch ihren leblosen Materialismus und Mechanismus, seine Unterwürfigkeit gegen Physik und Chemie, die vorherrschende Formlosigkeit und Passivität. Auch sein Bestehen in einem ewigen Tode; indessen ist das Reich der gemeinsame Grund und der Träger alles höhern Seins und Werdens. Wir sehen demnach darin die Erscheinung der blinden naturnotwendigen Endlichkeit.

Das *Pflanzenreich*, das sich unmittelbar aus dem vorigen erhebt, schöpft aus der Erde und unorganischen Natur sein Dasein und seinen Bestand, steht mit ihren Stoffen und Kräften in reichstem Verkehr, stellt den Anfang der Organisation und des Lebens dar, entwickelt das Prinzip des Wachstums und der Bildung und zeichnet sich durch seinen Reichtum und seine Mannigfaltigkeit der Formen sowie der Metamorphosen aus. Wir erkennen darin das basische (grundlegende) Prinzip des organischen Lebens, welches durch das Vegetative bezeichnet wird.

Das *Tierreich* stellt eine andere, höhere Richtung dar. In ihm tritt zum Belebenden ein Beseelendes. Das beseelte Wesen reißt sich von der Erde und dem unorganischen Reich los und gründet sich in einer höheren, selbständigen, schon zum Teil freien Kraft. In ihm erwacht die Empfindung der Außenwelt, und von seiner eigenen Willkür geht eine rückwirkende, die Außenwelt überwältigende Bewegung aus. Die Pflanzenwelt muß ihm größtenteils zur Nahrung dienen, und in vollkommeneren Gestalten entwickelt es höhere Funktionen. In ihm offenbart sich daher mehr die psychische Wesens- und Lebensrichtung der Natur, daher die Bezeichnung der Animation und Animalität.

Die *Menschenwelt* endlich, als der Gipfelpunkt aller Erdschöpfung, ihr erreichtes Ziel und End, ihr Erstes und Letztes, ihr Tiefstes und Höchstes, ist das allumfassende Resultat. Der Mensch ist der Schlußpunkt des gesamten Naturreiches und der Aufgang einer geistigen Welt, er ist das Ende einer unendlichen Vergangenheit und der Anfang einer ewigen Zukunft, er ist die Einheit von Himmel und Erde, der Mittel- und Wendepunkt von Diesseits und Jenseits, denn er ist das Zentrum des Gesamtorganismus.«

Als »allumfassendes Resultat« trägt der Mensch alle vier Naturreiche in sich. Nur gibt *Troxler* den vier Wesensgliedern andere Namen als Aristoteles: »Im Menschen kehren alle Naturreiche wieder. *Körper* ist die Erdennatur, *Leib* die Pflanzen-, *Seele* die Tiernatur, *Geist* der Mensch.«[48]

Rudolf Steiner, der die den ganzen Menschen umfassende

Anthroposophie verwirklicht hat, bezeichnete die vier Wesensglieder mit den Namen *Physischer Leib, Lebensleib, Empfindungsleib* und *Ich.*[49]

Der Zweifel am Wesensunterschied von Mensch und Tier war in den Augen Troxlers ein Zeichen der Oberflächlichkeit: »Jedem nur einigermaßen tiefsinnigen Naturforscher muß es einleuchten, daß der Mensch vom Tier weit mehr verschieden ist als das Tier von der Pflanze und die Pflanze vom Stein. Denn es ist die *innere Wesenheit* ein weit bedeutenderes Moment der Unterscheidung und Rangordnung als die *äußere Erscheinung*, welche übrigens mit gehöriger Schärfe erfaßt und gewürdigt allein für sich schon hinreichen dürfte, ein Menschenreich, ein viertes Naturreich, festzustellen.«[50]

Als besonders beredter Ausdruck des den Menschen vom Tier unterscheidenden Eigenwesens wurde immer seine *aufrechte Haltung* empfunden. Wohl lassen sich, wenn man verschiedene Tiergestalten miteinander vergleicht, Ansätze zur Aufrichtung feststellen; man denke an den Vogel, das Känguruh, den Affen. Aber selbst diejenigen Tiere, die dem Menschen in anatomischer Hinsicht am nächsten stehen, sind zur Erde gekrümmt, gehen mit gebeugtem Knie und hängendem Kopf. Nur der Mensch ist völlig aufgerichtet. Er steht auf gestrecktem Knie und vermag dank der Senkrechten sein Haupt, den Schwerekräften der Erde entzogen, frei erhoben auf der Wirbelsäule zu tragen. Eine Gegenüberstellung des Menschen- und des Affenskelettes ist diesbezüglich höchst eindrücklich (Abb. 5 und 6). Man beachte beim Affen die massigen Halswirbel mit den langen Wirbelfortsätzen, die erforderlich sind, um das »Herunterfallen« des Kopfes zu verhindern. Die ganze menschliche Gestalt ist auf die Senkrechte hin organisiert. »Über allen zur Erde Gebückten« steht er aufrecht da »mit erhabenem Blick und aufgehobenen Händen«. Er ist »Anthropos: ein über sich, ein weit um sich schauendes Geschöpf«; das ist der Sinn des griechischen Wortes. Er ist »der erste Freigelassene der Schöpfung«.[51]

Johann Gottfried Herder (1744–1803) verstand es wie kaum einer, in den Erscheinungen der Natur und der Geschichte zu lesen, und wir sehen: die aufrechte Gestalt des Menschen war in seinen Augen ein Realsymbol der *Freiheit*. »Der Mensch ist der erste Freigelassene der Schöpfung; er stehet aufrecht. Die Waage des Guten und Bösen, des Falschen und Wahren hängt in ihm: er kann forschen, er soll wählen. Wie die Natur ihm zwei

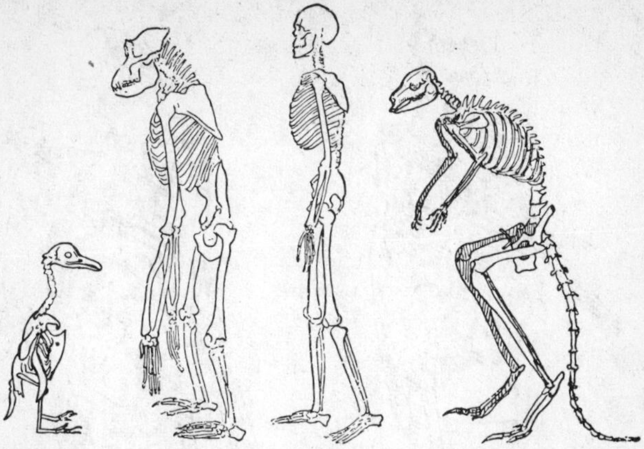

Abbildung 5

Vier Skelette (nur der Mensch nimmt die Senkrechte in sich hinein)

(Aus: Poppelbaum, *Mensch und Tier)*

freie Hände zu Werkzeugen gab und ein überblickendes Auge, seinen Gang zu leiten, so hat er auch in sich die Macht, nicht nur die Gewichte zu stellen, sondern auch, wenn ich so sagen darf, selbst Gewicht zu sein auf der Waage.«

Wir gingen von der aufrechten Haltung des Menschen aus und sprechen nun unvermittelt von seinen geistigen Eigenschaften. Aber es hat ja wohl seinen guten Grund, daß wir auch in moralischem Sinne von einem »senkrechten« Menschen reden und analog zu »aufrecht« das Wort »aufrichtig« gebildet haben. Die gleiche Instanz, die es dem Menschen ermöglicht, die Aufrechte zu gewinnen, verleiht ihm auch die Fähigkeit, aufrichtig zu sein.

Herder macht mit Recht darauf aufmerksam, daß der Mensch seiner aufrechten Haltung auch die *Freiheit seiner Hände* verdankt. Und nochmals werden wir dabei an einen Ausspruch von *Aristoteles* erinnert: »Der Mensch hat an Stelle der Vorderbeine und der Vorderfüße Arme und die sogenannten Hände; denn er allein unter allen lebenden Wesen hat eine aufrechte Haltung, weil seine Natur und sein Wesen göttlich sind.«[52] Man beachte genau die Begründung: Weil der Mensch

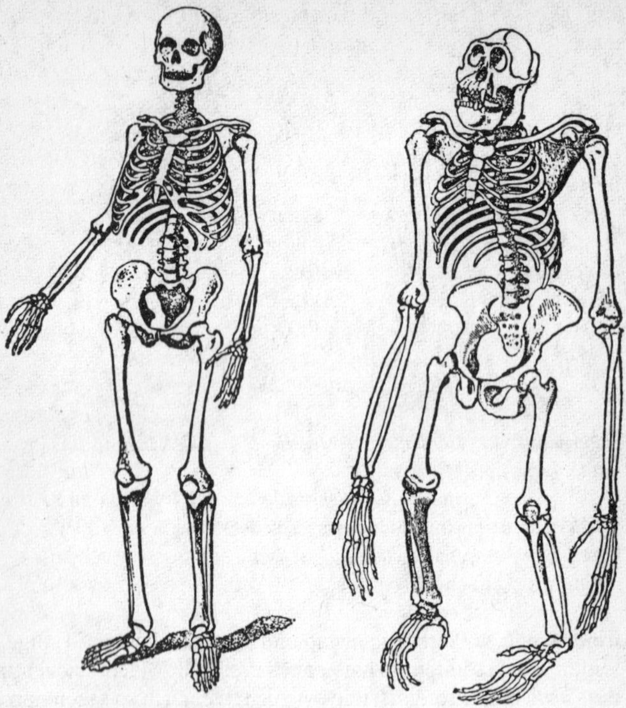

Abbildung 6

Der Knochenbau des Menschen und des Gorillas

(Aus: Brehm)

göttlichen Wesens ist, hat er eine aufrechte Haltung und demzufolge freie Hände! Es ist denn wohl auch Ausdruck tiefster Weisheit, daß in der griechischen Sprache die Wörter für Hand – cheir – und für lieben – chairein – miteinander verwandt sind. Denn »tatsächlich ermöglichen erst die nicht mehr an die Erde gefesselten, nicht mehr dem eigenen Körper als Stütze notwendigen, nicht mehr der eigenen Fortbewegung dienenden Hände dem Menschen so recht den Liebesdienst am Nächsten. Wie sollten wir unsern Mitmenschen Handreichung tun – ohne Hände?«[53]

Von der *Form der Hand*, ihrer unspezialisierten, der Freiheit vorbehaltenen Universalität, war schon früher die Rede, ebenso von dem jeden Werkzeugcharakter entbehrenden Haupt. Unterstreichen wir den diesbezüglichen Sachverhalt durch den Paläontologen *Teilhard de Chardin* (1881–1955), der die völlig verschiedene Entwicklung anerkennen muß, obwohl er gleichzeitig den Menschen zum Tierreich zählt: »Bei allen anderen Tieren zeigt sich die unwiderstehliche und offenkundige Tendenz des Lebenden, die Gliedmaßen, die Zähne und sogar das Gesicht in Werkzeuge zu verwandeln. Zu Zangen gewordene Pfoten, mit Hufen ausgerüstete Lauffüße, Wühlpfoten oder -schnauzen, befiederte Pfoten, Schnäbel, Stoßzähne usw.; unzählige Anpassungen, von denen jede in der Sackgasse der Spezialisierung endet. Auf diesem gefährlichen Abhang, der zur organischen Einkerkerung führt, hat der Mensch sich rechtzeitig aufgefangen. Und als Besitzer sowohl der Hand wie auch der Intelligenz – also imstande, unbegrenzt immer neue ›künstliche‹ Werkzeuge herzustellen, ohne sich somatisch (körperlich) zu binden – gelang es ihm, unter grenzenloser Vermehrung und Abwandlung seines mechanischen Wirkungsgrades die Freiheiten und Kräfte der Cerebralisation unversehrt in sich zu erhalten.«[54] Auf der einen Seite organische *Einkerkerung*, auf der andern *Freiheit*.

Die menschliche Freiheit – wir hören es hier noch einmal – setzt ein Anhalten der natürlichen Entwicklung voraus. Und damit erhält der Satz *Herder*s, der Mensch sei »der erste Freigelassene der Natur«, erst seinen vollen Sinn. Er wird »freigelassen« von der Natur. Das ist die erstaunliche Tatsache, die uns entgegentritt, wenn wir in der Reihe der Naturreiche über Pflanze und Tier zum Menschen aufsteigen – »etwas Einzigartiges in der Geschichte des gesamten Lebens auf diesem Planeten«, urteilt auch *Oswald Spengler* in bezug auf die Bewahrung der Menschenhand.[55]

Schon immer ist aufgefallen, daß der Mensch unfertiger als jedes Tier zur Welt kommt und sich auch nach der Geburt physisch langsamer entwickelt als seine »älteren Brüder«.

Herder: »Das menschliche Kind kommt schwächer auf die Welt als keins der Tiere«, und es »bleibt länger schwach«, »die Jahre seiner Jugend dauern unvergleichbar länger als diejenigen irgendeines Tieres«.[56]

Troxler: »Der Zustand der Unvermögenheit beim Menschen ist größer und dauert länger als beim Tier – weil seine innere Kraft tiefer liegt und mehr Entwicklung bedarf, weil gleichsam ein Fremdes in die Schöpfung eintritt und erst durchbrechen muß.«[57]

Pestalozzi: Beim Menschenkind zeigt sich die physische Kraft »erst lebendig und nach selbständigem Gebrauche strebend, wenn dasselbe zu einem merklichen Grade der Entfaltung seiner *Geistes- und Herzenskräfte* gelangt ist«, so daß »die Neigung zur Selbsthilfe rein menschlich und auf keine Weise tierisch gewaltsam aus ihm hervorbricht«. »Ich sehe lange, lange keine tierische Kraftäußerung in ihm und auch nicht einmal ein lebendiges Streben darnach; ich sehe keine Spur des Gewaltsinnes, der alle tierische Jugend zur schnellen Entfaltung ihrer Kräfte hintreibt. Im Gegenteil, das erste Zeichen des innern Lebens des Kindes ist sein himmlisches Lächeln, es ist die erste Regung eines über allen Tiersinn erhabenen und ihm ganz entgegenstehenden menschlichen Sinnes, es ist die erste Spur der im Kinde entkeimenden Erkenntnis der Liebe.« Das Wesen des Menschen fordert »das Stillstehen seiner *tierischen* Kraft, damit das *Menschliche* seines Seins sich von dieser ungestört entfalte«. Und Pestalozzi fügt hinzu: »Daß doch unser Geschlecht diesen Unterschied in seiner ganzen Bedeutung erkennen und in der Erziehung seiner Kinder der Entfaltung des Menschlichen derjenigen des Tierischen in dem Grad den Vorzug geben möchte, in dem ihm die Natur selber einen Vorzug gegeben!«[58]

Hier klingt zum erstenmal in unserer Betrachtung der Naturreiche das Wort *Erziehung* auf, und nicht zufällig. Denn es muß ja nun aus unsern Darlegungen klar werden, daß der Mensch Erziehung, Führung braucht: eben weil ihn die Natur unvollendet entläßt und weil er »Vernunft, Humanität, menschliche Lebensweise« nur in menschlicher Gemeinschaft lernen kann.

Adolf Portmann hat in seinen »Biologischen Fragmenten zu einer Lehre vom Menschen« überzeugend nachgewiesen, daß das Menschenkind, verglichen mit vergleichbaren Säugetieren und gemessen an ihren Reifeformen, als *»physiologische Frühgeburt«* zur Welt kommt, indem es erst ein Jahr später »den Ausbildungsgrad erlangt, den ein seiner Art entsprechendes echtes Säugetier zur Zeit der Geburt« erreicht hätte. »Wesentliche Entwicklungsetappen fallen bei uns in diese besondere extra-uterine Zeit. Erst jetzt entstehen beim Menschen überhaupt artgemäße Haltung, Bewegung und Sprache.« Man kann also »in vereinfachter Form sagen, daß der Mensch annähernd ein Jahr ›zu früh‹ zur Welt kommt«, weil er »artgemäße Haltung, Bewegung und Sprache« nur im Familienkreis erwerben und erlernen kann. Die Bedeutung dieses »auffälligen Kontrastes« zeigt *Portmann* auf:

»Nicht deutlich genug kann man sich den Gegensatz vor Augen führen, der die Entwicklung im Mutterleib, diese für alle Individuen einer Art so gleichförmigen Vorgänge, von dem Reichtum sondert, den die besonderen Entwicklungsbedingungen für die Frühzeit des Menschenkindes schaffen. Und dies in einer Zeit, in der so wichtige Akte unserer Gestaltung geschehen. Die Prozesse der Reifung, die ja auch im Mutterkörper gefördert würden, kombinieren sich bei uns in ihren wichtigsten Phasen mit den Erlebnissen, die eine so viel reichere Umgebung mit vielen Reizquellen den bildungsfähigen Anlagen bietet. So steht bereits im ersten Lebensjahre das Leben des Menschenkindes unter dem Gesetze des ›Geschichtlichen‹. Schon in diesem extra-embryonalen Frühjahr geschehen neben ›Vorgängen‹ von durchaus genereller Artung auch ungezählte ›Ereignisse‹, die einmalig sind – und wie oft schicksalsbestimmend, ohne daß man diese Bedeutung in der Umgebung voll zu ermessen vermöchte. Hilfe und Anregung von seiten der Umgebenden, eigene schöpferische Aktivität und Drang zur Nachahmung beim Kinde geben in steter unlösbarer Wechselwirkung dem Entwicklungsgange sein Gepräge, sie alle schaffen gleichermaßen mit an den Merkmalen des Leibes wie an denen der Lebensart. Die Eigenart des Spracherwerbs, das nachschaffende Übernehmen eines vorgefundenen, reich gestalteten Sozialinstrumentes, ist für diesen Sachverhalt im höchsten Grade gleichnishaft. Unsere psychischen Anlagen reifen nicht durch Selbstdifferenzierung zu den fertigen, nur geringer Nuancierung fähigen Verhaltensweisen heran, wie wir sie von Tieren kennen, sondern erst im Kontakt mit dem reichen Inhalt der Umgebung entfalten sie sich zu der für jeden Einzelnen charakteristischen und zeitbedingten Form.«[59]

Schon die aufrechte Haltung, dieses auffallendste physische Unterscheidungsmerkmal, gewinnt der Mensch nicht »von Natur«; das beweisen die ohne menschliche Betreuung aufgewachsenen »Wolfskinder«. Noch viel weniger die *Sprache*. Jeder Mensch lernt die Sprache, die in seiner Umgebung gesprochen wird, und wenn er ohne Mitmenschen aufwächst, lernt er eben keine. Das Beispiel des Wildkindes vom Aveyron dürfte bekannt sein. Trotz aller liebevollen Mühewaltung gelang es dem Arzt Jean Itard nicht, dem elf- oder zwölfjährigen Knaben das Sprechen beizubringen, offenbar weil die Zeit der Bildsamkeit der Sprachorgane vorüber war. Das Sprachvermögen ist bei jedem Menschen veranlagt, aber die Sprache entsteht nicht als Erbprodukt. Die Sprache ist ein Kulturgut, das dem übernatürlichen, geistigen Bereich angehört. Sie ist darum auch nicht den biologisch bedingten Lauten der Tiere – dem Balzen der Vögel, dem Pfiff der Murmeln, dem Blöken der Schafe, dem Wiehern der Pferde – gleichzusetzen. Und wenn einzelne Tiere imstande sind, menschliche Wörter nachzureden, so verstehen sie doch deren Sinn nicht. Die menschliche Sprache ist sinnträchtig, es geht bei ihr um den Ausdruck und die Auffassung von Sinngehalten. Ja, sie ist das Instrument, mittels dessen wir die Welt überhaupt erst in unser Bewußtsein bringen. Ohne sie bliebe unser Wahrnehmungsfeld ein bloßer Sinnenteppich, ein Kunterbunt von Farben und Formen. Erst durch die Benennung der Dinge gliedert sich dieses Feld, strukturiert sich der Teppich, kommt Ordnung in das Kunterbunt der Sinneseindrücke. »Die Sprache ist das Scheidewasser des Chaos«, »nur die Sprache illuminiert die weite, einfärbige Weltkarte«, sagt *Jean Paul*.[60] Ebenso *Herder*:[61] »Nur durch die Rede wird die schlummernde Vernunft erweckt. ... Man muß also die Rede als den Himmelsfunken ansehen, der unsere Sinne und Gedanken allmählich in Flammen brachte.« Und wieder macht auch Herder auf den Zusammenhang zwischen der aufrechten Haltung und dem »göttlichen Geschenk der Rede« aufmerksam: »Den Menschen baute die Natur zur Sprache; auch zu ihr ist er aufgerichtet und an eine emporstrebende Säule seine Brust gewölbet. ... Nur im aufrechten Gange findet wahre menschliche Sprache statt. ... Ausdrückend ist also der Name der Morgenländer, mit dem sie die Tiere die ›Stummen der Erde‹ nennen; nur mit der Organisation zur Rede empfing der Mensch den Atem der Gottheit, den Samen der Vernunft und ewigen Vervollkommnung, ... die göttliche Ideenkunst.«

Wenn nun aber die natürliche biologische Entwicklung beim Menschen in einzigartiger Weise haltmacht, damit die notwendigen Voraussetzungen der menschlichen Daseinsart entstehen können, wie wir in mehrfacher Hinsicht festgestellt haben; wenn die Natur vor dem Menschen zurücktritt, ihr gewohntes Schaffen einstellt und ihn in die *Freiheit einer neuen Schöpfung* entläßt: wer übernimmt und hat denn eigentlich die Führung in diesem ganzen Geschehen? Wer bewirkt diese Zurückhaltung der Natur? Wer sorgte und sorgt in der Gesamtentwicklung und in der Entwicklung des Einzelnen für die Bewahrung der ursprünglichen neutralen und universalen Form der Hand? Wer erhält die in sich ruhende kosmische Schädelform und baut in diesem »Haupt« ein Gehirn auf, das schließlich dreieinhalbmal schwerer ist als das der menschenähnlichsten, etwa gleich schweren Primaten Schimpanse, Orang und Gorilla?[62] Wer richtet den Leib des Menschenkindes auf? Wer beantwortet aus seinem Innern heraus die Liebe mit einem Lächeln? Wer ist der Träger der in ihm schlummernden Vernunft und nimmt das göttliche Geschenk der Sprache auf, um mit ihrer Hilfe zu klarem Bewußtsein und Selbstbewußtsein aufzuwachen?

Wir werden auf all diese Fragen keine befriedigende Antwort finden ohne die Annahme eines nur dem Menschen eigenen vierten Wesensgliedes, durch das er noch einer andern als der sichtbaren Welt angehört, kraft dessen er ein *Bürger zweier Welten* ist.

Unter den verschiedensten Namen haben Forscher, Denker, Dichter, Erzieher von diesem innersten *Wesenskern des Menschen* und seiner möglichen Entfaltung gesprochen. *Platon* bezeichnete ihn als »Vernunftseele«, *Aristoteles*, wir hörten es schon, als »denkende Seele« oder »Geist«. »Geist« nannte ihn auch *Troxler*. Ebenso sprach der deutsche Philosoph *Johann Gottlieb Fichte* (1762–1814) vom »eigentlich Geistigen im Menschen«. Denselben Wesenskern meinten aber auch *Goethe, Schiller, Jean Paul* – der deutsche Idealismus hatte noch ein umfassendes Menschenbild –, wenn sie vom »Reinmenschlichen«, vom »idealischen Menschen«, vom »Preismenschen« in uns sprachen, mit dem übereinzustimmen die wichtigste Aufgabe unseres Lebens sei. Ihn meinte der leider viel weniger bekannte tiefsinnige Dichter und Denker *Novalis*, wenn er sagte, die höchste Aufgabe der Bildung sei, »sich seines transzendentalen Selbst zu bemächtigen«.[63] Mit tiefster Ehrfurcht sprach *Pestalozzi* von dem »heiligen göttlichen Wesen«, dem Träger des »göttlichen Funkens« im Innern der Menschennatur, »durch dessen Bildung und Pflege der Mensch sich allein zu der innern Würde seiner Natur zu erheben, durch das er allein Mensch zu werden vermag«.[64] Und dasselbe innere göttliche Wesen meinte *Christian Morgenstern* mit dem großgeschriebenen *Ich*, wenn er sagte: »Ich möchte nicht leben, wenn *Ich* nicht lebte.«[65]

Tatsächlich ist unser Alltags-Ich nur der Schatten jenes höheren *Ich*, das als geistige Wirklichkeit in uns wohnt, und auch unser Ich-Bewußtsein reicht häufig nur bis zu diesem Schatten. Indessen schaffte und schafft das höhere *Ich* unbewußt an uns von Anfang an, in der phylogenetischen (stammesgeschichtlichen) wie in der ontogenetischen (einzelmenschlichen) Entwicklung, bis in die physischen Organe hinein. Es macht sich aber auch bewußt schon in der Jugend des heutigen Menschen bemerkbar als heimlicher Richter – im doppelten Sinne: richtend und richtungweisend – und ermahnt uns das ganze Leben lang in jeder besinnlichen Stunde: »*Werde, der du bist*!«[66]

»Es dünkt dem Menschen, als sei er in einem Gespräch begriffen, und irgend ein unbekanntes, geistiges Wesen veranlasse ihn auf eine wunderbare Weise zur Entwicklung der evidentesten Gedanken. ... Dieses Ich höherer Art verhält sich zum Menschen... wie der Weise zum Kinde. Der Mensch sehnt sich, ihm gleich zu werden.«[67] *Novalis* setzt aber gleich hinzu: »Dartun läßt sich dieses Faktum nicht. Jeder muß es selbst erfahren. Es ist ein Faktum höherer Art. ... Die Menschen sollen aber streben, es in sich zu veranlassen.« Novalis könnte seine damalige Feststellung auch heute noch aussprechen: »Sonderbar, daß das Innre der Menschen bisher nur so dürftig betrachtet und so geistlos behandelt worden ist. Die sogenannte Psychologie gehört auch zu den Larven, die die Stellen im Heiligtum eingenommen haben, wo echte Götterbilder stehen sollten.«

Immerhin, die Tiefenpsychologie eines *Carl Gustav Jung* wagt es nicht nur, mit aller Entschiedenheit von der Seele (statt nur von seelischen Vorgängen) zu sprechen, sie spricht auch von dem das bewußte Ich überragenden, ihm übergeordneten »Selbst« des Menschen als dem eigentlichen Kern seiner Persönlichkeit. »Soviel wir auch bewußt machen mögen«, schreibt Jung, »immer wird noch eine unbestimmte und unbestimmbare Menge von Unbewußtem vorhanden sein, welches mit zur Totalität des Selbst gehört«. »Das Selbst ist... das Zentrum dieser Totalität, wie das Ich das Bewußtseinszentrum ist.« »Das Selbst ist auch das Ziel des Lebens, denn es ist der völligste Ausdruck der Schicksalskombination, die man Individuum nennt.«[68]

Durch die ganze abendländische Entwicklung hindurch haben zwei Forderungen, die zur Zeit des aufblühenden Griechentums ausgesprochen wurden, den Menschen begleitet und nicht mehr losgelassen. Die eine stand über dem Eingang des Apollotempels von Delphi: »*Erkenne dich selbst!*« Die andere wurde bereits erwähnt: »Werde, der du bist!« Sie gehören innerlich zusammen.

Die Aufforderung von Delphi meinte zweifellos nicht: Erkenne, daß du ein Sünder bist! sondern: Erkenne dein wahres Selbst! Erkenne den verborgenen Kern deines Wesens, der sich in dir entfalten möchte! Erkenne die in dir schlummernden Fähigkeiten, durch deren Gebrauch du erst eigentlich Mensch wirst!

Eine dieser Fähigkeiten ist das *Denken*; im Zusammenhang mit dem Sprachvermögen war bereits kurz davon die Rede. Im Denken stellt sich der Mensch als Ich der Welt – oder einem Stück Welt – gegenüber. Das Stück Welt wird zum »Gegenstand« seiner denkenden Betrachtung, und durch Wahrnehmung und Benennung hebt er es zu einem ohne ihn nicht vorhandenen neuen Sein – dem Bewußt-sein – empor, wodurch es sozusagen »zu sich selber kommt«. Der Menschengeist vermag die in der gesamten Natur unbewußt waltenden Gesetze und Kräfte und ihre Wirkungen gleichsam aufzufangen, widerzuspiegeln, zu reflektieren. Es entsteht durch diese Geistestat eine zweite Schöpfung, oder vielleicht ist es richtiger zu sagen: die Schöpfung wird durch diese Tat erst vollendet. *Martin Buber* nannte dies »die anthropologische Grundtatsache und die erstaunlichste aller irdischen Tatsachen: es gibt in der Welt ein Wesen, das eine Welt als Welt, einen Weltraum als Weltraum, eine Weltzeit als Weltzeit und sich selbst eben darin als dies erkennend erkennt«. Und auch Buber war der Meinung, aus der natürlichen Entwicklung lasse sich diese Tatsache nicht erklären. »Ist aus der Tierwelt ein Wesen hervorgetreten, das um das Sein und um sein eigenes Sein weiß, dann ist die Tatsache dieses Hervorgehens und die Weise dieses Hervorgehens eben doch nicht aus der Tierwelt selbst zu verstehen und eben doch nicht mit Naturbegriffen zu erfassen.«[69]

*Platon*s Begriff »Vernunftseele« weist auf diese Kraft des »Vernehmens« der in der Welt sich offenbarenden Wirklichkeit hin. Diese Kraft führt aber nicht nur zur Wahrheitserkenntnis, sie läßt uns auch – von innen her – vernehmen, was gut und was böse sei. *Pestalozzi* fordert den Menschen auf, dem geheimen Erkenntnisorgan – er nennt es den »innern Sinn« – in dieser doppelten Beziehung Vertrauen und Gehör zu schenken: »Glaube an dich selbst, Mensch, glaube an den innern Sinn deines Wesens. ... *Dein innerer Sinn ist dir sicherer Leitstern der Wahrheit und deiner Pflicht.*«[70] Auch dies ist eine anthropologische Grundtatsache: daß der Mensch – wenn nicht von Anfang an, so doch nach einer gewissen Entwicklung – in seinem Innern Ruf und *Anspruch* erfährt, dem gegenüber er sich *verantwort-*

lich fühlt. Er fühlt sich *schuldig*, wenn er diesen Anspruch nicht nach Möglichkeit erfüllt. *Schuld* kommt von gotisch *sculan*, althochdeutsch *scolan* oder *solan*: sollen. Kein Tier wird schuldig; denn es untersteht dem Zwang der Natur, nicht einem Sollen, dem gegenüber es gehorsam oder ungehorsam sein könnte. Nur der Mensch kann fehlgehen und schuldig werden. Das ist der tiefe Sinn des römischen Sprichwortes *Errare humanum est* – Irren ist menschlich. Der Grund liegt in seiner Freiheit. »Bei dem Tiere und der Pflanze gibt die Natur nicht bloß die Bestimmung an, sondern führt sie auch allein aus. Dem Menschen aber gibt sie bloß die Bestimmung und überläßt ihm selbst die Erfüllung derselben. Dies allein macht ihn zum Menschen.« Wir haben dieses prägnante Wort aus *Schiller*s philosophischen Schriften schon früher zitiert.[71]

»Dies allein macht ihn zum Menschen«, sagt er. Ebenso empfand der Renaissance-Denker *Pico della Mirandola* (1463–1494), der in seiner berühmten Schrift über *Die Würde des Menschen* den Schöpfer zum Menschen sprechen läßt: »Alle andern Geschöpfe habe ich mit einer bestimmten Natur begabt und sie damit in feste Grenzen eingeschlossen. Dich engen keine Schranken ein, damit du, *dein eigener Bildner* und Schöpfer (ein anderer übersetzt: dein eigener Bildhauer), dich so gestaltest, wie du willst. Du kannst zum unvernünftigen Vieh entarten und deine Art erhöhen zum Göttlichen, alles, wie du es erwünschest.« Und Pico fügt dankbar hinzu: »Welche Gnade Gott-Vaters ist das, welche Glückseligkeit für den Menschen! Ihm ist gegeben zu sein, was er will.«[72]

So resultiert aus unserer ganzen Betrachtung die Erkenntnis: Ein Mensch *ist* man nicht, ein Mensch *wird* man. Mensch*sein* ist immer erst Mensch*werdung*. Die eigentliche Menschlichkeit ist uns nicht *gegeben*, sondern *aufgegeben*. Gegeben sind uns nur die Anlage dazu und der Freiheitsraum, in dem sie sich entfalten kann. Für ihre Entfaltung aber müssen wir selber besorgt sein.

Dankbar blicken wir zurück auf die Evolution und die Naturreiche, die wir durchlaufen haben, bis uns die Natur entließ und wir vor die eigene Aufgabe gestellt wurden.

»Jeder von uns«, sagt *Christian Morgenstern*, »hat etwas Unbehauenes, Unerlöstes in sich, daran unaufhörlich zu arbeiten seine heimlichste Lebensaufgabe bleibt.«[73] Und *Herder*, dem wir oft in diesem Kapitel das Wort gegeben: »Von Anfang des Lebens an scheint unsre Seele nur ein Werk zu haben: inwendige Gestalt, Form der Humanität zu gewinnen.«[74]

Die Erfüllung dieser Aufgabe kann uns niemand abnehmen. Eltern, Lehrer, Vorbilder können uns helfen – und wir brauchen sie dringend –, zu uns selber zu kommen, uns selbst – unser verborgenes höheres Selbst – zu finden. Dann aber muß jeder sich und sein Leben in die eigene Hand nehmen – sein eigener Bildner.

Er muß sich zu diesem Zweck aus der Masse lösen. Denn »die zusammenstehende Masse ist als solche gänzlich entblößt von der höhern Ansicht der Menschennatur; sie hat kein Gewissen«.[75] Er kann sich aber anderseits nur verwirklichen im Dienste der Gemeinschaft. Denn: »Nicht mir, sondern den Brüdern! Dies ist der unbedingte Anspruch der göttlichen Stimme im Innern; in deren Vernehmen und Befolgen liegt der einzige Adel der menschlichen Natur.«[76] *Pestalozzi* hat sicher recht mit der Behauptung, daß sich der Mensch »nur durch die Vollendung seiner Brüder vollende«.[77] *Selbstverwirklichung* und *Dienst an der Gemeinschaft* verhalten sich als Brennpunkte unserer Lebensgestaltung zueinander wie die beiden Brennpunkte einer Ellipse: Alle Strahlen, die vom einen Brennpunkt ausgehen, nach welcher Richtung auch immer, treffen, von der Ellipse reflektiert, im andern Brennpunkt wieder zusammen. Jeder Fortschritt in der Selbstverwirklichung wirkt sich aus im Dienst an der Gemeinschaft, und jeder Dienst an der Gemeinschaft wirkt fördernd zurück auf die Selbstverwirklichung. Wahre Selbstachtung und Selbstverwirklichung führen deshalb nicht zum Egoismus, sondern zur Nächstenliebe. »In dem Grade, wie der Mensch sich selbst hochachtet, also liebt er auch seinen Nächsten, und so wie er ohne innere Achtung gegen sich selbst lebt, also haßt er auch den Nächsten. So wie der Mensch sich selber hochachtet, achtet er seine Natur in jedem andern Menschen hoch. Selbstachtung ist also das wahre Mittel, das Menschengeschlecht zu vereinigen.«[78]

Die große Spannweite menschlicher Daseinsart und die unerhörten Spannungen im Einzelleben wie im Leben der gesamten Menschheit erklären sich aus der dem Menschen geschenkten Freiheit – dem Freiheitsraum, in dem er ungesichert, schwankend zwischen Gut und Böse steht. Die ganze Dramatik der Menschheitsgeschichte hat hier ihren tiefsten Grund.

Menschwerdung als Führungsaufgabe

Der Mensch Tempel der Gottheit, die Schule Tempel der Menschheit. *J. P. V. Troxler*

Wir haben wahrgenommen, wie der Mensch aus den Reichen der Natur in das Reich der Freiheit emporragt. Es wurde deutlich, daß die Natur dieses Reich nicht zu erbauen vermag, sondern zurücktreten muß, um dem Menschen dessen Gestaltung zu überlassen. Als »den ersten Freigelassenen der Schöpfung« hat Herder den Menschen bezeichnet. Zwar ist die Freiheit zunächst nur eine leere Form, bloße Möglichkeit.

Eine lange Anstrengung ist vonnöten, um der Form einen Inhalt zu geben, die Möglichkeit zu einer Wirklichkeit werden zu lassen. Diese Anstrengung bestimmt den Werdegang des Menschen, dem wir uns jetzt zuwenden.

Wenn der Mensch das Licht der Welt erblickt, ist er noch keineswegs in der Lage, von den in ihm veranlagten Möglichkeiten Gebrauch zu machen. Die Freiheit, die darin besteht, daß die Natur dem Neugeborenen weitgehend die Hilfe entzieht, die sie dem mit ihm vergleichbaren Tier gewährt, überantwortet das Kind den betreuenden Händen liebevoller Eltern und Erzieher. Schon zur Befriedigung der allerelementarsten Bedürfnisse bedarf das neugeborene Kind der Handreichungen anderer Menschen. Pflegerische Bemühungen müssen die dem Kind fehlenden natürlichen Instinkte ersetzen, müssen naturbedingte »Schwächen« und »Mängel« ausgleichen.

Dadurch aber tritt der Mensch bereits in seinem ersten Lebensjahr unter das »Gesetz des Geschichtlichen«, wie wir im letzten Aspekt gesehen haben. Jedes Kind wird in ganz bestimmte Familienverhältnisse, in bestimmte kulturelle, soziale, wirtschaftliche und rechtliche Situationen hineingeboren. Das Wort »zur Welt kommen«, »das Licht der Welt erblicken« gewinnt darum einen ganz spezifischen Sinn. Denn diese Welt ist nicht mehr die ursprüngliche *Natur*welt, die »erste Schöpfung Gottes«, wie Pestalozzi gesagt hat, sondern die durch Geschichte geprägte *Kultur*welt. Und da diese nur vom Menschen hervorgebracht und vor allem dem Menschen zu dienen bestimmt ist, stellt sie die eigentliche *Menschenwelt* dar.

Wir verstehen nun den Sinn der »physiologischen Frühgeburt« von einer neuen Seite. Das Tier kann von der Natur für seine Bestimmung schon im embryonalen Zustand der Entwicklung »fertiggemacht« werden, weil es in eine ihm biologisch entsprechende Naturwelt hineingeboren wird. Der Mensch aber muß sich für eine von seinesgleichen erschaffene höhere, immer wieder sich wandelnde Welt vorbereiten. Er muß sich darum einen hohen Grad an leiblicher und seelischer Bildsamkeit, an physischer Plastizität und psychischer Universalität erhalten, um in die Welt der Geschichte, die Kulturwelt, die kulturelle Landschaft hineinwachsen zu können. Er darf seinen Lebensplan nicht durch bereits embryonal vorgeformte, zweckgerichtete Organbildungen festlegen. Darum muß er sein Dasein früher, unreifer beginnen als der höher entwickelte Säuger.

So steht denn auch der Entwicklungsgang des Menschen unter dem Einfluß der geschichtlichen Welt, indem »die lange und reich gegliederte Wachstumsphase unlösbar verbunden« ist »mit der Aufnahme des Traditionsgutes, das von Generation zu Generation wechselt und dessen Wechsel jeden von uns in eine einmalige, neue Situation versetzt vom Moment an, wo mit der Geburt der Einfluß der sozialen Ordnung wirksam wird.«[1]

Damit der Mensch in diese geschichtliche Welt, die, nach Portmann, »die eigentliche Natur des Menschen« ausmacht, hineinwachsen kann, bedarf er der engen Kontakte mit der Menschenwelt. Aus diesem Grunde spielt der Gesamtbereich all jener Anstrengungen, die wir als Fürsorge, Pflege, Betreuung, Erziehung, Schulung und Führung zusammenfassen können, nicht nur eine bewahrende und schützende Rolle – wie etwa die instinkthaften Maßnahmen der Brutpflege beim Tiere –, sondern ihm kommt eine tieferdringende Funktion zu: des Menschen »eigentliche Natur« zur Entwicklung zu bringen. Mit Pestalozzis Worten müßte man sagen: das »Werk der Natur« durch das »Werk der Gesellschaft« weiterzuführen und seiner Bestimmung näherzubringen.[2]

Eine Menschenkunde, die ihre Einsichten zu sehr vom Tierreich ableitet, neigt dazu, die Bedeutung der Erziehungsarbeit zu unterschätzen und den Menschen vor allem als ein Wesen zu begreifen, das sich, den Gesetzmäßigkeiten des Tieres entsprechend, zu seinem Menschsein bloß durch Reifung angeborener Fähigkeiten entwickelt. Schon *Rousseau* vertrat die verhängnisvolle Ansicht, der Mensch reife dann am besten zu einem gesunden Menschen heran, wenn er möglichst viel sich selbst überlassen bleibe und der Erzieher nur eine negative Rolle spiele: zu verhindern, daß etwa geschieht (d'empêcher que rien ne soit fait). Heute erleben solche und ähnliche Ansichten bei der antiautoritären Erziehung eine Art Wiedergeburt. Und doch lehrt die tagtägliche Erfahrung, daß der Mensch sich nur in der Gemeinschaft anderer, ihm in Bildung und Erziehung *vorangeschrittener* Menschen wahrhaft entfalten kann und daß er gerade die eigentlichen Kulturfähigkeiten nur erwirbt, wenn er sie in seiner Umgebung wahrzunehmen, zu erleben und nachzuahmen Gelegenheit hat. Wir können somit festhalten: Der Mensch ist der Erziehung und Bildung nicht nur *fähig*, sondern geradezu *bedürftig*. Pestalozzi hat unermüdlich hingewiesen, wie verhängnisvoll es wäre, wenn der Mensch auf der Stufe der »tierischen Existenz« stehenbliebe und gar in den noch ganz ungeformten, naturhaften, triebbeherrschten Kräften sein Menschentum zu finden vermeinte. Das Wesen des Menschen fordert – wie wir schon im letzten Abschnitt ausführten – »das Stillstehen der *tierischen* Kraft, damit das *Menschliche* seines Seins sich von dieser ungestört entfalte«.[3]

Bildung und Erziehung bringen den werdenden Menschen in einen vielfältigen, sich im Fortgang der Entwicklung immer stärker ausweitenden und differenzierenden Kontakt mit der gewordenen Welt der Geschichte und der sich stets wandelnden Gesellschaft. Wie wichtig diese Kontakte für das Werden eines Menschen sind, ist seit langem bekannt. Schon Plato schlug in seinem Idealstaat die Gestaltung des Lebensraumes nach erzieherischen Gesichtspunkten vor. Diese Idee aufnehmend, vermittelte der Renaissancephilosoph Tommaso Campanella in seinem *Sonnenstaat* ein Beispiel radikaler Umweltgestaltung. Auch Rousseau widmete der Umgebung des Kindes große Aufmerksamkeit, empfahl aber, aus ihr den Menschen als Erzieher möglichst auszuschließen. Weit umfassender und wirklichkeitsgemäßer hat Pestalozzi die Umwelt im Erziehungsgeschehen gewürdigt. In seinem Werk *Wie Gertrud ihre Kinder lehrt* zeigt er sehr ausdrücklich, wie die psychische Verfassung des Erziehers die Umwelt des Kindes bestimmt. Ferner haben Herder, Goethe (besonders in der pädagogischen Provinz), Jean Paul und Friedrich Fröbel auf die anregende Wirkung der Umwelt des Kindes hingewiesen. Die positivistischen Strömungen des späteren 19. Jahrhunderts bejahten unter dem Einfluß der materialistischen Geschichtsauffassung von Marx und Engels und der französischen und englischen Soziologen (Auguste Comte, Herbert Spencer) die Beeinflussung des Kindes durch seine Umwelt; sie überschätzten jedoch die materiellen Umwelteinflüsse und unterschätzten die oft ebenso entscheidenden seelischen Umweltbedingungen. Manches Kind kann in einem einfachen, aber seelisch durchwärmten Erziehungsmilieu weit besser gedeihen als viele andere, die in einem materiell gesicherten, aber kalten, berechneten, durch seelische Zerwürfnisse getrübten Klima aufwachsen müssen. Liebe, Geborgenheit und ein unumstößliches Vertrauen in die Erziehermächte bilden gewissermaßen die wichtigsten Entwicklungsbedingungen zu einem gesunden und kräftigen Gedeihen des Menschen.

Besonders eindringlich weisen die Vertreter der Bildungswissenschaft auf die Abhängigkeit des Lernerfolges vom sogenannten »soziokulturellen« Milieu hin, indem sie betonen, daß die Lernfähigkeit (welche den älteren Begriff der Begabung weitgehend ersetzen soll) durch Erfahrungen bestimmt ist, die das Bildungsklima bietet. »Was so im Kleinkinderalter erlernt wird, ist abhängig vom kulturellen Grundbestand, dem das Kind in seiner Umwelt begegnet, den es in der Auseinandersetzung mit ihr ›assimiliert‹.«[4] Die Lernfähigkeit ist somit weitgehend abhängig »von den ›Programmen, die ihm (als einem Informationsverarbeitungssystem) eingegeben worden sind‹, und zwar sozusagen vom ersten Lebensjahr ab.«[5] Die Bezeichnung »Informationsverarbeitungssystem« verrät uns, wie sehr der Bildungswissenschafter das Kind nach dem Modell eines Computers versteht.

So unabdingbar wichtig indessen die soziokulturellen Entwicklungsbedingungen für die Anregung der Lernfähigkeit sind, so verfehlt wäre es, zu übersehen, daß die eigenen Anlagen die absolute Voraussetzung jedes Lernerfolges überhaupt sind. Wenn im Menschen nicht bereits die latente Bereitschaft oder Fähigkeit zu lernen vorhanden wäre, könnte die idealste Lehrsituation keine einzige Begabung an ihm und aus ihm entwickeln. Der Mensch kann und will lernen. Das ist eine primäre, ihn vom Tier wesentlich unterscheidende Qualität. Obgleich der Lernprozeß zu seiner Anregung ein bestimmtes Klima braucht, darf der Mensch in keinem Fall einseitig als das Produkt der ihn begleitenden Umwelteinflüsse verstanden werden. Das erhellt ja auch die Erfahrung, daß sich in kinderreichen Familien trotz gleichen Erbverhältnissen, gleichen Umweltbedingungen, gleichen Erziehungsmethoden sehr oft ganz verschiedene Anlagen, Begabungen, Fähigkeiten, aber auch Einseitigkeiten und Mängel offenbaren. Ebensowenig wie bei einer Pflanze die Umweltverhältnisse (Regen, Sonne, Wasser, Bodenstruktur, Höhenlage, Klima usw.) die bestimmende Ursache für die Art und Gestalt der Pflanze darstellen, können die gesellschaftlichen Verhältnisse als Ursache für die sich im werdenden Menschen offenbarenden Anlagen gehalten werden. Wohl aber kann sich eine bestimmte Umweltsituation auf die autogenen Möglichkeiten anregend oder hindernd auswirken.

Es scheint uns von Bedeutung zu sein, daß wir die primären und sekundären Faktoren des Lehr- und Lernprozesses deutlich unterscheiden und nicht eines auf Kosten des andern übergewichten. Primär sind die einzelmenschlichen Anlagen, sekundär sind die zu deren Entfaltung, Stärkung und Formung erforderlichen Entwicklungsbedingungen. Eine Überwertung des gesellschaftlichen Faktors könnte uns veranlassen, das Ziel des Lernens zu einseitig in bestimmten gesellschaftlichen und zeitbestimmten Verhältnissen zu suchen. Daß diese Gefahr tatsächlich heute besteht, kann nicht übersehen werden. In einem Leitfaden zum reformierten Mathematikunterricht lesen wir:

»Die höhere wirtschaftliche Wachstumsrate bedingt eine gesteigerte Nachfrage nach Fachkräften, die aber nur über Schulen herangebildet werden können. Bildung wird nicht mehr so sehr begriffen als die Erziehung des Menschen zur Persönlichkeit, sondern Bildung wird neben den herkömmlichen Aufwendungen an Arbeit und Kapital als ein wesentlicher, wenn nicht sogar als der entscheidende Produktionsfaktor (third factor) angesehen, der wirtschaftliches Wachstum in dem verlangten Ausmaß überhaupt erst ermöglicht. Es gibt, für uns neu und erregend, auf einmal so etwas wie eine Planwirtschaft der Bildung, mit dem Ziel, das Arbeitskräftepotential (human manpower) bereitzustellen, das eine moderne hochentwickelte Wirtschaft verlangt.«[6]

Wollte der Erzieher und Leser während der Volksschulzeit sich auf die hier aufgeführte Zielsetzung verpflichten lassen, geriete er in eine wahrhaft schizophrene Situation. Einerseits ist er gehalten, den ihm anvertrauten Menschen zu geistiger Selbständigkeit, Urteilsreife und Entscheidungsfreiheit zu führen, andererseits soll er ihn auch gleich zu einem später einsetzbaren Produktionsfaktor vorformen. Seine pädagogischen Bemühungen würden außerpädagogischen Gesichtspunkten unterstellt. Daß aus solch ambivalentem Verhalten nichts Rechtes und Gesundes ersprießen kann, leuchtet sicher ein. Unter solchen Forderungen steigt die Gefahr, daß »sich die Schule immer ausschließlicher zum Steigbügelhalter für Aufstieg und Karriere in der Erfolgsgesellschaft entwickelt«[7].

Wo liegen die Gründe zu einer solchen gesellschaftsorientierten Bildungskonzeption? Zweifellos in einer einseitigen, Wesensbereiche vernachlässigenden Menschenerkenntnis. Es liegt im Wesen der Pädagogik, daß sie das Bild des Menschen, an dem sie sich geistig orientiert, im praktischen Tun zu verwirklichen strebt. Wenn dieses Bild den Menschen als ein Informationsverarbeitungssystem, das von einem Lehrsystem – dem Lehrer – programmiert wird, versteht, ist es wenig geeignet, den Menschen in seinem Wesen und umfassenden Sein zu bilden. Der Computer ist eine geniale technische Schöpfung. Aber er ist immer nur ein subjektloser Apparat. Seine Aufgaben müssen ihm eingegeben werden. Er reagiert entsprechend den ihm mitgeteilten Aufträgen. Ist auch der Mensch so zu verstehen?

Wenn wir das Bild, das wir im vorhergehenden Abschnitt vom Menschen gewonnen haben, nochmals in unser Bewußtsein heben, müssen wir die Frage verneinen. Wir wiesen darauf hin, wie der Mensch dadurch zum *Bürger zweier Welten* wird, daß eine höhere geistige Kraft ihm eingeboren wird und daß diese Kraft wie ein Leitbild in seiner Seele wirkt. Diesem Leitbild muß sich auch der Pädagoge unterwerfen. Erziehung und Bildung dürfen sich nicht so sehr damit begnügen, den Menschen auf einen nutzbar scheinenden, wirtschaftskonformen Ausbildungsstand zu heben, sondern sie müssen sich zum Ziel setzen, im Menschen so viel Kräfte und Organe zu entwickeln, daß dieser, mündig geworden, das »Werk der Gesellschaft« als »Werk seiner selbst« zu vollenden vermag. Erst dadurch füllt der Herangewachsene den Freiheitsraum in fruchtbarer, selbständiger Weise aus, gibt er der leeren Form den ihr gemäßen Inhalt, nähert er sich seiner eigentlichen Bestimmung: auf eigenen Füßen zu stehen, aus eigener Einsicht zu handeln, sein Leben unter die Führung seiner eigenen Geisteskraft zu stellen und die »Freiheit wovon« im Sinne Nietzsches in eine »Freiheit wozu« zu steigern.[8] Das Wissen um die geistige Kraft im Menschen ist deren stärkster Motor. Das Leugnen einer solchen Kraft deren stärkster Feind und Hinderer.

So bedeutungsvoll mithin die Gesellschaft als »Erzieherin« des Menschen überhaupt ist, hat sie doch immer nur eine mediative, vermittelnde Funktion. Der Grieche sprach von der mäeutischen Aufgabe des Erziehers: er soll Geburtshelfer sein für Leib, Seele und Geist. Den individuellen Anlagen muß darum der Lehrer und Erzieher vor allem verpflichtet sein. Diese Forderung widerspricht keineswegs der hervorragenden Stellung, welche gegenwärtig der »Gesellschaft« eingeräumt wird. Im Gegenteil: Erst dadurch wird eine gesunde, sozial intakte Gesellschaft geschaffen, daß der Rohstoff autogener Kräfte und Möglichkeiten, den jeder einzelne in sich trägt, eine adäquate Ausbildung erfährt. »Individuelle Kultur ist in ihrem Wesen das eigentliche Fundament der kollektiven Menschenkultur«.[9] Wahrhaft menschengemäß ist darum eine Pädagogik erst, wenn sie um diesen Keim weiß und sich in ihrem praktischen Tun anstrengt, ihm zur Geburt zu verhelfen. Wie das Kind in der Hülle der Gebärmutter physisch heranwächst, bis es geburtsreif geworden ist, so muß auch das Geistige im Menschen während der Kindheit allmählich heranreifen, bis es selber frei wirken kann. Und wie der werdende Mensch im mütterlichen Leibe auf die Lebenskräfte der Mutter angewiesen ist, so ist auch der Geist des Menschen während der Kindheit angewiesen auf die Entwicklungshilfe, welche ihm Eltern und Erzieher angedeihen lassen. Wie es aber keineswegs der Sinn einer Schwangerschaft ist, das Kind immer im mütterlichen Leibe zu tragen, so ist es auch in keiner Weise der Sinn der Erziehung, das Kind nie freizugeben und nie auf eigenen Beinen gehen zu lassen. Nicht sich und der Gesellschaft haben darum Erziehung und Bildung zu dienen, sondern den im Menschen freiwerdenwollenden geistigen Kräften.

Alle Erziehung steht somit zwischen zwei Polen: der äußeren geschichtlichen Welt und dem zur Entfaltung drängenden individuellen Ich des Menschen, das sich weitgehend schon während der Kindheit durch Eigenart, Begabung, Neigungen und Interessen äußert.

Aber zwischen Welt und Ich steht ein Drittes, das der Erzieher ins Auge fassen muß: wir meinen die spezifischen *Entwicklungsgesetze*, die grundsätzlich unabhängig sind sowohl von der Individualität des Kindes wie von der geschichtlichen Lage. Diesen Gesetzen müssen wir uns nun zuwenden. Sie äußern sich in den Entwicklungsstufen, die ein Mensch zwischen Geburt und Mündigkeit durchläuft. Es mag sein, daß uns heute, im Zeitalter der Rationalisierung, die Rücksichtnahme auf solche Gesetze stört und daß gewisse Pädagogen die von der wirtschaftlichen Denkweise beeinflußte Neigung haben, das Leistungsprinzip in quantitativer und qualitativer Hinsicht auf die Schule zu übertragen. Leistung bedeutet Arbeit, geteilt durch Zeit. Auf das Pädagogische angewendet, würde das heißen: Je schneller ein Stoff behandelt werden kann, desto größer ist der »output«, der »Nutzeffekt«. Solches Denken veranlaßt manchen Lehrer, und leider auch manche Eltern, mit dem Unterricht so früh wie möglich einzusetzen und so rasch wie möglich voranzuschreiten, ohne genügend zu bedenken, welche Rückwirkungen solches Tun auf die gesunde Entwicklung des Kindes haben könnte. Sicher läßt sich eine Beschleunigung der Prozesse im Bereich der rein technischen, materiellen Welt aus wirtschaftlichen und anderen Gründen rechtfertigen: im pädagogischen Bereich ist sie höchst fragwürdig. Wir haben schon bei der Darstellung der Biosphäre wahrgenommen, daß im Gebiet des Lebens die *Zeit* als neues konstitutives Element auftritt, daß somit auf den *Zeitraum*, den ein lebendes Wesen zu seiner Entfaltung beansprucht, Rücksicht zu nehmen ist. Dies gilt nicht nur für das Keimen, Sprossen, Wachsen und Blühen der Pflanze, das gilt ebenso für die Entwicklung von Tier und Mensch. Alles Leben ist Werden und Vergehen und braucht den ihm gemäßen Raum an Zeit. Darum ist es verfehlt, mit rein mechanischen Vorstellungen die Sphäre des Lebendigen zu verstehen, geschweige denn zu regulieren.

Nun liegen jedoch auch in dieser Hinsicht beim Menschen ganz besondere Verhältnisse vor, die sich von denen des Tieres unterscheiden. Während das Tier nach seiner Geburt in ebenmäßiger Entwicklung heranwächst, schaltet der Mensch immer wieder Ruhepausen ein, in denen, scheinbar, nichts geschieht. Der Wissenschafter spricht von »physiologischen Hemmungsphasen«.[10] Beim Tier folgen sich zum Beispiel die Prozesse der ersten und zweiten Zahnung, ja diese Vorgänge verfließen dermaßen ineinander, daß sie oft kaum als »Stufen« unterschieden werden können. Beim Menschen dagegen liegt zwischen dem Hervorbringen der ersten Zähne und der sogenannten zweiten Dentition eine »Ruhepause« von fast sechs Jahren. Noch krasser liegen die Verhältnisse bezüglich der Geschlechts- und Zeugungsreife. Beim Tier wachsen die im embryonalen Zustand ausgebildeten Geschlechtsorgane nach der Geburt stetig bis zur Zeugungsreife heran. Dadurch erreichen zum Beispiel Hirsche, Pferde und Hunde schon mit anderthalb bis drei Jahren, Affen und Menschenaffen mit vier bis acht Jahren die Fortpflanzungsfähigkeit. Der an Leibesumfang riesenhaft erscheinende Bartenwal, bei dem man eine langsame Entwicklung mutmaßen könnte, ist schon mit zwei Jahren zeugungsfähig. Die Elefanten brauchen 6–8 Jahre bis zur Reife. Beim Menschen aber wachsen die embryonal vorgebildeten Geschlechtsdrüsen (Ovarien und Hoden) nach der Geburt kurze Zeit weiter, bleiben dann in der Entwicklung stehen, um erst während der Pubertät ihr Wachstum bis zur Reifung fortzusetzen. Wir haben hier einen Zwischenraum von 10 bis 12 Jahren, der spezifisch menschlich ist. Außerdem fallen beim Tier Geschlechtsreife und Zeugungsreife zusammen, was beim Menschen nicht zutrifft. Die Fortpflanzungsreife leitet erst eine neue biologische Ruhepause ein, die der seelisch-menschlichen Reifung und Entwicklung zur Ehefähigkeit dient. Ein drittes kennzeichnendes Merkmal stellt die Wachstumskurve dar. Während das Tier seine Körpergröße durch eine stetige, ebenmäßige Zunahme erreicht, unterscheiden wir beim Menschen normalerweise zwei große Wachstumsschübe, von denen einer zwischen Geburt und Schulreife, der zweite zwischen der Pubertät und dem 20. Lebensjahr liegt. Dazwischen befindet sich die Ruhepause der eigentlichen Schulzeit.

Was bedeuten wohl diese »biologischen Defekte«, die physiologischen Ruhepausen und Stillstände? Sie dienen offensichtlich der gleichen Absicht wie das frühe Sich-Lösen des Menschenkindes von der bergenden Mutterhülle. Sie bilden die eigentlichen Entfaltungsräume für Seele und Geist. Zeit, die biologisch nicht beansprucht wird, steht der Seele als Lebensraum zur Verfügung. Zeit zu rauben ist darum ebenso mörderisch, wie einem Menschen ein Glied zu rauben. Die autogenen Anlagen beanspruchen Zeit. Die biologischen Prozesse müssen gleichsam gestaut, zurückgehalten werden, um den erforderlichen Zeitraum für die Begegnung mit der überbiologisch-geschichtlichen Welt zu schaffen, an welcher der Mensch seine geistigen und seelischen Anlagen entfalten kann. Jeder ernsthafte Pädagoge weiß: was in die seelischen Tiefenschichten eindringen soll, muß erarbeitet und erdauert werden. Jedem Gärtner ist bekannt: ein starker Baum wächst langsam. Noch viel stärker gilt dies beim Menschen: Nur dann vermag er in vollem Sinne Mensch zu werden, wenn er seinen ihm entsprechenden Entwicklungsrhythmen gemäß heranreifen kann. Eine willkürliche Beschleunigung solcher Rhythmen durch medikamentöse oder pädagogische Maßnahmen ist darum schädlich, weil sie eine umfassende Entfaltung der eigenen Möglichkeiten hemmt und den Heranwachsenden in eine Entwicklungsform hineindrängt, die sich dem Affenstadium nähert.[11] Darum fordern Pädagogen immer wieder die Rücksichtnahme auf die menschengemäßen Entwicklungsrhythmen. Unmißverständlich spricht *Friedrich Fröbel*: »Das Kind, der Knabe, der Mensch überhaupt soll kein anderes Streben haben, als auf jeder Stufe ganz das zu sein, was diese Stufe fordert; dann wird jede folgende Stufe wie ein neuer Schuß aus einer gesunden Knospe hervorschießen, und er wird auch auf jeder folgenden Stufe bei gleichem Streben bis zur Vollendung wieder das werden, was diese Stufe fordert.«[12]

Nachdem wir die spezifisch menschlichen Entwicklungsgesetze betrachtet haben, wenden wir uns der Darstellung der einzelnen Lebensstufen zu, die sich bei jedem Kind bis in bestimmte physiologische Veränderungen hinein manifestieren. Der Anthropologe spricht von einem ersten und zweiten Gestaltwandel. Der erste Gestaltwandel, den das Kind um das siebente Lebensjahr erfährt, trennt die Schulzeit von der Spielzeit; der zweite Gestaltwandel begleitet die Geschlechtsreife.

1. Das Kind im Spielalter

DAS ERSTE LEBENSJAHR

Die ersten sieben Jahre bilden eine das ganze weitere Leben des Menschen weitgehend bestimmende Entwicklungsphase. Darauf weist besonders die neuere Psychologie mit allem Nachdruck hin. Während dieser Zeit steht das Kind vor einer doppelten Aufgabe: Es muß seinen eigenen physischen Leib ausbilden, aufrichten und beherrschen und sich in der näheren Umgebung orientieren und bewegen lernen. Der ersten Aufgabe – Ertüchtigung seines Leibes – dient vor allem das ihm von der Natur geschenkte »extra-uterine« Frühjahr, während dessen Verlauf das Kind in kleinen Entwicklungsschritten in die Welt hineinwächst. Unendlich viel muß das Kind in diesem ersten Jahr lernen. Die Bewegungsfähigkeit, die schon während der Embryonalzeit vorhanden und bereits am Ende des zweiten Schwangerschaftsmonates registriert werden kann, muß koordiniert werden. Nach der Geburt sind die Strampelbewegungen, durch welche es sein Wohl- oder Unwohlsein ausdrückt, völlig ungezielt und unkoordiniert. Indes vermag das Neugeborene, wenn ihm die Brust gereicht wird, schon vollkommene, kräftige Saugbewegungen auszuführen. Überhaupt ist der Mund das erste Organ seiner Weltbegegnung. Allmählich erwirbt das Kind während des ersten Vierteljahres die Herrschaft über seine Kopf- und Halsbewegungen. Das zweite Vierteljahr gilt der Entwicklung und Ertüchtigung der Arme und Hände, das Kind wird zum »Greifling«. Am Ende dieser Periode lernt es sitzen. Während des dritten Vierteljahres entdeckt es seine Beine und übt sich im Stehen. Gegen das Ende des ersten Lebensjahres versucht es vom freien Stehen aus die ersten selbständigen Schritte zu tun. Es hat den Grad an »Erdenreife« und »Weltoffenheit« erworben, der ihm eine fruchtbare Kontaktnahme mit Eltern, Erziehern und Gegenständen erlaubt. Es hat die erste Eroberung des Raumes vollzogen und damit die zweite oben erwähnte Entwicklungsaufgabe dieser Lebensphase in Angriff genommen.

Der geordnete Verlauf des Aufrichteprozesses vom Kopf über Brust und Beine in die Füße hinein ist kennzeichnend für den Menschen. König macht uns die Parallele zwischen diesem Prozeß und den Vorgängen bei der Entbindung eines Kindes bewußt: »Der Kopf löst sich sozusagen als erstes Glied aus dem Bewegungschaos los; die Brust und die Arme werden nachgeschoben, und zuletzt ziehen sich die Beine und Füße heraus. Das aber ergibt ein Bild, welches dem Geburtsakt nachgebildet zu sein scheint. Wie zuerst der Kopf austritt, um allmählich vom übrigen Leib gefolgt zu werden, so gebiert sich auch hier, aus dem Uterus der dissoziierten Bewegungen, Schritt für Schritt die auf Stehen und Gehen hingeordnete koordinierte Bewegung. Am Ende des ersten Jahres ist dieser Geburtsakt vollendet.«[13]

Jetzt hat das Kind die des Menschen würdige, nur ihm vorbehaltene Stellung erworben, in welcher der Kopf nach oben weist, erhoben und erhaben über den es umgebenden Horizont, dem Licht der Sonne und dem Sternenkreis zugewandt – ein »Pol der Ruhe in der Bewegung Flucht« –, während es mit den Füßen die Erde berührt, die es trägt und auf der es seinen Weg gehen wird. Bald wird es die Arme und Hände, die ihm lange Zeit als Werkzeuge zur Fortbewegung gedient haben, dem freien, vom Leibe unabhängigen und eigentlich menschlichen Tun widmen.

Forscher haben festgestellt, daß es sich beim Erwerb der aufrechten Haltung nicht um die Wirkung einer erbmotorischen Anlage handelt, sondern um eine erwerbsmotorische, die zu ihrer Ausbildung bereits der Mithilfe des Erziehers bedarf.[14] Heute wissen wir, daß das Kind die Senkrechte nur dann erwirbt, wenn es unter Menschen aufwachsen kann. Und doch würde alle menschliche Bemühung nichts ausrichten, wenn nicht im Kinde eine ganz individuelle, ihm nicht von den Eltern gegebene Kraft tätig wäre, die Ich-Kraft, die es fähig macht, aufrecht und aufrichtig in der Welt zu stehen. Die aufrechte Haltung ist der erste Sieg dieser Kraft über die unteren Naturreiche. Nur wenn dieser Sieg errungen ist, können auch die weiteren Siege erfochten werden: Gehen – Sprechen – Denken; die drei »königlichen Gaben, die den Menschen erst zu dem machen, was er wirklich werden kann: ein erkennendes und sich selbst erfragendes Wesen«.[15]

GEHEN – SPRECHEN – DENKEN

Die Aufrichtung bedeutet den ersten Schritt des Kindes vom Geschöpf zum Schöpfer. Dieser Prozeß ist nicht nur ein physischer und physiologischer, sondern auch ein Prozeß der Bewußtseinserhellung, während dessen Verlauf das Kind seinen Leib als Selbst von der Umwelt abzuheben und zu unterscheiden lernt. »Vom *Blick* der Augen über den *Griff* der Hände bis zum *Schritt* der Füße geht die Bewußtseinserhellung, die dem Kind am Ende des ersten Jahres die Erfassung des eigenen Selbstes ermöglicht«[16]. Von dem Augenblick an, da das Kind zu gehen beginnt, erweitert es seinen Lebens- und Bewußtseinsraum um ein beträchtliches. Der eigene Körper wird nun so weit beherrscht, daß an die Eroberung der Umwelt gegangen werden kann. Ein unbändiger Wille manifestiert sich im Kleinkind, nach allem zu greifen, an allem zu zerren. Eine Periode beginnt nun, die den Erzieher zu großer Aufmerksamkeit verpflichtet. Nicht mit dem Verstand erobert das Kleinkind die Welt, sondern kraxelnd, kletternd, spielend, springend, tanzend. Der erste Raum, den sich das Kind erschließt, ist ein Tatenraum. Zu bloßem Zuschauertum ist es nicht zu haben. Was es sieht, will es besitzen. Was die Erwachsenen tun, will es auch tun. Aber im Vordringen und Erobern entfaltet das Kind seine Kräfte, macht es seinen Leib schmiegsam, übt es seine Glieder. Außerdem bildet es durch tätiges Erobern der Welt seine Sinnesorgane aus: Es lernt sehen, hören, riechen, schmecken, tasten.

Man kann hier deutliche Parallelen zur Frühgeschichte der Menschheit wahrnehmen. Auch der »erste« Mensch konzentrierte sich auf eine Bewältigung der physischen Welt, ertüchtigte in harter Auseinandersetzung mit Witterung, Stein und Eis, mit wildem Getier, Hitze und Frost seinen eigenen Leib. Bis weit in unsere Zeit hinein waren die physische Gewandtheit, die Raschheit leiblicher Reaktion, die Widerstandskraft und Ausdauer die wichtigsten Voraussetzungen, um überhaupt am Leben zu bleiben.

Es ist eine seit langem erhärtete Tatsache, daß das Kind seine immanenten Kräfte nur in dem Maße entwickelt, als diese von außen aufgerufen werden. Die Anlagen, die in der Seele des Kindes schlummern, brauchen ein »Klima«, an dem sie erwachen können. Das Schlüsselwort dieser Entwicklungsphase – darauf hat besonders *Rudolf Steiner* hingewiesen[17] – heißt darum: Nachahmung. Es *kann* nicht anders denn nachahmen. Sein ganzes Wesen steht so offen der Umwelt gegenüber, daß alles, was um das Kind geschieht, auch auf das Kind wirkt. Die Eltern und Erzieher müssen sich hiervon ein deutliches Bewußtsein bilden. Das Kind vermag sich nicht der Einwirkungen der Außenwelt zu erwehren wie ein Erwachsener. Bei ihm hat sich noch keine klare Scheidung zwischen Außen- und Innenwelt vollzogen. In diesem Alter ist darum das Kind immer ein Spiegel dessen, was sich um es herum zuträgt. Zwar ist dem Spiegel gleichgültig, was er abbildet. Beim Kind aber werden die Umwelteinflüsse zu gestaltbildenden Kräften. An der Umwelt bildet das Kind seinen Leib. In Nachahmung der Erwachsenen erhebt es sich in die Senkrechte, wie wir gesehen haben. Wildkinder, die unter Tieren aufwachsen, gehen auf allen vieren.

Oft schreiben Erwachsene gewisse Eigenschaften, die sie an ihren Kindern feststellen, den Erbeinflüssen zu. Exakte Beobachtung aber zeigt: manches ist nicht vererbt, sondern durch Nachahmung der Umgebung erworben. Diese Tatsache erhellt die große Verantwortung der Erzieher und Miterzieher, der Umwelt überhaupt. Vieles wird im Kleinkindalter verschüttet, wenn dem Kind etwas aufgeprägt, ja aufgezwängt wird, das seinem altersgemäßen Bewußtsein und Gebaren nicht entspricht. Wer im richtigen Sinne das Kind in den ersten sieben Jahren erziehen will, muß ihm ein entsprechendes Vorbild oder, besser, entsprechender Vor*täter* sein. Bloß moralische Maximen reichen nicht hin. Der Erzieher muß sich im Bild ausdrücken, die Phantasie des Kindes ansprechen. Wenn die Mutter sagt: »Sei vernünftig, sei brav!« hat dies wenig Wirkung. Wenn sie aber so spricht: »Du bist jetzt mein Postbote und holst mir jenes Ding!«, dann versteht dies das Kind, denn es ist in seiner Erlebnis- und Bildwelt ausgedrückt.

Zur Nachahmung der Umwelt gehört ein weiterer Entwicklungsschritt: das Sprechen. Hat sich das Kind schon durch die aufrechte Haltung deutlich von der Tierwelt abgehoben, so erhebt es sich noch weit stärker über seine Mitwelt durch das *Wort*. »Von all den Milliarden und Milliarden Lebewesen erreicht nur *er* – der Mensch – die beseelte und durchgeistigte Sprache. Alles, was je Gelehrte an den Tieren als ›Sprache‹ herauszufinden meinten, ist nicht zu vergleichen mit dem menschlichen Sprechen; es hat nur den Wert eines Glockenzeichens, es ist kein *Wort*, wie es Menschenlippen formen, Menschenherzen mitfühlen und Menschengeist verstehen kann, ist kein Ausdruck, der in jedem seiner einzelnen Laute die Umwelt künstlerisch nachgestaltet, wie das die menschlichen Wörter tun.«[18] »Vom tierischen Schreien und vom kindlichen Lallen führt weder entwicklungsgeschichtlich noch der Lautbedeutung nach ein Übergang zur Menschensprache«.[19] Es genügt darum nicht, die Kinder zu kleiden und zu füttern. Sie müssen auch durch das Wort genährt werden, denn dieses allein bringt die Bewußtseinskräfte in Bewegung, entfaltet die Seele und erlöst aus vegetativer Dumpfheit.

Mit den Nachahmungskräften erlernt das Kind die Sprache seiner Umgebung. Und als ein der Sprache Teilhaftiger wird es zu einem Glied der Gesellschaft, Teilhaber am Reich des Wortes und des Gedankens, der sich über alle Naturreiche erhebt. Durch die Sprache wird der Mensch auch ein soziales Wesen. Nur dadurch, daß Sprache etwas Überindividuell-Menschliches ist, kann sie als Verständigungsmittel verwendet werden. Wir wissen, daß Menschen, die etwa durch eine Schiffskatastrophe oder ein ähnliches Ereignis von der Gesellschaft isoliert wurden, die Sprache verloren und zudem »asozial und aggressiv« wurden.[20] Das zeigt uns, daß im Miteinanderreden ein sozial bildendes und bindendes Ferment liegt, das wir behutsamer pflegen müßten, als dies heute vielfach geschieht.

Es ist allerdings tief bedauerlich, daß heute Kinder die Sprache zu einem großen Teil nur aus Radio und Fernsehen zu hören bekommen. So wird die Sprache zu einem Artefakt, der sich vom Menschen losgelöst hat. Das ist in höchstem Maße bedenklich. Denn die Sprache ist der unmittelbarste Ausdruck für das eigentlich Menschliche, das Geistige im Menschen. Das Wort *Person* deutet darauf hin, daß im Menschen etwas *durchtönt* (personare = durchtönen), das im Tierreich fehlt: der Personkern, eine geistige Realität. Die Sprache ist deren Ausdruck. In jeder sprachlichen Äußerung schwingt dieses sinnlich nicht faßbare, aber dennoch wirksame Wesenhafte des Menschen mit und weckt nun – darauf kommt es an – in den unbewußten Seelenräumen des Kindes dessen zentrales Wesen aus dem Dornröschenschlaf.

Wenn aber das Kind Sprache hört, die nicht von Menschen kommt, so kann dieses Erlebnis der Personbegegnung nicht stattfinden. Das Kind gewöhnt sich daran, Gesprochenes als einen völlig beiläufigen Sinnesreiz zu empfinden, den man gleichgültig entgegennehmen kann. Das kann einerseits zu ausgesprochener Respektlosigkeit gegenüber anderen Menschen führen, andererseits die Gefahr einer ungenügenden Ich-Durchformung in sich bergen. Auch wirkt die quantitative und qualitative Überfütterung der zarten, entwicklungsbedürftigen Sinne unserer Kinder durch ein maßlos übertriebenes Angebot an künstlich Produziertem außerordentlich abstumpfend und damit verkümmernd auf die individuellen Anlagen. Man bedenke wieder, daß sich das Kleinkind derartigen Einflüssen – die absolut keine Berechtigung in seinem Erziehungsprogramm haben – nicht entziehen kann. Es ist solchen Wirkungen gnadenlos ausgeliefert. Wir sollten darum als Erzieher das Kind nicht nur vor physischen Umweltschädigungen schützen, sondern es auch vor Angriffen auf sein Sinnes- und Nervensystem bewahren.[21]

Die Sprache bildet die Brücke zu einer weiteren Erwerbung: dem *Denken*. Die Sprache ist »wie ein Pflug, der das Ackerland der Seele so bearbeitet, daß in die aufgeworfenen Furchen die Samen der kommenden Denkleistungen gelegt werden können«.[22] Zwischen dem Sprechen und dem Denken steht das *Gedächtnis*. Das Identifizieren eines Bildes mit dem abgebildeten Gegenstand, z. B. der Zeichnung einer Katze mit der Katze selber, ist noch keine Denkleistung, sondern eine Gedächtnisleistung. Auch das Benennen der Dinge ist Gedächtnisleistung. Aber ohne dieses Gedächtnis wäre kein Denken möglich. Durch das Denken fügen wir dem, was wir wahrnehmen, sehen oder hören, mit Hilfe der im Gedächtnis gespeicherten Begriffe, etwas über den Wahrnehmungsinhalt Hinausweisendes hinzu. Das Urteil: »Das Wetter ist schlecht« ist bereits ein Gedanke. Um ihn zu bilden, muß der Inhalt der Begriffe »Wetter« und »schlecht« bekannt sein. Die eigentliche Denkleistung besteht in der Zuordnung der Begriffe. Im dritten Lebensjahr erwachsen aus den »Keimen, die in die Ackerfurchen der Sprache gelegt« wurden, aus »Bildern und Namen, Vorstellungen und Empfindungen, die das Gedächtnis dem kleinen Kinde erhält, ... die ersten wenigen Halme wahrhaften Denkens«.[23] Das Kind beginnt jetzt, sich im Umgang mit den Begriffen, welche die Weltverhältnisse ausdrücken, in übender Weise auseinanderzusetzen: »Ist gestern heute?« »Ist heute gestern?« Später taucht die Frage auf: »Das Bügeleisen brennt mich, warum brennt es das Taschentuch nicht?« »Warum fällt der Ball immer hinunter und nie hinauf?« So geht es weiter bis zur Grenzfrage: »Alle Dinge hat der Liebe Gott gemacht. Wer hat denn den Lieben Gott selber gemacht?«

Im Denken tritt etwas Neues zutage: »Das ist der tiefgreifende Unterschied, der zwischen dem Gehen und Sprechen einerseits und dem Denken andererseits besteht. Gehen und Sprechen werden gelernt. Das Denken hingegen, als Kraft der Seele, bedient sich keines offenbaren körperlichen Werkzeugs. Es benutzt nicht die Gliedmaßen, noch verwendet es die Sprachwerkzeuge; es erscheint wie ein Licht, das, obwohl es vorher nicht sichtbar war, dennoch vorhanden gewesen sein muß. Wollten wir annehmen, daß es in jedem Kind neu erzeugt wird, wir würden denen gleichen, die meinen, daß an jedem Morgen die Sonne ein neu entstehendes Gestirn ist.«[24] Im Denken leuchtet das Licht eigener geistiger Tätigkeit auf. Die Sprache ist das Medium, an dem es sich entzünden kann.

Im Denken setzt das Kind der äußeren Welt etwas Eigenes gegenüber. Der nächste Schritt ist das Gewahrwerden dessen, was der Welt gegenübersteht. Es ist das Erleben seines eigenen Ich. »Die Individualität durchbricht die Dornenhecke der Tageserlebnisse und erweckt das schlummernde Denken. In dem Augenblick, da beide einander erblicken und Aug' in Auge voreinander verweilen, erwacht zum ersten Male das Bewußtsein vom eigenen Ich.«[25] Von diesem Augenblick an besteht »ein geschlossener Gedächtnisfaden«, der den Menschen das ganze weitere Leben hindurch begleitet und ihm das Bewußtsein vermittelt, daß er immer ein und derselbe ist. Einzelne Persönlichkeiten haben dieses Aufblitzen des Ich-Bewußtseins in ihrer frühen Kindheit beschrieben. Der Verleger und Schriftsteller *Karl Rauch* schildert anschaulich »das erste durchbrechende und geistklare Bewußtsein meiner selbst mit dem aufblitzenden Gedanken: ›Ich bin Ich, Ich – dort vorn die Schwester, da hinten die anderen – hier Ich selbst, Ich‹.«[26] Besonders einprägsam hat *Jean Paul* diesen Augenblick erlebt: »Nie vergeß' ich die noch keinem Menschen erzählte Erscheinung in mir, wo ich bei der Geburt meines Selbstbewußtseins stand, von der ich Ort und Zeit anzugeben weiß. An einem Vormittage stand ich als ein sehr junges Kind unter der Haustür und sah links nach der Holzlege, als auf einmal das innere Gesicht: ›ich bin ein Ich‹ wie ein Blitzstrahl vom Himmel vor mich fuhr und seitdem leuchtend stehend blieb: da hatte mein Ich zum ersten Male sich selber gesehen und auf ewig.«[27]

Von jetzt an wird das Kind von sich selbst nicht mehr in der dritten Person, sondern in der ersten Person sprechen.

Mit der Geburt des Ich hängt zusammen, daß das Kind zu trotzen beginnt. Was ist denn der Trotz? Er ist ein Sich-Absetzen von der Mitwelt. Im Trotz behauptet der Mensch sich selbst. Mit jedem Trotzanfall inkarniert sich das Geistige des Menschen etwas mehr im physischen Leibe. Es ist darum etwas Urgesundes, wenn ein Kind recht trotzen kann. Während des ersten Trotzalters spüren die Eltern plötzlich, daß etwas Neues bei ihrem Kind eingetreten ist: Wille und Gefühl schlagen nun durch. Das Kind will fortan nicht mehr immer geführt werden. Es entzieht seine Hand der Mutter und stampft selber los. Oder es zieht sich vom gemeinsamen Spiel der Kameraden zurück und will allein sein. Bei Kindern mit cholerischem Temperament ist die Trotzphase noch um manches gesteigert. Solche Kinder sind höchst empfindlich und können bei geringstem Tadel alles von sich werfen und sich in eine einsame Ecke zurückziehen; sie brauchen oft Stunden, bis sie sich von einem Anfall erholt haben und zu sich selber kommen.

Um das Wesen des Religiösen beim Spielkind besser würdigen und verstehen zu können, müßten wir über den Weg sprechen, den das religiöse Bewußtsein im Laufe der Jahrtausende gegangen ist, und insbesondere unseren Blick auf die ersten uns bekannten Anfänge der Menschheitskultur werfen.[28]

Wir haben bereits darauf hingewiesen, daß der »erste« Mensch in tätiger Auseinandersetzung an die Natur hingegeben war und im Umgang mit dem harten Element des Steins seine Kräfte und sein Können entwickelte. Jetzt müssen wir diesem Bild des »homo faber« ein anderes Bild an die Seite stellen: das Bild des »homo religiosus«. Denn eben derselbe, der an der Natur seine Kräfte erprobte, war auch erfüllt von einem tiefen Glauben, ja von einer noch unreflektierten Gewißheit, daß es eine geistig-göttliche Welt gibt und daß die ihn umgebende Natur das Werk dieser hintergründigen Welt darstellt. Bis zur Renaissance erfüllte den Menschen die Demut und Ehrfurcht vor der Natur als dem Werk des Himmels. Die Geschichte jedes Volkes gründet in einer mythisch-religiösen Vergangenheit, wovon die großen Epen eindrücklich Zeugnis ablegen. Aber alle Religionen weisen auf einen noch früheren Zustand hin, wo der Mensch die göttliche Welt als etwas so Sicheres, Selbstverständliches anerkannte, wie wir heute Sonne, Mond und Sterne anerkennen, wo er also nicht an »Gott« und »Götter« zu glauben angewiesen war, so wenig wir heute an Sonne, Mond und Sterne »glauben« müßten. Diesen vorreligiösen Zustand meint auch die Bibel mit dem Mythos vom Paradies. Erst mit dem Abdunkeln des Blickes für diese hintergründige Welt, biblisch gesprochen: mit der Vertreibung aus dem Paradies, bedurfte der Mensch der Religion im eigentlichen Sinne des Wortes. Religion ist abgeleitet vom lateinischen Verb *religere* = wiederverbinden. Jede Religion möchte im Menschen das Bewußtsein seiner göttlichen Abstammung lebendig erhalten und den Willen zur neuerlichen Hinwendung zu dieser seiner eigentlichen Heimat stärken. Die Vorsilbe *re* bedeutet *wieder*, *zurück* und weist somit auf einen Zustand hin, der schon einmal vorhanden gewesen war. Zudem haben alle Religionen, ganz besonders in ihrem Anfangsstadium, nicht nur auf das Bewußtsein, sondern mehr noch auf den Willen des Menschen gewirkt und Anweisungen zum richtigen Handeln gegeben.

Den Weg des Niederstiegs von einer göttlich-geistigen Heimat zur Erde und eines allmählichen Erwachens zu sich selbst wiederholt jedes Kind, nicht nur gleichnishaft, sondern tatsächlich. Jede Geburt ist für die geistige Individualität ein Niederstieg aus der geistigen Heimat. Das hat Novalis zur Äußerung veranlaßt: »Wenn ein Geist stirbt, wird er Mensch. Wenn der Mensch stirbt, wird er Geist.«[29] Weil dem so ist, kann die Kindheit des Menschen mit der Kindheit der Menschheit in Parallele gesetzt werden. Jedes Kind ist vor dem Erwachen des Ich-Bewußtseins ebenso völlig hingegeben an die es umgebende Welt, wie dies der vorgeschichtliche Mensch war. Ja, es unterscheidet anfänglich nicht einmal zwischen seinem Leib und der übrigen Welt.[30]

Am Ende des ersten Lebensjahres hat das Kind gelernt, was zu seinem Körper und was zur Umwelt gehört. Es steht nun wie ein geöffneter Kelch in der Mitwelt, empfänglich für alles, ja ausgeliefert allen es umgebenden Einflüssen. Sein Erleben ertrinkt geradezu im Wir der Umgebung, mit der es sich ganz identifiziert, identifizieren *muß*, weil die personale Instanz, welche sich den Dingen gegenüberstellen könnte, noch nicht geboren ist. Auch ist das Erleben des Kleinkindes ein viel globaleres, umfassenderes als das des älteren Kindes oder gar des Erwachsenen. Wie seine eigene Leiblichkeit noch mit dem Seelischen verwoben ist, so bilden auch in seinem Erleben der Außenwelt Physisches und Psychisches einen unzerreißbaren Komplex. Eine außerordentliche Empfänglichkeit für Stimmungsgehalte kennzeichnet daher das Kleinkind. Und zwar wirken alle Eindrücke bis in das Physische, bis in die Verdauungs- und Wachstumsprozesse. Man kann immer wieder beobachten, wie seelische Erschütterungen sich beim Kleinkind in Magen- und Darmstörungen äußern. »So gilt es vor allem ernst zu nehmen, daß das Kind sich wie ein Sinnesorgan an die Umwelt hinschenkt und mit religiöser Inbrunst alles aufnimmt, was Eltern und Erzieher darleben«.[31]

Hildegard Hetzer hat versucht, die Stufen des kindlichen Erwachens zur Welt zu gliedern. Sie nennt die hier besprochene erste Stufe »ausdruckshaft«, »physiognomisch«. Alles, was dem Kind begegnet, »hat ein Gesicht, ist freundlich oder unfreundlich, ist für das Kind in der unmittelbaren Anschauung als etwas Lebendiges gegeben. ›Die Suppe hat Schnupfen‹ oder ›der Breiteller ist ein Paffer‹ (Raucher) sind keinesfalls Deutungen, in denen die Dinge und Vorgänge verlebendigt werden, sondern die Dinge stellen sich dem Kinde ausdruckshaft dar.«[32]

Während dieser »physiognomischen« Phase erlebt das Kind alles in paradiesischer Einheit. Die Welt ist noch nicht zerbrochen, auseinandergebrochen. Sie ist noch total, ganzheitlich, einheitlich. Sie ist auf der Stufe der Ligio, noch nicht der Religio. Es gibt noch kein »Außen« und »Innen«, kein Vorder- und Hintergründiges, nicht Schein und Sein, sondern es gibt nur Ganzes, nur das Alles-mit-Einschließende. Es gibt nicht Objekt und Subjekt, und es gibt nicht Gut und Böse, sondern nur die fraglose Identifikation von Kind und Welt. Gerade wegen der so vollständigen, durch nichts gebremsten Hingabe des Kleinkindes an die Welt sind auch die Bildungseinflüsse von der allergrößten Wichtigkeit. Darum hat ja auch Jean Paul in seiner Erziehungslehre, der *Levana*, darauf hingewiesen, daß »ein Weltreisender in den drei ersten Jahren seines Lebens mehr lernt als auf allen seinen Weltreisen zusammen«. Nur lernt er es nicht mit dem Kopf, sondern er lernt es, wie wir oben sahen, »von seiner Amme durch Nachahmung«.[33]

Mit dem Erwachen des Eigen-Bewußtseins wird das Erlebnis der Einheit erschüttert. Das Kind ist nun nicht mehr willens, völlig im Wir seiner Umgebung aufzugehen. Es fängt an, sich als selbständiges Wesen zu empfinden und zu gebärden. Der Dualismus zwischen Ich und Welt dämmert im willenhaft betonten Erlebnis auf. Im Denken versucht das Kind den Zusammenhang der Dinge und Verhältnisse wiederherzustellen, der ihm im ersten unbewußten Kindheitsalter fraglos selbstverständlich und unproblematisch war. Besonders durch die »Warum-Fragen« bemüht es sich, »wieder Ordnung in die Welt zu bringen«. Es ist bestrebt, ein Bild der Welt aufzubauen, »in dem alles mit allem in Zusammenhang steht und wirkende Kräfte hat«. Vielleicht kommt tatsächlich in solchen ersten Warum-Fragen etwas wie eine Ahnung vom Urzusammenhang aller Dinge zum Vorschein. Hildegard Hetzer nennt diese Stufe des kindlichen Welterlebens eine »*magische*«. In der Magie äußert sich ja die Fähigkeit, unmittelbar auf die physischen Vorgänge einzuwirken. Aus der Frühzeit der Menschheit sind solche Fähigkeiten überliefert. Von Bewohnern der Steinzeit wird berichtet, daß sie in der Lage waren, durch Magie auf das Verhalten der Tiere einzuwirken, und viele Zeichnungen und Höhlenmalereien stehen mit solchen Fähigkeiten in Beziehung.[34] Sicher meinen wir nicht, daß auch das Kind in seiner »magischen« Stufe derartige Fähigkeiten noch besitze, aber sein Erleben der Dinge ist ganz entsprechend den uralten geschichtlichen Verhältnissen. Das Kind ist in diesem Alter überzeugt, daß »jedes Ding auch jedem anderen seine Eigenschaften mitteilen kann«. Ein religiöses Grundgefühl von einem Urzusammenhang aller Dinge und Verhältnisse lebt in ihm wie eine Erinnerung aus dem vorgeburtlichen Sein.[35]

Mit dem religiösen Welterleben hängt auch das Beseelen der Dinge zusammen, mit denen das Kind in Haus und Garten in Berührung kommt. Die Welt, die es in sich entdeckt hat, deren Tugenden und Untugenden, überträgt es auf die Dinge seiner Umgebung. Es ist ein *animistisches*, *anthropomorphistisches* Denken. Mit der reichen, erwachenden Phantasie lebt das Kind fortan in den Dingen, auf die es seine unerschöpfliche Innenwelt ausgießt. Noch ist es weit entfernt von dem realen, nackten Gegenstandsbewußtsein, das dem Erwachsenen eigen ist. Alle Dinge sind umgeben von einem urtümlichen Willens- und Gefühlsweben. An alles vergießt das Kind sein Herz. Jedes Würmchen und Käferchen erweckt sein Staunen, sein Entzücken. Ein heiliger Schauer erfüllt es vor den zahllosen Wundern der Natur. Ganz böse kann es werden, wenn ein unachtsamer Erwachsener ein Tierchen tötet, ein Blümchen zertritt. Eltern und Erzieher sollen dieses reine Naturerleben ihres Kindes innerlich mittragen.

Schließlich fällt es dem Kind auch nicht schwer, mit Wesen umzugehen, die wir nicht sehen und vielfach als Ausgeburt unserer Phantasie auffassen: mit Elementarwesen, Zwergen, Kobolden, Elfen und Feen. Solche Wesen sind für das Kind dieses Alters eine unzweifelhafte Realität. Eine Erinnerung an Zeiten, wo es Menschen möglich war, die Elementarwelt wahrzunehmen – heute haben nur wenige Menschen diese Fähigkeit –, bergen Mythen, Märchen, Legenden und Sagen. Auch viele neuere Dichtungen handeln von Elementarwesen: Goethes *Erlkönig*, Eduard Mörikes *Stuttgarter Hutzelmännlein*, Conrad Ferdinand Meyers *Fingerhütchen* und Carl Spittelers Gedicht *Der Jäger und das Wichtchen*.

Wir möchten die Beziehung des Kindes zu dieser Welt *mythisch* nennen, weil sie an die vorrationale, vormentale, bildhaft-mythische Weltbeziehung früherer Kulturstufen erinnert. Mythisches Welterleben begleitet das Kind bis ins Realitätsalter, über das weiter unten gesprochen wird.

Es ist Nahrung für die Seelen- und Lebenskräfte des Kindes, wenn das mythische Erleben durch entsprechende Erzählstoffe angesprochen wird. Das kann schon früh durch bestimmte

Märchen von Grimm erfolgen. Die Geschichte vom Wolf und den sieben Geißlein versteht es bald. Auch vom Rotkäppchen, von Schneewittchen und den sieben Zwergen wird es gerne hören. Geeignet ist auch *Schneeweißchen und Rosenrot*. Immer wieder will das Kind die gleiche Geschichte hören. Die Märchen bergen die tiefsten Erkenntnisse in einer kindgemäßen Bildsprache (die freilich der intellektuelle Verstand nicht mehr ohne weiteres versteht). Sie sind der Bewußtseinslage des Kindes ebenso angemessen, wie die Mythen und Sagen der Geschichte dem vorrationalen mythischen Erleben früherer Geschichtsstufen gemäß waren. Die Brüder Grimm bezeichnen die Märchen als »Überreste eines in die älteste Zeit hinaufreichenden Glaubens, der sich in bildlicher Auffassung übersinnlicher Dinge ausspricht«. Und *Friedel Lenz* nennt sie die »Wahrträume der Völker«.[36]

Neben die Märchen lassen wir etwas später die Blumen- und Tierlegenden treten. In solchen Erzählstoffen erfährt das Kind von der Verbundenheit der Naturdinge mit tieferen Kräften und Wesen, vor allem mit der ihm bereits vertrauten Elementarwelt. Die apokryphen Kindheits- und die Christuslegenden[37] erzählen vom Leben des Jesuskindes und des Christus und vermitteln dem Kind den Eindruck, wie die ganze Natur an dem zentralen christlichen Ereignis Anteil haben durfte.[38] So erlebt das Kind in altersgemäßer Weise den Einklang zwischen der göttlichen und der natürlichen Welt. Wurzeln der Ehrfurcht senken sich tief in seine Seelengründe und pflanzen so ein Grundgefühl für das ganze weitere Leben. Auch das tägliche Nachtgebet, überhaupt die aufmerksame Betreuung der letzten Minuten vor dem Einschlafen, die Gute-Nacht-Geschichte, ferner die würdige Gestaltung der Jahresfeste helfen mit, das religiöse Erleben im Kinde zu nähren und zu kräftigen. Leider stellt unser hastiger, von Eindrücken übersättigter Lebensstil eine schwere Gefährdung für die geschilderte Entwicklung dar. Erste Aufgabe wird darum sein, daß der Erzieher, vor allem die Mutter, selbst ein möglichst bewußtes Verhältnis zum Sinn der unsern Kalender begleitenden christlichen Jahresfeste erlangt. Es prägt das ganze weitere Leben eines Menschen, wenn er als Kind Gelegenheit hatte, im Schoße der Familie zum Beispiel das Osterfest zu erleben. Oder welch ausgezeichnete Möglichkeit einer altersgemäßen pädagogischen Einflußnahme bietet das Auftreten des Sankt Nikolaus, der herkommt, um zu schauen, was seine Schützlinge während des Jahres getrieben haben. Schon das kometenhafte Auftauchen dieser heiligen Gestalt im Spielalltag erzeugt in der Kinderseele eine nachhaltige Wirkung. Und was bietet die Adventszeit für Möglichkeiten, im Kinde Erwartungsfreude zu wecken und es anzuregen, auch etwas zu basteln. Selbstverständlich soll auch der Erzählstoff den Fluß des Jahres und die Folge der Feste begleiten. Derartige Pflege religiösen Erlebens bildet einen wesentlichen Beitrag, das Absinken des Jugendlichen im dritten Jahrsiebent in reine Triebhaftigkeit zu verhindern. Auch schafft eine im richtigen Sinne religiöse Erziehung während des Spielalters die Voraussetzung für ein segenvolles Wirken im Mannes- und Greisenalter.[39]

Allerdings wäre eine solche Erziehung wirkungslos, wenn sie sich auf das Mitteilen von moralischen Anweisungen und Verhaltensregeln beschränken wollte. Eine solche Art religiösen Geistes könnte das Kleinkind absolut nicht integrieren, nicht in sein Erleben aufnehmen. »Die Eltern mögen noch soviel reden von ihrer religiösen Gesinnung, sie mögen noch soviel Schönes dem Kinde sagen, das hat gar keine Bedeutung für das Kind; daran geht das Kind vorbei. An allem geht das Kind vorbei, was auf den Verstand wirken soll, selbst noch an dem, was auf das Gemüt wirken soll, geht es vorbei bis zum Zahnwechsel. Es geht nur daran nicht vorbei, wenn diejenigen Persönlichkeiten, die in der Umgebung des Kindes sind, in ihren Handlungen, schon durch ihre Gesten, durch die Art und Weise, wie sie sich verhalten, dem Kinde die Möglichkeit geben, in religiöser Hingebung nachzuahmen und bis in die feinsten Gliederungen des Gefäßsystemes hinein das Religiöse aufzunehmen. Da wird das im Innern des Menschen verarbeitet zwischen ungefähr dem siebenten und dem vierzehnten Lebensjahr; es geht wieder da unten weiter und kommt erst wiederum im Vorstellungsvermögen zum Vorschein, wenn das Kind geschlechtsreif ist.« Dies gibt uns *Rudolf Steiner* in einem Kurs über die pädagogische Praxis zu bedenken.[40] Und im Grunde können wir diesen Sachverhalt in unserer tagtäglichen erzieherischen und schulischen Arbeit bestätigt finden. Und H. H. *Schöffler* bestätigt unsere Ausführungen als Arzt: »Viel weniger als durch das, was wir sagen, wirken wir auf das Kleinkind durch das, was wir tun, und noch mehr durch das, was wir sind.« »Wir als Erwachsene wirken – ob wir es nun schon wissen oder nicht – auf das kleine Kind im Vorschulalter viel mehr als urtümlicher Ahmungs-Zauberer ... mit aller Magie, deren das menschliche Herz fähig war und ist.«[41]

Wir haben gesehen, wie der Raum des Kleinkindes in erster Linie ein Tatenraum ist: Ort übender Bewältigung der Umwelt. Damit hängt die Spielhaltung zusammen, die etwa einen Drittel des vorschulischen Lebens einnimmt. Das Spiel hat für dieses Alter eine so zentrale Bedeutung, daß man vom »Spielalter« und vom »Spielkind« spricht, wenn man die erste Kindheit bezeichnen will. Das Spiel ist die dem ersten Jahrsiebent gemäße »Grundform der Auseinandersetzung mit dem Leben«. Die Fürsorge der Eltern und Erzieher, die dem Kind die »Mühen des Kampfes ums Dasein abnehmen« und es »vor einer zu frühen Berührung mit dem Ernst des Lebens bewahren«, sichert diesem »die ruhige Entfaltung in der Freiheit des Spiels«.[42] Spiel ist zweckloses, reines Tun, das weder einer didaktischen Nebenabsicht noch einem zu vollbringenden Werk zu dienen hat. Spielfreiheit bedeutet, »daß man bei einem Tun seinem Bedürfnis gemäß handelt, daß man die Tätigkeit abbrechen kann, wenn man sie nicht mehr ausführen will«. Gerade die Freiheit des Abbrechen-Dürfens unterscheidet die Spielhaltung von einer pflichtbezogenen Arbeit, etwa von Schularbeiten, die unter dem Zwang einer äußeren Notwendigkeit gemacht werden müssen. »Wer spielt, gibt sich den Dingen in ganz unmittelbarer Weise hin und erfährt sie in einer durchaus elementaren Art (pathisches Verhalten im Gegensatz zum gnostischen«).[43] Für das ganze weitere Leben ist entscheidend, wie intensiv sich das Kind in seinem Spiel hat ausleben und vergessen können. »Ob das Kind später ein *volles Erwachsenenleben* führen kann oder nicht, hängt davon ab, ob es *die Freiheit zwecklosen Spiels erfahren* hat, und ob es sich *die Möglichkeit, dem Leben in der Haltung des Spielenden zu begegnen*... auch für sein Erwachsenenleben *erhalten hat.*«[44]

Alles Spiel lebt von der Spontaneität, dem Hingegebensein an den Augenblick. »Wer spielt, folgt seinem eigenen Bedürfnis. Er lebt aus sich heraus. Diese *Sicherheit des Aus-sich-heraus-Lebens* ist vielen Menschen heute schon in den Kindertagen verlorengegangen, weil sie durch alles mögliche, was an sie von außen herantrat, davon abgelenkt wurden, ihrem Bedürfnis gemäß zu leben. Wer das aber verlernt, wird unsicher. Er erwartet, daß er von anderer Seite erfährt, was er tun soll. Er weiß mit sich selbst nichts anzufangen. Er wird schließlich, um die innere Leere zu überdecken, davon abhängig, daß er immer

›im Betrieb‹ steht. Es erwächst in ihm eine unstillbare *Gier nach Anregung und Anreizung*.«[45] Kein zweiter hat die anthropologische Bedeutung des Spiels als einer nur dem Menschen vorbehaltenen Form so tiefgründig unterbaut wie *Friedrich Schiller*. Der Dichter bringt das Spiel, wie wir noch sehen werden, in große Nähe zum Künstlerischen. Schillers Wertschätzung des Spiels erhellt aus den Worten: »Der Mensch spielt nur, wo er in voller Bedeutung des Wortes Mensch ist, und er ist nur da ganz Mensch, wo er spielt.«[46]

Mit allem kann das Kleinkind spielen. Nicht das Werk, nicht die Leistung will es, sondern reines Tun. Spielend führt es die Geschichten auf, die ihm die Mutter erzählt hat. Die Bauklötzchen türmt es hoch auf und erfährt an ihnen die Magie des Gleichgewichtes, wirft aber den Turm mit Begeisterung um, damit es von neuem beginnen kann. Es ist sehr entscheidend, daß ein Kind gesundes Spielzeug in die Hand bekommt: eine Eisenbahn aus Holz, nicht aus Eisen oder Plastik; Puppen aus Stoff, nicht aus Gummi mit entsetzlichen Grimassen. Man bedenke immer, daß sich das Kind an dem bildet, womit es umgeht. Man gebe ihm auch Stoff, Papier, Farbe, Kreiden und lasse es sich ausleben in der Welt der Farbe. Eine wichtige erzieherische Funktion hat das Kasperle. Aber auch hier leiste man sich schöne, holzgeschnitzte Figuren. Zu bedenken ist, daß sich im Umgang mit dem Spielzeug auch die Phantasiekräfte in fruchtbarer Weise entfalten können. Das ist indes nur dort möglich, wo das Kind nicht mit allzu fertigem Spielzeug in Berührung kommt.[47] Ein richtig spielendes Kind bereitet sich in gesunder Weise auf die spätere Arbeit vor.

FRÜHSCHULUNG UND SCHULREIFE

Die Schulpsychologen haben die außerordentliche Bildsamkeit des Kleinkindes festgestellt. Zu Unrecht aber fordern sie, diese Fähigkeit in den Dienst schulmäßiger Leistungen zu stellen. Die Möglichkeiten des Kindes, sich physisch und psychisch im hingebungsvollen Spiel, im Umgang mit Mensch, Tier, Pflanze und Stein, unter der liebevollen Begleitung von entsprechenden Erzählstoffen zu betätigen und zu bilden, sind dermaßen vielgestaltig und reich, daß eine Vorwegnahme intellektuell-abstrakter Anforderungen nur als bedauerlicher Einbruch in die reine Kinderwelt und als pädagogischer Unfug bewertet werden muß. Frühlesen und Frührechnen zum Beispiel bilden nicht eine Bereicherung, sondern eine Verarmung des Kindseins und eine Schädigung seines späteren Lebens. Erstens stören sie das unmittelbare Sich-ausleben-Können in der umgebenden primären Welt, zweitens nötigen sie das Kind zu Leistungen, für die es weder entwicklungs- noch bewußtseinsmäßig reif ist. »Lernt das Kind zu früh lesen, dann führt man es zu früh in die Abstraktion hinein«, sagt *Rudolf Steiner* und macht aufmerksam, daß mancher Sklerotiker seine Krankheit der falschen Art verdankt, wie er in der Kindheit lesen gelernt hat.[48]

Darum weisen Pädagogen und Psychologen immer wieder darauf hin, daß der Mensch jede Entwicklungs- und Lebensstufe voll erlebe und auf jeder Stufe das erfahre, was dieser gemäß ist. »Es ist für eine gesunde Entwicklung des Menschen notwendig, daß er jede von der Natur gewollte Altersstruktur mit voller Intensität durchlebt, weil jede ihren eigentümlichen Sinn für die Gesamtentwicklung in sich trägt«.[49] Noch eindringlicher warnt *Oswald Kroh:* »Wer das Kind um eine wichtige Stufe seiner natürlichen Entwicklung betrügt, wer es vorzeitig Schritte lehrt, die es bei natürlicher Entwicklung erst später tun würde, raubt ihm eine wesentliche Gelegenheit zur Selbstformung seines Wesens. Kein Wunder, daß nur wenige sich von dieser Schädigung ihrer Entwicklung zu erholen vermögen.«[50]

Jede Verfrühung wirkt schädigend. Darum sollten sich die Pädagogen davor hüten, die Schädigungen unserer Zivilisation durch fragwürdige, kurzsichtige schulische Forderungen an das Kind zu intensivieren. Das Reservat der Kleinkindzeit darf nicht durch abstrakte Schulfähigkeiten wie Lesen, Schreiben, Rechnen mißbraucht werden. Die »Schulreife« ist bereits eine Wirkung des echten Ausleben-Könnens der kindlichen Kräfte im Vorschulalter. Sie kann und darf nicht antizipiert werden. »Wirkliche Reife erwächst aus der Fülle des zuvor Erlebten. Zu bloßer Scheinreife gelangt das Kind, wenn seine intellektuellen Fähigkeiten absichtlich oder unabsichtlich vorzeitig hervorgelockt werden, oder wenn es zur Schule drängt aus bloßer Langeweile, weil ihm die altersgemäßen Erlebnisse fehlen.«[51]

DER ERSTE GESTALTWANDEL

Den Übergang vom Kleinkind zum Schulkind erkennen wir an einer Veränderung des Erscheinungsbildes des Menschen, die wir als »ersten Gestaltwandel« bezeichnen.[52] Das Kleinkindstadium ist beherrscht durch eine bestimmte Gestaltform, welche die »psychophysische Eigenart des Kleinkindes« ausmacht. Am Kleinkind fällt uns der große Kopf auf, in dessen Gesicht die Stirne vorherrscht, während das Kinn nur schwach entwickelt ist und die Nase noch ganz zurücktritt. Der Rumpf ist massig und rundlich, zylindrisch-walzenförmig, ohne den Einschnitt zwischen Brust und Unterleib, die Wirbelsäule gerade; dadurch scheint der Rücken flach, das Bäuchlein tritt stark hervor. Die Muskulatur ist noch wenig entwickelt. Der ganze Körper, auch Arme und Beine, haben eine weiche, zerfließende Kontur.

An vielen Beispielen hat *Wilfried Zeller* gezeigt, wie sich im letzten Drittel der Kleinkindphase die beschriebene rundliche Kleinkindform über eine schwer einzuordnende Übergangsform zur spezifischen Schulkindform metamorphosiert: »Die Kinder werden magerer und scheinbar schmaler. Arme und Beine wachsen beschleunigt, die Konturen der Gließmaßen verändern sich in dem Sinne, daß die Fettbedeckung geringer wird, die Muskeln stärker hervortreten und die Gelenke in der Kontur sich stärker abzeichnen. Der Rumpf scheint im Wachstum stehen zu bleiben. Der große vorstehende Bauch des Kleinkindes scheint sich zu verkleinern und abzuflachen. Die Taille bildet sich aus. Am Brustkorb treten Muskeln und Rippen hervor.«[53] Die Schultern werden, im Verhältnis zum Bekken, breiter. Die Wirbelsäule nimmt nun die schöne S-Kurve an, die Muskulatur des Rückens wird ebenfalls kräftiger und plastischer. »Am Kopf beginnen Mittel- und Untergesicht zu wachsen, so daß die Stirn relativ kleiner wird und im Gesamt des Gesichts auffallend zurücktritt. Der Hals wird länger und kräftiger.« Schließlich weist *Zeller* auf das kennzeichnende Merkmal der Schulreife hin: den Zahnwechsel (zweite Dentition).[54]

Der Gestaltwandel ist Ausdruck einer innerseelischen Entwicklung. »Der biologische Sinn des ersten Gestaltwandels kann nur darin gesehen werden, daß die Person des Kindes für eine neue, höhere Daseinsform umgeschaffen wird.« Dieser

Wandel stellt darum »eine außerordentliche Zäsur im Leben des Kindes dar«.[55] *Rudolf Steiner* nannte die inneren Veränderungen, welche sich im Erscheinungsbild des Gestaltwandels ausdrücken, eine »zweite Geburt« des Menschen.[56] Er wies darauf hin, daß die Kräfte, welche bisher an der Ausformung des physischen Leibes gearbeitet haben, frei werden und nun als Vorstellungs- und Gedächtniskräfte zur Verfügung stehen. Vor dem Zahnwechsel ist das Vorstellungsvermögen des Kindes noch nicht frei, noch nicht in der Lage, eine Form von einem bestimmten Gegenstand zu abstrahieren. Form und Gegenstand bilden für es eine Einheit. Darum identifiziert es verschiedene Formen mit verschiedenen Gegenständen. Mit dem Zahnwechsel ändert sich dies. Jetzt vermag das Kind, Formen losgelöst von Gegenständen wahrzunehmen und zu unterscheiden. Dies aber ist die Voraussetzung, daß es nun in die Schrift, in das Schreiben eingeführt werden kann. Denn Schreiben und Lesen bestehen ja darin, daß wir fortwährend kleine und größere Schriftzeichen mit bestimmten Lautzeichen identifizieren.

Mit dem Freiwerden des Vorstellungslebens bildet sich ein Innenraum, der als Erlebnissphäre für den gesamten Schulstoff zur Verfügung steht. Die seelischen Kräfte sind nun nicht mehr so stark mit dem Bewegungshaften, dem Gliedmaßensystem, verbunden, daß das Kind durch jeden äußeren Reiz abgelenkt, angezogen und in Bewegung gesetzt wird – wie dies beim Spielkind vor der Schulreife der Fall ist. Darum kann das Kind jetzt stillsitzen. Es ist »seßhaft« geworden, wie auch die Menschheit in einer bestimmten Entwicklungsstufe von einer wandernden, nomadisierenden Lebensweise zu einer seßhaften Sozialform übergegangen ist.

Wenn ein Kind in der Schule nicht stillsitzen kann, wenn es immer wieder aufsteht, mit den Armen herumfuchtelt, ist das vielfach ein Hinweis dafür, daß man das Kind zu früh in die Schule geschickt hat. Es scheint darum sehr fragwürdig, das Alter der »Schulreife« von Staates wegen zu dekretieren und ein Kind ohne Rücksichtnahme auf die individuelle Entwicklungslage zum Schulbesuch zu zwingen.

Mit dem Eintritt der Schulreife schwindet der autonome Nachahmungsdrang, der das Spielkind gekennzeichnet hat. Das Schulkind ist jetzt in der Lage, Spiel und Ernst zu scheiden. Es wird einer zielgerichteten Arbeit fähig. Dennoch ist die Spielhaltung auch während der ersten Schuljahre weiter zu pflegen. *Oskar Hammelsbeck* betont: »Eine verantwortliche erzieherische Praxis verträgt keine Spaltung zwischen Spiel und Ernst. In der Begleitung des vorrangigen Lebensernstes müssen wir in der Schule das Spiel – die Kindlichkeit – erhalten. Der Ernst muß immer vom Spiel genährt bleiben.«[57]

PFLEGE DER »ÄSTHETISCHEN FUNKTION«

Die bevorzugte Methode, den im Schulkind aufbrechenden Vorstellungsraum zu gestalten, besteht in der Pflege der »ästhetischen Funktion«, auf die *Adolf Portmann* besonders eindringlich hingewiesen hat.[58] Die Schulung wird vorerst nicht so sehr auf die Entwicklung der »kognitiven«, intellektuellen und abstrahierenden Denk- und Überlegungskräfte hinzielen – wie dies heute vielfach empfohlen und getan wird –, sondern den Unterricht auf dem musisch-künstlerischen Element aufbauen. Dieser »läßt zunächst einmal die primären Eindrücke intakt« und »bewahrt das Ursprüngliche, Besondere, die Qualität von Form und Linie, Farbe und Laut, Geruch und Tastgefühl«.[59]

Die Priorität, welche der »primären Welt« im Werdeprozeß des Menschen zukommt, läßt sich nicht nur in der Entwicklung des einzelnen Menschen, sondern auch in der Evolution der Menschheit nachweisen: Während Jahrtausenden orientierte sich der erwachende Geist im Laufe der Geschichte an der ihn umgebenden Wahrnehmungwelt und baute auf dieser das in Religion, Kunst und Wissenschaft verbindliche Weltbild auf, ehe er, in einem schon sehr fortgeschrittenen Stadium, an dieser Wahrnehmungswelt zu zweifeln begann und in einer »sekundären« Welt von Formeln und Zahlen die eigentliche »Objektivität« zu finden glaubte. Ebenso soll das Schulkind reichlich Gelegenheit haben, ein- und unterzutauchen in die Welt der Phänomene, ehe es gezwungen wird, daraus allgemeingültige, bildlos abstrakte Ableitungen zu deduzieren.

»Es ist eine tragische Verirrung«, ergänzt Portmann, »daß die Erziehung unserer Zeit diese eigenartige Absterbeordnung ästhetischer Möglichkeiten sich hat aufdrängen lassen von den sogenannten ›Forderungen der Zeit‹«, indem sie »die ›Notwendigkeiten des Lebenskampfes‹ mit einer Intensivierung der theoretischen Funktion in den Schulen beantwortet«. Diese »Forderungen der Zeit« führen »zu einem Amoklauf, an dessen Ende der Zusammenbruch steht und die Neurose«.[60]

Und er fordert: Die Umstellung »muß versucht werden. Sie

verlangt nicht so sehr Änderungen der Lehrpläne als solche der geistigen Haltung und der Grundstimmung, von der die Einführung des jungen Menschen gelenkt wird... Die Kräfte, welche wir hier unter dem Namen der ästhetischen Funktion zusammengefaßt haben, gehören in unserer Zeit zu den großen Möglichkeiten des Heilens... Nur wenn wir mit der Erziehung des Denkens auch die des Sinnenlebens gleichwertig erstreben, können wir hoffen, die kommende Generation so zu stärken, daß in ihr die vollwertigen Menschen, nicht die neurotischen Psychopathen, das Übergewicht haben.«[61]

Wenn Adolf Portmann die »ästhetische Funktion«, das heißt, einen musisch-künstlerischen Unterricht, zu den »großen Möglichkeiten des Heilens« zählt, fühlen wir uns an einen andern Förderer der ästhetischen Erziehung erinnert, den bewegte politische Umstände zu ähnlichen Äußerungen veranlaßt haben: *Friedrich Schiller*. Unter dem Eindruck der in die blutigste Anarchie ausartenden Französischen Revolution sann der große deutsche Dichter und Denker nach einer Methode, welche der Menschheit die wahre Freiheit zu bringen vermöge. Das Ausarten einer politischen Bewegung, die aus einem tiefen Hunger nach Freiheit entstanden und von hohen Idealen genährt war, in ein wildes Blutgericht erschien Schiller nicht als ein politisches, sondern als ein pädagogisches Problem. Er äußerte, »daß man, um jenes politische Problem in der Erfahrung zu lösen, durch das ästhetische den Weg nehmen muß, weil es die Schönheit ist, durch welche man zu der Freiheit wandert«.[62] In seiner Schrift *Über die ästhetische Erziehung des Menschen* begründete Schiller diese merkwürdige, doch völlig zutreffende Bemerkung. Vielleicht ist es angebracht, in unserer gegenwärtigen Epoche, die so stark dazu neigt, den Menschen in den Schlund einer triebhaften Lust und Sinnlichkeit hinunterzuziehen, auf Schillers weit ausblickende Ideen zurückzukommen, auf Ideen, die trotz allen zivilisatorischen und technischen Fortschritten nichts von ihrer Aktualität eingebüßt haben.

Im Sinne von Schillers Idee der ästhetischen Erziehung handelt es sich bei einem künstlerischen Unterricht nicht bloß um ein Eintauchen in die primäre, phänomenale Welt, sondern um mehr: um eine Erhöhung und Verwesentlichung der in dieser Welt erscheinenden Gehalte. Seit der platonisch-neuplatonischen Ästhetik, die in der Goethezeit zahlreiche Ableger hatte, wissen wir um die Transzendenz jeden künstlerischen Tuns und jeder künstlerischen Erscheinung. Nach *Plato* leuchtet in der

Kunst das Urbildliche im schönen Schein auf. Noch deutlicher hat *Plotin* das Wesen der Kunst erläutert. Sein Ausgangspunkt ist der Dualismus von Stoff und Form. Das Schöne begegnet uns in der Körperwelt dort, wo sich die »gestaltende Idee« dem Stoff als Form aufprägt. Das Schöne besteht im Anteilhaben »an der gestaltenden Idee«. Alles Gestaltlose, das noch nicht »Gestalt und Idee« in sich aufgenommen hat, ist »häßlich und fern der göttlichen Vernunft«. Häßlich ist aber auch, »was von der gestaltenden Vernunft noch nicht bewältigt ist, indem die Materie sich nicht durchweg gestalten ließ«.[63]

Von der Dualität von Stoff und Form spricht Schiller auch, und zwar bezieht er die beiden Begriffe auf den Menschen. »Zwei entgegengesetzte Kräfte«, sagt er, wirken in uns, die man, »weil sie antreiben, ihr Objekt zu verwirklichen, ganz schicklich Triebe nennt«.[64] Er spricht von einem *sinnlichen* oder *Stofftrieb* und einem *geistigen* oder *Formtrieb*. Jener »geht aus von dem physischen Dasein des Menschen oder von seiner sinnlichen Natur und ist beschäftigt, ihn in die Schranken der Zeit zu setzen und zur Materie zu machen. Materie aber heißt hier nichts als Veränderung oder Realität, die die Zeit erfüllt; mithin fordert dieser Trieb, daß Veränderung sei, daß die Zeit einen Inhalt habe.«[65] Der Stofftrieb drängt nach Wirklichkeit, Erscheinung, Konkretion im Hier und Jetzt, nach Erfüllung der Zeit. »Da aber alles, was in der Zeit ist, *nach einander* ist, so wird dadurch, daß etwas ist, alles andere ausgeschlossen. Indem man auf einem Instrument einen Ton greift, ist unter allen Tönen, die es möglicherweise angeben kann, nur dieser einzige wirklich.« Jede einzelne Verwirklichung schließt unzählige noch bestehende Möglichkeiten aus. Darum beschränkt der Stofftrieb, sagt Schiller. »Obgleich er allein die Anlagen der Menschheit weckt und entfaltet, so ist er es doch allein, der ihre Vollendung unmöglich macht.« »Mit unzerreißbaren Banden fesselt er den höher strebenden Geist an die Sinnenwelt.«[66]

Dem sinnlichen Trieb, der sich auf das ganze Gebiet des endlichen Menschseins erstreckt, stellt Schiller den *Formtrieb* gegenüber. Dieser »geht aus von dem absoluten Dasein des Menschen oder von seiner vernünftigen Natur und ist bestrebt, ihn in Freiheit zu setzen, Harmonie in die Verschiedenheit seines Erscheinens zu bringen und bei allem Wechsel des Zustandes seine Person zu behaupten.« Dieser Trieb wurzelt in jenem Wesen, das wir im vorderen Aspekt die geistige Entelechie des Menschen genannt haben und das J. G. Fichte, an welchem sich

Schiller orientierte, als den »reinen, idealischen Menschen« bezeichnete.[67] Bezogen auf dieses dauernde geistige Wesen, die Person, sagt Schiller: »Da wir in alle Ewigkeit wir sind, so kann derjenige Trieb, der auf Behauptung der Persönlichkeit dringt, nie etwas anderes fordern, als was er in alle Ewigkeit fordern muß; er entscheidet also für immer, wie er für jetzt entscheidet, und gebietet für jetzt, was er für immer gebietet.« »Er will, daß das Wirkliche notwendig und ewig, und daß das Ewige und Notwendige wirklich sei; mit anderen Worten: er dringt auf Wahrheit und auf Recht.«[68]

So sieht Schiller den Menschen im Spannungsfeld von zwei Kräften; eine Kraft will allem Sein den Stempel des Ewigen, Dauernden aufprägen, die andere Kraft möchte alles Ewige und Dauernde in ein zeit- und raumbegrenztes Einmaliges, Wandelbares und Besonderes verdichten. Nun untersteht jedoch der Mensch sowohl bezüglich des Form- wie des Stofftriebes dem Zwang von Gesetzen. Der Stofftrieb ist den Naturgesetzen unterworfen. Er läßt darum den Menschen nicht frei. Mit ehernen Ketten bindet er diesen an die Gegebenheiten eines Lebens in Raum und Zeit. Aber auch der Formtrieb ist Gesetzen unterworfen. Auch er läßt den Menschen nicht frei. Denn dieser Trieb ist an die überindividuellen Vernunftgesetze gebunden. Er nötigt den Menschen in seinem geistigen Streben, sich den Gesetzen der strengen Logik zu fügen. Ganz deutlich wird dies in der Mathematik und Geometrie. Der menschliche Verstand hat nicht die Freiheit, die mathematischen und geometrischen Gesetze willkürlich zu verändern. Er muß in seinem Forschen und Schaffen den ewigen Regeln und Beziehungen gehorchen.

So wäre denn der Mensch ein Gefangener einerseits der Natur, anderseits des Geistes, wenn es nicht einen dritten Bereich gäbe, wo die Zwänge der beiden Triebe aufgehoben sind: den Bereich des Ästhetischen, des freien Spiels. Ihm ordnet Schiller den dritten, bereits weiter oben erwähnten Trieb, den *Spieltrieb* zu. Erst als ein Spielender ist der Mensch frei, weil er in dieser Sphäre nicht der Not der Natur untersteht, noch an die Forderungen der Logik gefesselt ist, weil ihn hier weder Natur- noch Vernunftgesetze hemmen oder bestimmen. Hier können sich Stoff- und Formtrieb, sinnliches und geistiges Streben »in Freundschaft« vereinigen. Denn im ästhetischen Gestalten wird Stoff in einer Weise verarbeitet, die nicht durch Naturgesetze begrenzt ist, andererseits vermögen die geistigen Kräfte, befreit von Bindungen an das allgemein Logische, im konkreten Werk sinnlich-sichtbar oder hörbar zu werden: Materielles wird durch Ideelles erhöht, Ideelles durch Materielles versinnlicht, zur Anschauung gebracht. Mit Schillers Worten: »Der Gegenstand des sinnlichen Triebes... heißt *Leben*; der Gegenstand des Formtriebes, in einem allgemeinen Begriff ausgedrückt, heißt *Gestalt*... Der Gegenstand des Spieltriebes wird also *lebende Gestalt* heißen können.«[69] Aus dieser Durchdringung ersteht das Schöne, die Kunst.

Je stärker und länger sich Schiller mit der Ausgestaltung und Vertiefung seiner Idee der ästhetischen Erziehung beschäftigt hat, desto eindrücklicher wurde ihm bewußt, daß der Beflissene im ästhetischen Zustand an einen Höhepunkt des Menschseins gelangt: »Der Mensch spielt nur, wo er in voller Bedeutung des Wortes Mensch ist, und *er ist nur da ganz Mensch, wo er spielt*.«[70] Und als folgerichtige Ergänzung fügt er bei: »Der Mensch soll mit der Schönheit *nur spielen*, und er soll *nur mit der Schönheit* spielen.«

Im spielenden Hingegebensein an die Schönheit hebt der Mensch den Dualismus zwischen Stoff und Form, Leib- und Geistgebundenheit auf und schafft sich einen Raum, wo er ganz nur Mensch sein darf. Wir werden zweifellos zur Heilung unserer Zivilisationskrankheiten und -nöte noch dahin gelangen, Schillers Ideen über die ästhetische Erziehung völlig ernstzunehmen, und in dem scheinbar Nutzlosen und Überflüssigen das unabdingbar Notwendige erkennen.

Bezogen auf die Pädagogik des Schulalters helfen uns Schillers Ideen, die Funktion des Künstlerischen besser zu verstehen. Im ästhetischen Tun wird der starke Bewegungs- und Betätigungsdrang, den jedes Kind aus seiner Spielzeit mit in die Schulstube trägt, im Bemühen um eine schöne Gestaltung, welcher Art sie immer sei, engagiert und geformt. Was aus dem dumpfen Willensbezirk heraus das Kind antreibt und was an noch traumhaften, gefühlsverwobenen Vorstellungskräften in dem erwachenden Bewußtsein waltet, fließt in einem künstlerisch geprägten Unterricht ineinander und wirkt belebend bis in die Wachstumsprozesse hinein. Während ein Unterricht, der zu sehr das Begriffsvermögen, den Verstand anspricht, die Kinder lustlos, apathisch oder aggressiv werden läßt, so stärkt ein musisch durchpulster Unterricht die Lebenskräfte und weitet den Seelenraum.

Auf die psychophysischen Beziehungen hat besonders die

von *Rudolf Steiner* inaugurierte Waldorfpädagogik ihr Augenmerk gerichtet.[71] Steiner wies darauf hin, daß das Kind im Schulalter vor allem in den rhythmischen Leibesprozessen, also im Herz- und Lungenrhythmus lebt, worauf uns übrigens auch die physischen Veränderungen während des ersten Gestaltwandels hinweisen (Tailleneinschnitt, Formung der Wirbelsäule, Weitung des Brustkastens, Straffung des Schultergürtels usw.). Es gehört zur Eigenart von Herz und Lunge, daß diese Organe nie ausruhen können, nie ermüden dürfen, sondern unentwegt, Tag und Nacht, von der Geburt bis zum Tode, ihre Aufgabe verrichten müssen.

Das rhythmische System ist nun auch der Träger des Gefühlslebens. Dessen können wir jederzeit innewerden, wenn wir beobachten, wie Freude unser Herz schneller schlagen läßt, wie Kummer uns auf den Atem drückt, wie sich alles seelische Leben als Beklemmnis oder Belebung in den rhythmischen Prozessen äußert. Darum wird sich ein stufengemäßer Unterricht an den Bereich des Fühlens wenden. Man lasse das Kind in stark erlebnishafter Weise eintauchen in den Zauber der phänomenalen Welt, in das geheimnisvoll Offenbare, damit es starke Sympathiegefühle entwickeln kann. Sympathie öffnet die Seelenkräfte, während Antipathie sie verschließt. Die Wirkungen eines freudevollen Unterrichts beruhen darauf. »Die frühen Freudenblumen sind nicht Kornblumen zwischen der Saat, sondern jüngere, kleinere Ähren«. Auf den Wellen beschwingter Gefühle erreicht der Lehrer und Erzieher die schlummernden Tiefen des Kindes, jenen Bereich, wo die Lebenskräfte walten. Als Erlebnisform steht das Gefühl in der Mitte zwischen Tatwille und Gedanke. Ein Gefühl ist ein noch nicht gewordener Gedanke, ist noch nicht ganz gewordener Wille. Doch trägt es zu beidem den Keim in sich: zu Wille und Gedanke, zu Tat und Erkenntnis. Darum bildet das Gefühl einerseits ein Eingangstor zur Veranlagung eines kräftigen Willenslebens, andererseits zur Veranlagung eines eigenständigen Denkens.

Nun bildet das künstlerische Element die Mitte zwischen dem oberen und dem unteren Menschen, zwischen Form- und Stoffpol und ist darum in vorzüglicher Weise geeignet, den Bereich des Fühlens anzusprechen. Am Bild entzündet sich das Vorstellungsleben, an Vorstellungen entflammen die Gefühle. »Das Bild stellt selbst eine Mitte dar«, sagt Heinrich Eltz. »Es ist weder die seinsträchtige Wirklichkeit selber noch deren abstrakter

Begriff: es liegt zwischen beiden. Es enthält noch so viel unmittelbares Sein, daß es warmblütig das Gemüt des Kindes erfüllt, aber auch schon so viel Denkerisches, Vorstellungsmäßiges, daß es die Seele nicht zwingt, sondern ihr eine gewisse innere Distanzierung erlaubt. Wir können uns vom Bilde befreien, indem wir es auslöschen, untertauchen lassen in unser Unterbewußtes, wir können es durch unsere Aktivität wieder erinnern, heraufholen. Das Bild zwingt uns nicht, wenn wir seelisch gesund sind; es läßt uns frei.«[72]

Selbst der Erwachsene erfährt immer wieder die prägende, überzeugende Wirkung des Bildes. Nicht umsonst erinnert uns die Sprache so oft an die Bedeutung des Bildes. Wenn wir über eine Sache bereits orientiert sind, sagen wir, wir seien »im Bilde«. Oder wenn es jemandem an einer angemessenen Vorstellungskraft gebricht, sagen wir, er mache sich »kein Bild« von der Situation. Wenn jemand andererseits mehr sieht, als die Wirklichkeit zu sehen erlaubt, sagen wir, er »bilde« sich etwas »ein«. Wir sprechen nicht ohne Grund von Ausbildung, Einbildung, Verbildung, Abbildung.

Noch viel stärker als beim Erwachsenen wirkt das Bild auf das Kind. Es ist eine unabdingbare Forderung an eine stärkende, fördernde Erziehungspraxis, all das zu einem bildhaften Erlebnis werden zu lassen, was das Kind erfassen soll. Denn obgleich das Bild den Menschen freiläßt, packt es ihn, regt es ihn zur Teilnahme, zur Weiterentwicklung an. Eine Lehre, ein Schluß – das berühmte »quod erat demonstrandum« – was zu beweisen war – ist eine erledigte, abgeschlossene Sache. Nicht so das Bild. Die Fähigkeit, in Bildern zu leben, unterscheidet den Menschen vom Tier. Die Fähigkeit, sich im Bild von den Dingen zu distanzieren, besitzt es nicht. Eltz ergänzt dazu: »So lebt auch der animalisierte Mensch, der sich mit der Wirklichkeit unmittelbar in Taten auseinandersetzt, dessen Wille stets ins Konkrete schießt, der nicht zu symbolisieren, d. h. die Wirklichkeit im Bilde aufzufangen gelernt hat. Er verfällt der Krankheit seiner Zeit, die die Amerikaner Konkretismus nennen: jener gesteigerten Form des Utilitarismus, der, unter Verzicht auf sozialethische und andere Wertbildungen, die restlose Ausnützung der konkreten Gegebenheiten predigt.« Eltz betont darum, an eine Äußerung von Adolf Guggenbühl anknüpfend, daß »eine Vernachlässigung der Pflege der Bildhaftigkeit und der Gemütskräfte im Kindesalter« »als einer der tieferen Gründe jugendlicher Verrohung angesehen werden muß«.[73]

Ebenso wies der Arzt Werner Belart auf den Zusammenhang zwischen der Unterrichtsmethode und dem Drogenmißbrauch vieler Jugendlicher hin. Menschen, betonte er, die sich während ihrer ersten Schuljahre nicht mit kräftigen, sinnhaften Bildern auseinandersetzen können, neigen im Adoleszenzalter zu Drogen, weil sie im Rausch die Bilderwelt suchen, die ihnen eine bildarme, zu einseitig intellektuell orientierte Pädagogik vorenthalten hat.

Das Bild hat Leben, es ist, wie Schiller sagte, »lebende Gestalt«, verbindet Form- und Stofftrieb. Vom Stofftrieb nimmt es die Anschaulichkeit, vom Formtrieb den Erkenntnisgehalt. Adolf Portmann äußert dazu: Zum primären Leben »gehört das ganze Denken in Analogien. Das erste Denken geschieht ja nicht in den Kategorien des Verstandes und des Rechnens, es geschieht in den Kategorien der Bilder, der Imagination.« Und Eltz ergänzt: »Was das Kind an lebensvollen Bildern aufnehmen darf, wacht in der Reifezeit zu Erkenntnissen auf. Bilder vermögen zu Leitbildern des Lebens zu werden.«[74] Bilder sind keimkräftiges Saatgut für ein wirklichkeitssattes Überlegen. Wo das Ackerfeld der Seele im Schulalter nicht dicht genug damit besät wurde oder wo sich zu wenig und zu blasse Bilder in die Seelen einsenken konnten, ersteht später nur ein dünnes, begriffliches, lebensschwaches und weltfremdes Denken, dem es an Einfallsreichtum und an Tatkraft mangelt.

Die erhebende Wirkung des Künstlerischen ist tausendfach belegt. Vernehmen wir statt vieler eine Äußerung von *Simon Gfeller*. In seinem Tagebuch findet sich folgende Notiz:

»Gestern, nach dem Besuche der nationalen Kunstausstellung in Bern, machte ich eine merkwürdige Beobachtung: Ich war müde wie ein abgeschlagener Hund, aber beim Heimgehen sah ich hundert malerische Motive. Motive an allen Ecken und Enden, trotz des trüben, regnerischen Wetters. Das ist eben die Wirkung: Man hat frische Augen. Man hat sehen gelernt... Der Schönheitsdurst ist erwacht und will gestillt werden. Das Gemüt hat sich erhoben und aufgeschlossen, unendliche Bereicherung und Beseligung erfahren, man hat das Gefühl, nie mehr allein zu sein, sondern verbunden mit Baum und Busch, Wald und Flur, Himmel und Wolkenzug – und man gedenkt der Kunst in großer Achtung und Dankbarkeit.«[75]

Eine weitere Qualität wird durch eine künstlerische Erziehung geweckt und entfaltet, eine Qualität, die ebenfalls zu den Stiefkindern unserer modernen Pädagogik zählt: *Phantasie*. Auf die Bedeutung dieser Kraft hat besonders *Eduard Spranger* aufmerksam gemacht:

»Wir sind so sehr gebannt vom Modell der Maschine, daß wir rettungslos einem einseitigen Maschinendenken verfallen sind. Ja der Schaden sitzt noch tiefer: Das Maschine-*Sein* ist weit schlimmer als das einseitige *Denken* in technischen Kategorien, zu denen schließlich auch das Organisieren gehört. Organisieren – ganz im Gegensatz zum ursprünglichen Wortsinn – bedeutet jetzt: Menschen in Rechnung stellen, sie mit einer bestimmten Funktion an ein Leistungsganzes ketten, wobei nur ein sehr enger Bezirk menschlicher Motive überhaupt noch ins Spiel gesetzt wird. Wir ›funktionieren‹ als Räder oder Translatoren in einzelnen Zweckverbänden wie im Ganzen der Gesellschaft. Unser Leben ›wickelt sich ab‹; wir führen es nicht mehr. Viele Wertbereiche, die zum Menschtum gehören, sind abgeschaltet. Der Mitmensch ist ein Posten in der großen Rechnung, die nur auf Leistungskalkulation gerichtet ist.

So wird auch der Mensch dieser Kultur um ein Wesentliches gebracht: er spürt nicht mehr das ungelebte Leben, nicht mehr die Sehnsucht, die ihn innerlich ausweitet und über sich selbst erhöht.« »Im Bereich des Politischen fällt uns schon lange nichts Fruchtbares mehr ein: wir arbeiten mit der nüchternsten Rationalität des 18. Jahrhunderts, die keines Menschen Seele wahrhaft in Bewegung setzt.

Das also ist es, weshalb uns die Phantasie nottut: sie ist das Reservoir von Kräften, die den in einseitigen Bahnen festgefahrenen Geist wieder schöpferisch machen können. Wer heute den bescheidensten Fluchtversuch macht, wird als Romantiker verschrien – als ob irgendeine Zeit das Geniale, das sich noch einmal aus dem Urquell und den Urphänomenen nährt, entbehren könnte. Es geht ein einziger Drang zur Entmagisierung, Entmythologisierung, ›Desillusionierung‹ durch unsere Welt.

Was uns nottut? Ich antworte auf diese Frage mit dem ernsten Ruf: ›Rettet die Phantasie, wenn ihr unsere Zukunft retten wollt.‹«[76]

Es würde zu weit führen und widerspräche zudem dem freimachenden Gehalt des Ästhetischen, wollten wir hier die Methodik jedes Fachs einzeln durchgehen. Es genüge der Hinweis, daß der Lehrer sich auf allen Stufen der Volksschule um einen künstlerisch impulsierten Unterricht bemühen muß, ungeachtet der von Stufe zu Stufe sich wandelnden Ansprechbarkeit des Kindes. Ganz besonders belebend, kräftigend und fördernd wird aber ein solcher Unterricht auf der Unterstufe sein, wobei der Erzieher stark vom praktischen Tun ausgehen wird. So sollte man beispielsweise nicht vom Lesen ausgehen, sondern vom Schreiben, denn die Hand kommt vor dem Kopf. Und zwar wird man dem Kind die Buchstaben in einer anschaulichen, sinngetragenen Vorstellung vermitteln.

Heute arbeiten viele Lehrer nach der Ganzwortlesemethode.[77] Das Kind wird angehalten, schon von der ersten Unterrichtsstunde an ganze Wörtchen zu lesen. Einen Buchstabenkomplex soll das Kind mit einem bestimmten Wort verbinden. Dieses Verfahren spricht das Gedächtnis an, nicht aber das bildhafte Vorstellungsvermögen, denn eine Laut- oder Buchstabenfolge bietet nie ein Bild der auszudrückenden Sache. Außerdem erspart die Ganzwortlesemethode dem Kind das Vertrautwerden mit dem Lautwert der einzelnen Buchstabenzeichen keineswegs. Diese Methode kehrt nur eine natürliche Reihenfolge um. Sie bringt das Produkt, ehe das Element vorgestellt und aufgenommen worden ist.

Auch im evolutiven Werdegang, den jeder Mensch in einem gewissen Sinne während seiner Entwicklung nachvollzieht, war der Einzelbuchstabe früher als das ganze Wort. Im Anfang waren die einzelnen Lautzeichen Sinnbilder, wie uns dies die chinesischen und die altägyptischen Schriftzeichen verraten. Erst allmählich sind die Buchstaben zu Silben- und Lautzeichen geworden. Wir folgen also gleichsam der Genesis der Schrift, wenn wir dem Kinde die Gelegenheit bieten, jeden Buchstaben anhand eines anschaulichen, kunst- und lebensvollen Bildes zu erleben. Auch verhindern wir bei Anwendung dieser genetischen Methode, daß die Buchstaben zu kleinen Teufelchen werden, welche dem Kind den Schulalltag trüben, den Schlaf stören, zu Lesehemmungen (Legasthenien) führen, wie dies bei der Ganzwortlesemethode vorkommen kann.

Es wird deutlich, daß die ästhetische Funktion nicht bloß einen methodischen Umweg darstellt, der dem Lehrer erlaubt, das Kind besser in den Griff zu bekommen. Pflege des Musischen will auch nicht das Kind vom realen, praktischen Leben weg in ein idealisiertes, wirklichkeitsfremdes Traumland führen, sondern bildet die den Menschen ganzmachende, Leib, Seele und Geist harmonisierende Maßnahme und ist die Voraussetzung zu einem gesunden In-der-Welt-Stehen. Ästhetische Erziehung ist die von den Strebekräften des Schulalters geforderte Methode. »Die ästhetische Funktion ist in allen gegenwärtig, in allen zur vollen Entfaltung des Humanen notwendig.«[78]

EINTRITT IN DAS REALITÄTSALTER

Auf der die ersten drei Schuljahre umfassenden Unterstufe klingen noch die Fähigkeiten und Eigentümlichkeiten des Spielalters nach. Die Nachahmungskräfte sind noch vorhanden und werden im ersten Schreib- und Leseunterricht, insbesondere auch im ersten fremdsprachlichen Unterricht – wie dies an den Rudolf Steiner-Schulen der Fall ist – angesprochen. Der magisch-mythische Schleier der frühen Kindheit ist noch nicht abgestreift, weshalb in den ersten Schuljahren an Märchen, Mythen und Legenden angeknüpft wird. Auch in der Religion können die großen Weltschöpfungs-Bilder vor die Seele des Kindes hingestellt werden. Den Übergang vom mythischen zu einem realen Weltbild bilden die Sagenstoffe, welche ein urkräftiges Bildungsmittel darstellen, das starke Lebens- und Formkräfte impulsiert. Wer erlebt hat, wie die Kinder den Erzählungen vom Gottsucher Parzifal, dem tapferen Siegfried, dem listenreichen Odysseus gelauscht haben, weiß um die Urkraft, welche in den Sagen verborgen liegt.

Der Übergang von der Unterstufe zur Mittelstufe (4. bis 6. Schuljahr) ist gekennzeichnet durch den Eintritt des Kindes in das *Realitätsalter*, den das Kind um das 9./10. Lebensjahr vollzieht. Es ist ein weiterer Ruck des Erwachens zu sich und zur Welt. Das Kind beginnt sich seiner Fähigkeiten und Minderwertigkeiten bewußter zu werden, zeigt sich empfindlicher, verletzlicher gegenüber fremder Kritik. Das Band zu Geschwistern und Eltern wird etwas gelockert. Dafür wird der Kreis der Kameraden bewußter bestimmt und erweitert. Das Kind beginnt auszuwählen, mit wem es spielt, wen es zu sich nach Hause nimmt.

Das mythisch-magische Welterleben schwindet; damit verlieren sich auch die kindhaften Phantasiekräfte, welche bis jetzt sein Tun beflügelt haben. Die Zeichnungen und Malereien werden dürftiger, konturierter, gegenständlicher. Erste Anfänge zu einem perspektivischen Darstellen treten auf. Ein starkes Interesse an der Welt, wie sie wirklich ist, wird wach. Plötzlich erklärt der Viertkläßler, jetzt wolle er genau beobachten, wie die

Scheibe des Mondes sich verändert, oder wie die Pflänzchen im Garten wachsen und gedeihen.

Gleichzeitig empfindet das Kind auch seine eigene Körperlichkeit bewußter. »Die Kinder, auch die Mädchen, bevorzugen jetzt Spiele mit kräftigen Bewegungen, rennen umher, steigen über Zäune, wünschen sich ein Fahrrad, gehen gern baden und schwimmen. Sehr beliebt ist das Umhertreiben auf Straßen und Plätzen.«[79] Kampf- und Leistungsspiele treten an die Stelle von sozialen Rollenspielen.

Auch das Verhältnis zum andern Geschlecht beginnt sich zu verändern. *Peter Kamm* schildert den Übergang sehr treffend: »Von der früheren Zuneigung und Herzlichkeit ist nicht mehr viel übriggeblieben. Nun sind im Gegenteil Gleichgültigkeit, Geringschätzung, ja Ablehnung an der Tagesordnung. Die Mädchen finden die Buben grob, frech, prahlerisch, böse, und gehen ihnen tunlichst aus dem Wege. Die Buben ihrerseits rümpfen erst recht verächtlich die Nase; sie wollen mit Mädchen, diesen blöden, zimperlichen, linkischen, wehleidigen und langweiligen Geschöpfen, nichts zu tun haben.«[80]

Diesem Wandel muß die Arbeit der Lehrer und Erzieher Rechnung tragen. Das Kind will jetzt die »Realien« – historische, naturwissenschaftliche und geographische Fächer – kennenlernen. »In keinem Entwicklungsabschnitt ist der Mensch so hochgradig außenweltbezogen wie in diesem.«[81] Freilich müssen sich Eltern und Lehrer schwer hüten, das Mitgeteilte mit rein verstandesmäßigen Überlegungen und Ableitungen zu verbrämen. Entscheidend ist, daß der Heranwachsende eine möglichst vollsaftige, realistische, begeisternde Darstellung der Phänomene erfährt. Das realistische Unterrichtsfach darf nicht »verdünnte Wissenschaft« werden. »Es kann dem Kinde nichts Schlimmeres widerfahren, als wenn jetzt mit Wissenschaft vorgeprellt wird. Die Welt muß ihm zuerst einmal in ihrer Erscheinung kund und vertraut gemacht werden, ehe man daran geht, Erkenntnisfragen zu beantworten, die es von sich aus noch gar nicht stellt. Die Menschheit hat während Jahrtausenden den Auf- und Untergang der Sonne bewundert, bevor sie die wissenschaftliche Erklärung dazu erhielt. Die Wissenschaft, die unser Denken beherrscht, ist eine späte Frucht der Menschheitsentwicklung, und es ist immer gefährlich, vorzeitig vom Baum der Erkenntnis zu essen. Wir dürfen das Kind nicht verfrüht zu einer Denkweise veranlassen, die alle Gefühlswerte ausschaltet und die Wirklichkeit letztlich auf ein Skelett abstrakter Begriffe und Formeln reduziert. Was es jetzt braucht, ist ein vollmenschliches Erlebnis der großen, schönen Welt – durch die eigene Erfahrung und durch die eindrückliche, lebensvolle Schilderung des Lehrers.«[82] Das Kind muß erst in erlebnishafter Frische mit der »primären Welt« *(Portmann)* in Berührung kommen, ehe es in pädagogisch fruchtbarer Weise in die »sekundäre Welt« der Erkenntnisse, Deutungen und Wertungen eingeführt werden kann. In einem Aufsatz über die Blattgestalten schreibt *Adolf Portmann:* »Jede liebevolle hingebende Betrachtung der Naturgestalten, auch eine schlichte Sammlung von Blättern, regt Heilkräfte der Seele an.«[83] Darstellen, Charakterisieren, Erlebbarmachen: das ist die schöne Aufgabe des Lehrers auf der Mittelstufe. Dagegen ist es verfrüht, das eigene, kritische Urteil herauszufordern. Darum ist auch der vielgerühmte sokratische Unterricht, der »alles aus dem Kinde herausholen« möchte, noch nicht am Platz. Wenn dennoch Urteile über die Dinge und Verhältnisse der Welt in die Seelen der Schüler eingepflanzt werden, entwickeln sich daraus starre *Vor*-Urteile, welche die gesunde Entfaltung eigener Einsichten und den Aufbau eines selbständigen Denkens hemmen. Der Raum, der später, wenn das eigene Urteilsvermögen erwacht, zur Verfügung stehen sollte, ist dann bereits belegt durch die Einsenker verfrühter, darum nicht assimilierter Allerweltsmeinungen. Ein unmittelbares, geistesgegenwärtiges Beurteilen von Verhältnissen ist ihm später außerordentlich erschwert. Pädagogen wie *Martin Wagenschein* warnen sehr davor, »Abstraktionen zu verfrühen«.[84] *Ernst Mach* sagt geradezu, daß »die Jugend durch die Verfrühung der Abstraktion verdorben werde«. Der Chinese Mong Tse, ein Zeitgenosse Platons, erzählt eine Geschichte von einem Mann, der dem Korn zu wachsen helfen wollte, indem er an den Halmen zog, und so die Ernte dezimierte. Dieses Gleichnis illustriert den Unfug des Nicht-warten-Könnens. *Martin Wagenschein*, der die Geschichte wiedergibt, ergänzt dazu: »Wenn wir dieses Ziehen am Halm unterlassen könnten, so würden wir, ich bin sicher, Anzahl und Qualität unserer Abiturienten merklich erhöhen.«[85]

Trotz dem Erwachen zur Wirklichkeit bedarf der Schüler auf der Mittelstufe bei all seinen Entwicklungsschritten der leitenden, betreuenden Hand des Erziehers und Lehrers. Was die als Autorität verehrte Persönlichkeit darstellt, das will er erfahren. Die Wertschätzung des Lehrers ist ihm Gewähr dafür, daß etwas gut, schön und wahr ist. Man beachte, wie sehr die Kinder in diesem Alter eine Aussage immer damit verteidigen, daß sie sagen: Der Lehrer hat es uns gesagt. Das ist durchaus stufengemäß. Wenn ein Kind gelernt hat, in verehrender Liebe zu einer Autorität aufzuschauen und sich ihr unterzuordnen, kann es im späteren Leben selber eine Autorität werden. »Gehorsam ist das Grundgesetz dieses Alters. Warum und mit welchem Recht die Respektspersonen dies oder jenes fordern, bleibt außer Betracht.«[86] Der Erzieher tut dem Kind keinen Dienst, wenn er auf seine Autorität verzichtet und seinen Willen nicht durchsetzt. So bedürfen selbst die begabtesten und liebsten Kinder eines Haltes, an dem sie ihre Innenwelt, ihre eigenen erwachenden Kräfte orientieren und entwickeln können. Woran soll sich der junge Mensch orientieren, wenn alles um ihn herum wakkelt und wankt? Wer sich nie unter eine Autorität beugen gelernt hat, neigt im späteren Leben immer dazu, seinen Neigungen, Trieben, Gelüsten zu folgen.

Im allgemeinen ist das Alter der Mittelstufe ein außerordentlich schönes, harmonisches, ausgeglichenes und gesundes. Man erkennt die Harmonie selbst an der Gestalt. *Kathinka Schirber* charakterisiert ein zehnjähriges Mädchen mit folgenden Worten: »Ruhige Kraft, harmonische Ausgeglichenheit, Schönheit der Formen und Bewegungen, in sich ruhendes Wesen, bereit und vollendet für das, was kommen soll.«[87] »Es scheint, als ob für die bevorstehenden Entwicklungsstürme des neuerlichen Gestaltwandels körperlich und seelisch alle Kraftreserven aufgespeichert wären, die es dem Kinde ermöglichen, diese Stürme glücklich zu überstehen.«[88] Auch das Unberührtsein von den heute so außerordentlich überbetonten Triebkräften macht dieses Alter zu einem schönen und unbelasteten.

DER ZWEITE GESTALTWANDEL

Der zweite Gestaltwandel leitet vom Schulalter ins Jugendalter über. Dieses läßt sich in vier Phasen gliedern: Frühpubertät, Hochpubertät, Jugendkrise und Adoleszenz. Im Zusammenhang mit der vielbesprochenen Wachstumsbeschleunigung (Akzeleration) verschiebt sich der Eintritt ins Jugendalter nach vorne. Die Jugend von heute wächst rascher und erreicht die Geschlechtsreife 2–3 Jahre früher als die Jugend zur Zeit der Jahrhundertwende.[89]

Die Frühpubertät fällt in die Zeit der *Oberstufe* (7. bis 9. Schuljahr). Sie beginnt mit dem Zerfall der schönen Harmonie, die das Erscheinungsbild des Mittelstufenschülers auszeichnet. Ein starker Längenwachstumsschub setzt ein; insbesondere wachsen die Gliedmaßen, während der Rumpf nur wenig zunimmt, was die körperliche Disproportion bewirkt. Arme und Beine werden knochiger, Hände und Füße größer und gröber, der Gang wird schwerer, plumper, der Gesichtsausdruck fleischiger, konturloser. Ein schwieriger Lebensabschnitt beginnt: »Das Kind der vorpuberalen Phase mit seinem klaren Realitätsbewußtsein und seinem Umweltleben entdeckt mit dem Einbruch der Pubertät das Binnenreich der Seele, es nimmt sich selbst wahr, und in demselben Maß verliert es die Sicherheit der Umweltzuwendung. Es stellen sich Konflikte ein, die aus den Ansprüchen des erwachenden Innenlebens resultieren und zu einer scharfen Kritik an der Umwelt, vor allem der nächsten, also an der Familie und da natürlich an den Eltern, führen. ... Es kommt hinzu, daß den steigenden Ansprüchen die Umwelt immer weitere Versagungen entgegenstellt. Das Bewußtsein der eigenen Unzulänglichkeit und Unreife, das dem Kind der vorpuberalen Phase noch völlig abgeht, entwickelt sich immer stärker und wird zu einem Kummer, der von den Umweltpersonen kaum gelöst werden kann.«[90]

Wieder steht der werdende Mensch an einer Schwelle. Wie wir den Eintritt ins *Schulalter* als »zweite Geburt« bezeichnet haben, so können wir den jetzt stattfindenden Eintritt ins *Jugendalter* als »dritte Geburt« auffassen:[91] Diejenigen Kräfte, welche bisher an der Ausgestaltung des physischen Organismus zur Geschlechtsreife gearbeitet haben, werden frei und stehen als Seelenkräfte dem jungen Menschen zur Verfügung. Sie bilden das »Binnenreich der Seele«, das nun im Bewußtseinsraum des Jugendlichen auftaucht. Wie ein lohendes Feuer, dessen Flammen nach allen Richtungen züngeln, ohne daß eine haltende und bewahrende Macht Einhalt böte, so prasseln die Gefühle der Sympathie und Antipathie in der Brust des jungen Menschen durcheinander. Die innere Unsicherheit gegenüber dem neuen, noch unbewältigten Eigenreich spiegelt sich nach außen in einem unbeherrschten, anmaßenden und flegelhaften Verhalten, in Unflätigkeit, Rücksichtslosigkeit und Grobheit sowie einer grenzenlosen Kritiksucht. Der Mangel an innerem Halt manifestiert sich sogar in der gestörten Motorik, auf die *Homburger* hingewiesen hat: »Die Jungen und Mädchen lassen alles mögliche fallen, sie rennen wider, stoßen an, stolpern über die eigenen Füße; ihre Haltung wechselt zwischen Steifheit und schlacksiger Schlaffheit; wegen beider werden sie oft genug beredet. Der Gesichtsausdruck zeigt oft ein grimmassierendes Spiel und vergröberte Züge, die geradezu befremdend wirken können. Bereits erworbene Fertigkeiten in feineren Handarbeiten wollen nicht recht zur Verfügung stehen, es wird Material und Werkzeug verdorben, und zwar besonders beim ersten Anpacken.«[92]

Der die Frühpubertät kennzeichnende Rückfall in eine physische und psychische Formlosigkeit erinnert daran, daß dort, wo Neues keimen soll, die alte Saat erst abgeräumt werden muß: die haltenden Kräfte des Schulalters müssen weichen, damit neue Kräfte und Fähigkeiten sich entwickeln und entfalten können. Die Wirbelstürme im äußeren und inneren Gehaben des Pubertierenden bilden die Geburtswehen, welche das Auftreten eines neuen Sprosses ankündigen. Auf dem Weg zur Freiheit des Aus-sich-selbst-Herauslebens stellt die Frühpubertät ein wichtiges Wegstück dar. Sie ist die »wichtigste Lösungsphase« in bezug auf das Verhältnis des Pubertierenden zu den Erziehern.[93]

Welcher Art muß in diesem Alter die Führung und Erziehung sein? Mit dem Eintritt der Pubertät wird das eigene Denk- und Urteilsvermögen frei. Darum ist der junge Mensch jetzt nicht mehr bereit, einer Forderung bloß auf äußere Autorität hin nachzukommen. Der Abbau des Autoritätsverhältnisses verlangt vom Erzieher und Lehrer eine Umstellung. Zwar bedarf der Heranwachsende auch jetzt noch führender Hilfe und Förderung, vielleicht mehr, als er sich dies selbst eingestehen möchte. Nur müssen die pädagogischen »Interventionen« in den beanspruchten Freiheitsraum des Jugendlichen jetzt anders motiviert werden. An die Stelle einer persongebundenen Autorität tritt nun die Sach- und Fachautorität. Autoritativ geht es jetzt nicht mehr. Nicht im Willen, sondern im erkennenden Denken muß der Jugendliche angesprochen werden. Er muß überzeugt werden, muß zur Einsicht gebracht werden, daß es so richtig ist. Er wird sich darum mehr und mehr von Autoritäten abwenden, die ihn nur »autoritär« zu behandeln pflegen oder die ihm fachlich »nichts mehr bieten können«. Dagegen wird er sich Führer und Erzieher suchen, die ihn sachlich, wissensmäßig und rein menschlich überzeugen. Ob eine Persönlichkeit in der Lage ist, auf bestimmte Sachfragen eine zutreffende Antwort zu geben, wird nun zum Kriterium, wer als neue Wahlautorität in Frage kommt. Ja, es wirkt in diesem geistigen Kampf wie eine therapeutische Korrektur, wenn Lehrer und Erzieher sich gegenüber den erhöhten Ansprüchen des Jugendlichen durchzusetzen vermögen. Die Folge solcher »Siege« besteht oft darin, daß sich ein neues, schönes Verhältnis zwischen Schüler und Lehrer, Kind und Eltern einstellt, das nun aber viel stärker auf gemeinsamen Sachinteressen und Erkenntnisfragen aufgebaut ist.

Daß der Abbau des persongebundenen Autoritätsverhältnisses nicht plötzlich, sondern allmählich zu erfolgen hat, ergibt sich aus dem ordentlich großen Zeitraum, den der Übergang vom Schul- zum Jugendalter einnimmt.

Vor allem braucht der Jugendliche jetzt Futter für die eigenen Denk- und Urteilskräfte. Wenn er nicht in den vergangenen Schuljahren in verfrühter Weise zu einseitig intellektuell angesprochen wurde, erwacht jetzt in ihm ein unbändiger Wille, sich denkerisch zu betätigen. Er lechzt geradezu danach, seine Zähne auszubeißen und seiner ganzen Umgebung dieselben Aufgaben zu stellen; und wie sonnt er sich, wenn er inne wird, daß er etwas herausgebracht hat, was andern mißlang! Darum wird der gesamte Unterricht jetzt viel stärker auf das Denkerische hin angelegt werden, ohne freilich das anschaulich Bildhafte ganz preiszugeben. Mathematik, Geometrie, Physik, Chemie, Technisch Zeichnen erlauben in mannigfaltigster Weise, die erwachten geistigen Kräfte zu nähren, zu impulsieren und eine Struktur in das noch sehr chaotisierte Innenleben des Pubertierenden zu bringen.

Im Hinblick auf das stark emotional betonte Innenleben hat sich auch das Dramatische als ein außerordentlich geeignetes Bildungs- und Disziplinierungsmittel für diese Altersstufe bewährt. Die Darstellung einer hervorragenden dramatischen Gestalt (Götz von Berlichingen, Wilhelm Tell, ein harter Gessler, eine zuversichtliche Gertrud usw.) bieten den hoch aufgeschossenen, voll entwickelten Buben und Mädchen reichlich Gelegenheit, die eigenen rumorenden Gefühle und Triebregungen an einem Text auszuleben, der disziplinierend und erfüllend auf den Darsteller zurückwirkt. Ein pädagogisches Leitwort des Neuhumanismus lautet: »Der Mensch muß sich immer dem in gewisser Weise gleichmachen, was er auffassen soll«[94] *(Wilhelm von Humboldt)*. An dieses Wort ist auch beim dramatischen Gestalten zu denken. Auch kann es zum Beispiel einem grobschlächtigen Flegel, der nicht weiß, wohin mit seiner Kraft, außerordentlich wohltun, wenn er sich auf der Bühne in der Rolle eines bramarbasierenden Götz richtig austoben darf. Im Dramatisieren ist nämlich der Jugendliche gezwungen, seine Gestalt ganz zu ergreifen und zu durchleben. Das wirkt der großen Labilität dieser Entwicklungsepoche entgegen. Darum tut der Lehrer gut, die Klasse mit einem dramatischen Stoff zu engagieren, wenn er feststellt, daß die »Hochflut der Gefühle« zu arg ins Kraut schießt.

Wenn wir zusammenfassend das zweite Jahrsiebent überblikken, können wir feststellen, daß sich in ihm die drei Entwicklungsperioden des werdenden Menschen spiegeln: auf der *Unterstufe* klingt noch nach, was eigentlich in der Kleinkindphase beheimatet ist; auf der *Oberstufe* wird etwas von dem vorweggenommen, was bereits ins dritte Jahrsiebent gehört; ganz stufengemäß lebt das Kind während der *Mittelstufe*, wo es nicht mehr verspieltes Kleinkind, aber auch noch nicht kritisch denkender Jugendlicher ist, sondern sich in einem Zustand größter Harmonie und unreflektierter Unmittelbarkeit gegenüber der Außenwelt befindet.

3. Das Studien- und Lehrlingsalter

ZWISCHEN SELBSTFORMUNG UND BERUFSWAHL

Im Leben der meisten Jugendlichen erfolgt zu Beginn oder während dieser dritten Lebensphase ein entscheidender äußerer Umbruch, der mit dem Wechsel der Schule oder dem Beginn einer Berufslehre zusammenhängt. Der bergende Halt in der Klassengemeinschaft, mit der der Jugendliche während Jahren verbunden und verwachsen war, bricht ab. Der Weg führt in eine neue Umwelt, die meist schon berufsgerichtet und damit spezialisiert ist. Der werdende Mensch kommt in Kontakt mit neuen Kameraden, neuen Lehrkräften. Dort, wo eine Berufslehre begonnen wird, steht der Jugendliche nun der dritten Erzieherpersönlichkeit, dem dritten »Mann« am Wege seines Lebens gegenüber: nach dem Vater und dem Lehrer kommt nun der »Lehrmeister« an die Reihe. Diesem fällt eine schwere, im allgemeinen viel zu wenig gewürdigte Aufgabe zu: Er muß den Heranwachsenden durch eine von mannigfachen Versuchungen und Verführungen bedrohte Lebensphase führen. Er bekommt seine Schützlinge meist in einem noch sehr unfertigen, labilen Entwicklungsmoment, und er wird auch vielfach feststellen, daß die Lehrlinge im Grunde etwas anderes suchen (und brauchten), als was er ihnen zu bieten vermag, nämlich eine Möglichkeit, ihren Horizont zu erweitern, nicht aber den berufsbedingten Zwang, sich auf etwas ganz Spezielles und Spezialisiertes zu beschränken. Nun, die Diskrepanz zwischen den entwicklungsbedingten Bedürfnissen des Heranwachsenden und den berufsbedingten Möglichkeiten kann der Lehrmeister nicht von sich aus überwinden. Sie hängt mit der aus dem 19. Jahrhundert übernommenen Gewohnheit zusammen, die Berufslehre unmittelbar an die Volksschule anzuschließen. Der Lehrmeister muß um die geschilderte Problematik wissen. Er muß wissen, daß er nicht nur fachorientierte Aufgaben gegenüber dem Lehrling hat, sondern auch personorientierte. Ihm fällt sehr oft etwas wie eine Vaterrolle zu. Immer wieder bestätigen uns junge Menschen, wie entscheidend ihr Lebensweg durch die Persönlichkeit des Lehrmeisters geprägt worden ist. Dieser muß sich bewußt sein, daß er die maßgebende Vertrauensperson ist, welche den Jugendlichen während dessen Aufstieg und Metamorphose vom Kind zum Erwachsenen begleitet. Er darf darum nicht nur sein Fach im Auge haben, sondern er muß immer wieder Zeit finden, um im therapeutischen Gespräch auf die Probleme des Lehrlings einzugehen und manches zurechtzubiegen, was sich an Fehlurteilen, Fehlentscheidungen, an Ressentiments wie an Nachlässigkeiten während des vielfach sehr indifferenten, beeinflußbaren Entwicklungsalters offenbart.

Es ist in jedem Fall sehr entscheidend, wem der junge Mensch während dieser Phase der Selbstfindung sein Vertrauen schenkt.

Selbstverständlich gilt all das, was wir in bezug auf die Aufgabe des Lehrmeisters gesagt haben, mutatis mutandis für jeden Lehrer, der den Jugendlichen in diesem Alter betreut, ganz besonders aber für den Fachlehrer an der Gewerbeschule, der Kunstgewerbeschule, der Kaufmännischen Schule und der Handelsschule. Ein Wort von Martin Wagenschein trifft, was wir meinen: »Lehrer sein heißt: Sinn haben für den werdenden, den erwachenden Geist. Und Fachlehrer sein heißt: zugleich Sinn haben für das gewordene und werdende Fach.«[95]

Der Prozeß des zweiten Gestaltwandels, der schon im Schulalter einsetzt, gleitet ins Lehrlingsalter hinüber. Die Disharmonisierung der Gestalt, die das Flegelalter kennzeichnet, führt zu einem bestimmten Höhepunkt – *Zeller* spricht von der »Scheitelhöhe der puberalen Entwicklung« –; alsdann setzt die Umkehr ein: eine Reharmonisierung der körperlichen Proportionen tritt ein, die nun den Jugendlichen bis zur schönen, harmonischen Gestalt physischer und seelischer Reife vollendet. Der Rumpf nimmt in Länge, Breite und Tiefe zu, während das Wachstum der Gliedmaßen stehen bleibt. Auch die nervliche Unausgeglichenheit klingt ab, der gestörte Bewegungsablauf der ersten puberalen Phase ordnet sich wieder. Im seelischen Raum kommt es ebenfalls zu einer Beruhigung, eine neue Aktionskraft tritt auf, welche den Menschen wacher, aufmerksamer, allerdings auch anspruchsvoller, eigensinniger, impulsiver werden läßt.

Sehr oft trüben freilich die Phänomene der Akzeleration dieses Bild. Das verfrühte Eintreten der Geschlechtsreife und das überstarke Längenwachstum (gegen den Typus des Schmalbrüstigen, Leptosomen hin) verhindern das ruhige, seelische Ausreifenkönnen und bewirken eine seelisch-geistige Retardation. Sie äußert sich in einer starken Interesselosigkeit, im Fehlen sozialer Gesinnung, in mangelnder Verantwortungsbereitschaft, in zur Schau getragener Gleichgültigkeit, geringer Merkfähigkeit und Vorstellungskraft. Sie müssen mit als Wirkungen einer einseitigen verfrühenden Unterrichtsgestaltung und der »Reizüberflutung der technisierten Welt«, die das Leben der Großstadt prägt, verstanden werden.[96]

GESCHLECHTSREIFE UND ZEUGUNGSREIFE

Der Laie neigt dazu, die Vorgänge der Pubertät zu ausschließlich unter dem Gesichtspunkt der erwachenden Sexualität zu sehen. Zweifellos ist die Ausformung des Geschlechts eine wichtige biophysische Aufgabe des Jugendalters. Und sowohl bei Buben wie bei Mädchen ist es immer ein eindrucksvolles Erlebnis, zu verfolgen, wie sich während des zweiten Gestaltwandels der werdende Mensch von den Eierschalen des Kindseins befreit und sich zur vollendeten Gestalt eines kräftigen, wohlproportionierten Erwachsenen emporarbeitet. Es ist wie das Sich-Öffnen einer Knospe, wobei allerdings die Knaben zunächst mehr das Stachlige und Distelartige der Blüte offenbaren. Bei den Mädchen erscheint eine übertriebene Sentimentalität, Affektbereitschaft und Eitelkeit. Das Auftreten des Geschlechtstriebes ist ein besonders die Buben bedrängendes Ereignis. Bei ihnen offenbart sich der Trieb »vehementer und organgebundener«, »beim Mädchen mehr in diffuser und sublimer Form«.[97]

Während beim Tier Geschlechtsreife und Zeugungsreife zusammenfallen, liegen beim Menschen beide Reifestadien weit auseinander. Dieser Tatbestand birgt eine bedeutsame Weisheit. Das Säugetier hat, wenn es seine lebenden Jungen zur Welt gebracht hat, seine Aufgabe erfüllt. Die Jungtiere sind, dank ihrer Naturinstinkte, weitgehend in der Lage, ihren Weg selber zu gehen. Beim Menschen als dem »ersten Freigelassenen der Schöpfung« fehlen just die allerelementarsten Instinkte. Der Mensch wird nicht von sich aus Mensch, sondern nur dank dem mühsamen Werk der Erziehung und Führung. Die Zeugung eines Menschen kann als eine Naturbegabung aufgefaßt werden, welche der Mensch nicht zu lernen braucht. Mit der Zeugung eines Menschen aber beginnt für die Eltern die Verpflichtung, dem Kind ein guter Vater und eine gute Mutter zu sein. Dies zu werden, ist der lange Zeitraum zwischen der Geschlechtsreife und der Zeugungsreife ausgespart worden. Man erkennt übrigens die Unfähigkeit zur Ehe vor der Mündigkeit auch daran, daß Liebschaften, die im Lehrlingsalter eingegangen werden, sich rasch und wegen einer Bagatelle wieder auflösen. Die geistige Instanz, welche in der Lage ist, verpflichtende Engagements von langer Dauer auf sich zu nehmen, ist in diesem Entwicklungsstadium noch nicht geboren.

Daß der Mensch nicht nur ein Tier ist, offenbart uns auch das Schamgefühl. Kinder schämen sich nicht. Ganz selbstverständlich bewegen sie sich vor der Pubertät in völliger Nacktheit, wie etwa beim Baden. Mit dem Eintritt der Geschlechtsreife ändert dies. Jetzt wollen sie sich nicht mehr vor der Mutter ausziehen. Was liegt vor? Tiere empfinden doch auch keine Scham, wenn sie geschlechtsreif geworden sind? Warum schämt sich der Mensch? Offenbar wird mit der Geschlechtsreife ein tieferes Wesensglied frei, dem die »Nacktheit« bewußt wird. Man fühlt sich an den in der mosaischen Überlieferung erwähnten Augenblick erinnert, da das erste Menschenpaar aus dem Paradies vertrieben wurde. Da heißt es auch: »Und sie sahen, daß sie nackt waren.« Wenn auf alten Abbildungen Adam mit einem Feigenblatt dargestellt wurde, geschah dies nicht aus Schamgefühl, sondern um die Geschlechtslosigkeit oder die pflanzenhafte Zweigeschlechtlichkeit der Menschenvorfahren auszudrücken. Mit dem Auftreten der Geschlechtlichkeit hängt nun aber auch das Aufleuchten der Erkenntniskräfte – das Genießen vom Baum der Erkenntnis – zusammen. Dies steht wiederum in kausalem Zusammenhang mit dem Hineingerissenwerden in die Welt des Bösen. Solches verrät noch die Etymologie. Das lateinische Wort »malum« bedeutet sowohl »Apfel« als auch das »Böse«. Im paradiesischen Zustand vor dem Sündenfall lebte der Mensch jenseits von Gut und Böse. Das mythische Bild der Genesis läßt sich verstehen, wenn man die leib-seelischen Vorgänge im Reifealter beizieht: die Kräfte, welche an der Ausgestaltung des Geschlechts – der Teilung des Urmenschen in einen »Adam« und eine »Eva« – gearbeitet haben, entsprechen den Denk- und Urteilskräften, welche nach der Pubertät zur Verfügung stehen. Als Erkennender löst sich der Mensch von den bergenden Hüllen äußerer Autoritäten. Er wird »nackt«, das heißt ledig jeden Haltes, isoliert, auf daß er hinfort in sich selbst Ziel und Richtung für sein Streben suche. Und als Erkennender muß er auch selbst lernen, Gut und Böse zu unterscheiden. Das Schamgefühl darf also als Ausdruck des frei werdenden seelischen Wesens verstanden werden. Die Scham will zudem einen Schutz darstellen, der den Menschen vor einem zu frühen Gebrauch seiner Geschlechtskraft bewahrt.

Schule und Eltern können manches tun, um das Kind in natürlicher Weise in die Welt der Geschlechtlichkeit einzuführen. Wichtig scheint uns, daß man in jedem Lebensalter dem Kind die Antwort gibt, die seinem altersgemäßen Weltbild entspricht. Wenn ein Kind zu früh in einer aufdringlichen Weise aufgeklärt wird, kann das zu schweren seelischen Erschütterungen führen. Andererseits sollte der Erzieher auch nicht mit der Aufklärung warten, bis die Pubertätsmerkmale schon aufgetreten sind. Kein Mädchen »sollte unwissend von der ersten Blutung überrascht werden; seine Bestürzung und Beschämung können sonst fürs ganze Leben verhängnisvoll wirken. Wie anders erlebt es die Stunde, wenn es das Ereignis schon zuvor als sinnvoll, ja als verheißungsvoll hat begreifen dürfen«.[98] Auch sollte die Aufklärung nicht so sehr das bloß triebhafte Erlebnis ins Auge fassen, sondern auf die edle Funktion der Geschlechtlichkeit hinweisen, dem Menschen als Tor in die Welt zu dienen. *Sigmund Freud* hat mit seiner einseitigen Ausweitung und Verallgemeinerung des Geschlechtstriebes viel Unsicherheit erweckt und manche Irrtümer verbreitet. »Die letzte Stufe der Erörterungen kann nur dann sittlich wirken, wenn sie getragen wird vom überzeugten Glauben an eine geistige Welt. Auch die feinste naturwissenschaftliche Aufklärung begeistert die Jugendlichen nicht zu wahrhaft menschlichem Verhalten. Es ist ja bezeichnend, daß sie ihre Beispiele immer aus der Tier- und Pflanzenwelt bezieht, statt vom Geistigen herauszubauen. Eine Anleitung für Eltern kann deshalb immer erst dann gegeben werden, wenn man vorher die weltanschaulichen Grundlagen bereinigt hat. Auch die geringste Unaufrichtigkeit in den Aussagen der Erzieher richtet großen Schaden an. Die Kinder spüren sie augenblicklich.«[99]

Wir fassen zusammen: zwei Kräfte wirken antagonistisch in der Seele des Adoleszenten: der Geschlechtstrieb, der die erotische Wunschwelt befeuert, und das Schamgefühl, welches diese Welt zurückhalten möchte. Der junge Mensch gewahrt das Aufbrechen des »Dualismus zwischen Geistes- und Sinnennatur«. Er erfährt sich als Bürger zweier Welten. Die »unheimliche Erfahrung der Dualität des Lebens« ist das Grunderlebnis dieser Zeit.[100]

DIE SINNFRAGE

Das Erlebnis der Dualität unseres Daseins belastet den Jugendlichen um so mehr, als nicht andere Inhalte sein Bewußtsein erfüllen. Darum müssen wir nochmals auf die weitere Kraft, die mit der Geschlechtsreife durchbricht, aufmerksam machen: die Denk- und Urteilskraft. Sie ist ein neuer Schoß am Baum des Lebens und bedarf im Entwicklungsalter besonderer Betreuung. Wie im ersten Jahrsiebent die physischen Organe, Gliedmaßen und Sinne, geübt, im zweiten Jahrsiebent die Vorstellungskraft und das Gedächtnis gebildet werden, so bedürfen im dritten Jahrsiebent die Denkkräfte eingehender Pflege. Der Jugendliche soll jetzt vor Aufgaben gestellt werden, die ihm das Vertrauen in die eigenen Denkkräfte vermitteln. Er muß erleben, daß er in sich selbst ein Instrument besitzt, mit dem er die Daseinsrätsel lösen kann. Dieses Vertrauen gibt ihm Halt, Zuversicht, Hoffnung und Kraft. Gift ist es für diese Anlagen, wenn er mit Lehrern in Kontakt kommt, die kein Vertrauen in die Denkkräfte haben, sondern dazu neigen, das menschliche Unvermögen, die Unzulänglichkeit unserer Urteilsfähigkeit zu betonen, und »Grenzen der Erkenntnis« in den Vordergrund rücken. Gerade bei Heinrich von Kleist kann die niederschmetternde Wirkung wahrgenommen werden, welche in vielen Fällen die Begegnung der hungernden Erkenntniskräfte im Jugendlichen mit dem Geist der tiefsten Erkenntnisresignation zeitigen kann. Als nämlich Kleist auf der Universität mit der Kantischen Philosophie in Berührung kam, mit jener Philosophie, die mit großer Gelehrtheit bewies, daß der Mensch die Wirklichkeit nicht zu erkennen vermag, brach in Kleist eine Welt zusammen, all sein Hoffen war zerbrochen, bis er sich entschloß, wie Jean-Jacques Rousseau der Wissenschaft ade zu sagen und Bauer zu werden: also zur unreflektierten Natur zurückzukehren. Es würde auch das Leben manches hoffnungsvollen Menschen einen andern Verlauf nehmen, wenn er nicht zu früh mit dem heute herrschenden erkenntniskritischen und alles in Frage stellenden Geist unserer jetzt geltenden Wissenschaftsgesinnung konfrontiert würde, einer Gesinnung, die nur *eine* Wirklichkeit anerkennt: die wahrnehmbare, meß- und wägbare. Eine abwertende Haltung gegenüber den erkenntnisgerichteten Keimkräften der Seele wirkt wie Frost auf ein Blumenbeet. Sie bricht Knospen, ehe sich diese richtig entfaltet haben. Und die Folge davon ist, daß an die Stelle eines zukunftsträchtigen Vertrauens in eigene Kräfte ein Zug ins Negative, Aggressive tritt. Tatsächlich ließen sich manche Erscheinungen, die unsere Bildungs- und Jugendkrise kennzeichnen, besser verstehen, wenn man bedenken wollte, daß auch falsche pädagogische Maßnahmen eine Wirkung zeitigen, allerdings eine negative. Man könnte darum sagen, die Geschichte sei, nicht nur, aber zu einem großen Teil, die Resultierende dessen, was wir in der Schule recht und was wir falsch gemacht haben.

Wir sprachen von der Notwendigkeit, die eigenen Erkenntniskräfte zu fördern. Dies kann jedoch nicht im luftleeren Raum erfolgen. Die Gedankenkraft bedarf zu ihrer Entfaltung eines Mediums. Und zwar darf dieses trotz allem nicht zu blutleer und abstrakt sein. Je umfassender und vielseitiger ein Unterricht ist, je weiter das Spektrum der Fachgebiete ist, je mannigfacher die Fähigkeiten sind, die angesprochen werden – in intellektueller, künstlerischer und handwerklicher Hinsicht –, desto universeller werden die ansprechbaren und disponiblen Anlagen geformt und gefördert. Darum sollte der Heranwachsende in diesem Alter in einer möglichst umfassenden Weise mit der Welt vertraut gemacht werden. Geschichte, Kultur- und

Kunstgeschichte, Sprachen, Mathematik, Naturgeschichte, Literatur, Philosophie und Psychologie sollte er mit seinem wachen, selbständigen Auffassungsvermögen verarbeiten dürfen. An der Welt realer Sachverhalte soll sich seine junge Seele straffen und stärken. In der Beschäftigung mit überpersönlichen Inhalten reißt sie sich los von der starken Selbstbezogenheit und der Versponnenheit im Dumpf-Triebhaften.

Doch will der Jugendliche nicht einen bloßen Materialhaufen von Sachwissen in sich aufstapeln. Was er entwicklungsmäßig braucht, sind Zusammenhänge, Querverbindungen, ist ein »studium integrale«, kurz: Sinnfindung. Es ist oft betont worden, daß des Menschen höchstes Ziel nicht das Leben an sich sei, sondern das *sinnvolle* Leben.

Kein Alter ist so ansprechbar für die Sinnfrage, wie das Alter des Adoleszenten, und zwar ganz besonders in seinem Kulminationspunkt um das 18. Lebensjahr. Jede Entwicklungsperiode hat einen solchen Kulminationspunkt. Während des Spielalters ist es die Geburt des Ich-Bewußtseins um das dritte Lebensjahr herum; das Schulalter kulminiert mit dem Eintritt ins Realitätsalter; das Studienalter kulminiert um das 18. Lebensjahr mit dem Drängen der Sinnfrage. Äußerlich tritt vielleicht wenig in Erscheinung. Lehrer, Lehrmeister und Eltern nehmen oft kaum wahr, was im Heranwachsenden vorgeht, denn dieser wird sich hüten, Unbefugten einen Zugang in das Refugium seines Innern zu gewähren. Aber in den tiefen Grüften seiner Seele rumort es gewaltig. Da findet ein schweres Ringen statt. Da werden Kämpfe geführt, da folgen sich Siege und Niederlagen, Wünsche und Ängste lösen sich ab. Am fernen Horizont des bewegten Seelenmeeres aber sucht der Jugendliche die alles erhellende, alles überstrahlende Sonne der Einsicht: Antwort auf die Frage nach dem Sinn des Daseins. Jetzt möchte er sich verständigen über den Zusammenhang zwischen Mensch und Welt, Welt und Gott; die Frage nach dem Übersinnlichen, nach der Unsterblichkeit beschäftigt ihn. Immer deutlicher wird er der Diskrepanz zwischen Ideal und Wirklichkeit gewahr. In seinem Bewußtsein leuchtet, getragen von der beweglichen Denkbegabung, ein Bild der idealen Welt auf, einer sich gültigen Wertmaßstäben fügenden Ordnung der sozialen und menschlichen Beziehungen. Und dieses Bild findet sich in der tagtäglichen Umgebung nicht. An diesem Widerspruch entzünden sich in diesen Jahren zahllose Diskussionen unter Jugendlichen oder zwischen Jugendlichen und in harten

Erfahrungen müde gewordenen Erwachsenen. Die Ansprechbarkeit für die Sinnfrage veranlaßte Eduard Spranger, das Jugendalter ein »metaphysisches« Alter zu nennen.[101]

Das Drängen der Sinnfrage, das Gewahrwerden der Diskrepanz zwischen einer gedachten, idealen Welt und der uns umgebenden fragwürdigen realen Wirklichkeit, hat seine Wurzel in einem innerseelischen Prozeß. Während des dritten Jahrsiebents dringt die geistige Entelechie des Menschen, sein eigentliches »Ich« in das »Binnenreich der Seele« ein. Diese neue Führerin, welche später die äußeren Autoritäten mehr und mehr ersetzen wird, beginnt sich bemerkbar zu machen, zwar nicht deutlich, nicht mit scharfen Umrissen, nicht klar bewußt, aber doch mit einer bedrängenden Intensität. Wie die Sprache das Kleinkind zum Ich-Erlebnis führte, so führt die denkerische Begegnung mit der Welt den Heranwachsenden zu sich selbst.

Je stärker diese Geisteskraft die äußersten Säume des Bewußtseins erreicht, desto vehementer wird das innere Ringen zwischen den vorgetragenen Forderungen einer idealen Welt und den trägen Festungen der realen Wirklichkeit. Nun, dieses Erlebnis ist ein gesundes, heilsames, impulsierendes. Es ist gut, wenn unsere Jugend im Entwicklungsalter sich für eine ideale Weltordnung begeistern läßt. Denn es ist ja auch vollkommen richtig, daß die äußere Wirklichkeit nicht fertig, nicht ideal, nicht vollkommen ist und der ständigen Verbesserung bedarf. Ja, es ist geradezu der Sinn unseres Daseins, uns und die Umwelt ständig zu verbessern und zu vervollkommnen.

Was aber nun zu den geschilderten Erlebnissen des Jugendalters hinzukommt, ist folgendes: Während der denkerischen Verarbeitung der äußeren wissenschaftlich erfaßbaren Phänomene hat sich der Jugendliche einen bestimmten, eng umgrenzten Wirklichkeits-Begriff gebildet. Nun findet er aber in dieser »Wirklichkeit« etwas nicht, was ihm als das Allernächste und Allerbedeutsamste erscheint: sein eigenes Wesen, die in ihm zum Durchbruch drängende Kraft. Dieses Innere, das in ihm wirkt und waltet, kann ihm kein noch so perfekter Apparat, kein Mikroskop und kein Teleskop offenbaren. Die Wissenschaft belehrt ihn, daß nur dem Wahrnehmbaren Wirklichkeit eigen ist. Und doch empfindet er in sich eine Welt, die ihm ebenso existentiell erscheint, ja noch existentieller, als das, was er außer sich sieht. Er steht also in einer verzweifelten Lage: In der naturwissenschaftlichen Forschung gibt es dieses Ich nirgends. In der kirchlich orientierten Welt aber wird vielfach behauptet, daß der Mensch nichts und Gott alles sei. Auch hier wird er in seinem Wesen nicht bestätigt. Sowohl Naturwissenschafter wie kirchlich orientierte Bildungsträger sehen am Wesentlichsten vorbei, nämlich an der Zentralkraft, der wir sämtliche kulturellen und technischen Leistungen verdanken: dem menschlichen Geist. Solange wir uns nicht einzugestehen bereit sind, daß unser Wirklichkeitsbild einseitig und darum falsch ist, werden wir die Lebensprobleme des Adoleszenten nicht richtig verstehen können. Erst wenn wir anerkennen, daß zur vollen Wirklichkeit unseres Daseins nicht nur gehört, was wir mit unsern äußeren Sinnen wahrnehmen können, sondern auch all das, was in uns als geistige Potenz lebt, vermögen wir den Schlüssel zu finden, der uns die innerseelische Dramatik dieses Alters erschließt.

Das Schweben zwischen zwei Welten kennzeichnet dieses Alter und schafft eine große Labilität. Einerseits hält die erwachte Triebwelt den Jugendlichen »mit klammernden Organen« (Goethe) fest, andererseits saugt die erwachte Innerlichkeit an seiner Seele und reißt ihn aus der Gesellschaft weg in die Einsamkeit. Ein Student schreibt in seinem Lebensbericht: »Während der Lehre begann ich mich mehr von der Umwelt abzuschließen. Mein Freundeskreis beschränkte sich auf einige wenige Kameraden. Ich sehnte mich nach Liebe und Zärtlichkeit, fand sie aber weder zu Hause noch anderswo. Zwar ging es mir materiell gut, doch gerade in der Jugendzeit braucht man Verständnis und Einfühlungsvermögen der Mitmenschen, vor allem der Eltern. Wegen meiner introvertierten Haltung erschien ich gegenüber der Außenwelt oft unfreundlich. Wie kann man aber Liebe geben, wenn man keine empfängt? Ich entfremdete mich immer mehr von den Eltern. Die Frage nach dem Sinn des Lebens beschäftigte mich sehr intensiv. Ich verlor den Glauben an eine erfolgreiche Zukunft, an ein glückliches Leben. Es erschien mir oft, als ob ich in einem tiefen Tunnel umherirre, den rettenden Ausgang weit von mir entfernt.«

Die hochgradige Sensibilität dieses ambivalenten Alters kann den Heranwachsenden auch manchmal zu kurzschlußartigen Reaktionen führen, zu Selbstmord und Selbstmordversuchen. Eine Studentin des Abendgymnasiums öffnete eines Abends den Gashahn, nur weil die Eltern sie in eine andere Schule schicken wollten. Ein hoffnungsvoller Gymnasiast wählte den Freitod, weil ihm – wie er in einer letzten Notiz mitteilte – auf seine »vielen Fragen« »niemand eine Antwort geben konnte«. Auch wo es nicht zu solch extremen Erscheinungen kommt, ist das Adoleszenzalter ein gefährdetes, besonders in Fällen, wo eine tragende seelische Polsterung fehlt, wo Menschen nicht betreut, nicht gehalten und nicht anerkannt, sondern in einem Unvermögen bloßgestellt werden – wie das bei unserm Leistungsdenken ja oft der Fall sein mag.

In Erwägung dieser Verhältnisse muß vom entwicklungspsychologischen und pädagogischen Standpunkt aus gefordert werden, daß jedem jungen Menschen die Möglichkeit geboten werde, nach der Pubertät, d. h. nach der obligatorischen Schulzeit, sich weiterzubilden, wie es die bildsamen Anlagen dieses Alters erfordern. Infolgedessen muß eine zwölfklassige Schule für jedermann gefordert werden. Wenn dem jungen Menschen gestattet würde, sich in der altersgemäßen universellen Weise weiterzubilden, würde er auch viel reifer, wacher, bewußter die Berufswahl vornehmen, als dies vielfach der Fall ist. Wie oft ist es heute manchem jungen Menschen, wenn er die Schule im 8. oder 9. Schuljahr verläßt, einfach aus mangelnder Erfahrung und ungenügender Selbsterkenntnis unmöglich, sich mit Sicherheit für einen bestimmten Beruf zu entscheiden, der ihm ein Leben lang Freude und Genugtuung bieten wird. Außerdem könnte die Lehrzeit wesentlich abgekürzt werden, wenn der Lehrling mit einem reiferen Horizont, einer umfassenderen Allgemeinbildung und einem gefestigteren Charakter seinen Berufsweg antreten würde. Den jungen Menschen aber »mit fünfzehn Jahren von der Schule wegnehmen und in die Wirtschaft stecken«, ist, wie Hans Erhard Lauer sagt, »eine der größten Entwürdigungen des Menschen«.[102]

MÜNDIGKEIT

Der Weg des Menschen führt über drei Stufen zum Höhepunkt der Mündigkeit und Handlungsreife. Auf der ersten Stufe der Spielzeit lernt das Kind sich physisch in der äußeren Welt zurechtfinden. In spielender Auseinandersetzung und Begegnung mit der Welt entwickelt es die Grundlagen zu einem gesunden Willensleben. Während der Schulzeit erhalten die erwachten Vorstellungs- und Phantasiekräfte in einem bildhaft-künstlerischen Unterricht eine Fülle von Erlebnissen und Erfahrungen, die ein umfassendes Bild der Welt darstellen. An ihnen nähren sich die Gefühls- und Gemütskräfte und schaffen so die Grundlagen zu einem gesunden Fühlen. Im Jugendalter, auf der Oberstufe und an den Mittelschulen, soll sich der werdende Mensch in seinem Gedankenraum eine tragfähige, überzeugende Vorstellung vom Zusammenhang der Dinge, vom Sinn des Daseins und vom Wert des Menschen als Krone der Schöpfung bilden. Dies schafft die Voraussetzung für ein gesundes, urteilssicheres In-der-Welt-Stehen.

Diese Vorarbeit verlangt auf jeder Stufe die Mitarbeit anderer Menschen. Während des Kleinkindalters braucht der Werdende Erzieher, die ihm das Richtige vormachen, vorleben. Er braucht den *Vortäter*. Im Schulalter bedarf der Zögling einer *Autorität*, die er verehren kann, die ihm die Welt vermittelt und an der er ein *Vorbild* für sein eigenes Verhalten findet. Im Jugendalter will der zu seinem eigenen kritischen Denken erwachte Mensch den *Vordenker*, der ihm die Weltverhältnisse restlos klar und durchschaubar machen, der ihn auch überzeugen kann.

Also vorbereitet, schreitet der junge Mensch einer weiteren Schwelle entgegen: der Mündigkeit. Diese ist nicht nur ein äußeres, rechtlich-politisches Ereignis, das dem Betreffenden die politischen und persönlichen Rechte eines freien, handlungsfähigen Bürgers erteilt, sondern sie stellt den Abschluß eines Prozesses dar, den wir mit dem Wort »Erziehung« umfassen können, und den Beginn eines neuen Prozesses, den wir mit dem Wort »Freiheit« kennzeichnen wollen. Denn Mündigkeit bedeutet die Geburt des Ich, jener Instanz, die als Träger der Verantwortung künftig das Lebensschiffchen steuern wird. Solange diese Instanz noch nicht wirksam war, mußten die Persönlichkeitswerte anderer Menschen die leitende und bewahrende Aufgabe der Erziehung übernehmen. Mit der Geburt des Ich wird der Mensch erst frei, wird er »Werk seiner selbst« (Pestalozzi). Damit schließt der Zeitraum der Fremderziehung ab. Das kann freilich auf gar keinen Fall bedeuten, daß jetzt das Ziel der Erziehung erreicht sei. Nur wird es fortan weitgehend vom Willen und der Bereitschaft des einzelnen abhängen, ob er dieses oder jenes Ziel erreiche oder nicht. Bis hier sind Erfolg und Mißerfolg, Leistungen und Erwerbungen in starkem Ausmaß durch die Art und Qualität der Erzieher und Miterzieher bestimmt gewesen. Bis hier war auch die Welt-Beziehung des Menschen immer in irgendeiner besonderen Weise durch andere Menschen geprägt. Mit dem Mündigwerden beginnt der Mensch unmittelbar der Welt gegenüberzutreten. Im wahren Sinne richtig war das Erzieher- und Unterrichtswerk von Elternhaus und Schule, wenn es die im Heranwachsenden sich offenbarenden Anlagen so weit ausgebildet und gestärkt, mitunter auch ausgeglichen hat, daß das Ich des Menschen im Zeitpunkt der Mündigkeit einen gesunden Körper, ein reiches Gefühlsleben und einen tragfähigen Gedankenkreis vorfindet, der das solide Fundament bildet, damit der zu sich Erwachte das »Werk der Gesellschaft« vollenden kann. Die Leistung des Menschen in der Gesellschaft, in positiver und negativer Hinsicht, hängt wesentlich davon ab, ob die Erziehermächte in ihm die Kräfte des Wollens, Fühlens und Denkens in altersgemäßer Weise veranlagt haben. Welche Richtung der Jugendliche wählt, hängt indes von ihm selber ab. Die Zeit der *Selbsterziehung* beginnt.

4. Die Lebensstufen des Erwachsenen

Obgleich die weitere Entwicklung des Menschen nun fast ausschließlich vom Einsatz, von der Stetigkeit und der Einstellung jedes einzelnen abhängt, offenbaren sich doch einer sorgfältigen Beobachtung Entwicklungsstufen, die in einem bestimmten Sinne überindividueller Natur sind und die den einzelnen zu einer alterstypischen Einstellung sich und der Welt gegenüber veranlassen. Hierbei lassen sich zwischen den Lebensstufen des Erwachsenen und denjenigen vor der Mündigkeit interessante Parallelen nachweisen. Der Raum erlaubt uns nur knappe Hinweise.[103]

Mit der Mündigkeit erwacht im Jugendlichen ein starkes Bedürfnis, die Welt kennen zu lernen. Wie das Kind in den ersten sieben Jahren den physischen Raum zu entdecken bemüht ist, so strebt der mündig gewordene Mensch mit seinem erwachten Ich die Welt zu erforschen, Erlebnisse zu haben, fremde Länder, Menschen und Einrichtungen kennen zu lernen. Es ist die Zeit stärkster Empfänglichkeit für die äußere Welt. Nicht vor allem, was in Büchern über die Dinge geschrieben steht, interessiert ihn, sondern die Weltverhältnisse selbst. Darum drängt es ihn hinaus in die Weite. Die Frage an die Welt lautet nicht: Was bin ich ihr schuldig? Sondern sie heißt: Was kann sie mir bieten? Auch Anstellungen werden von diesem Gesichtspunkt aus gewählt. Der junge Mensch lebt während dieser Periode stark selbstbezogen, ganz ähnlich der Haltung des Kleinkindes vor der Schulreife. Was ihn erfreut, beglückt, ärgert, abstößt, das allein ist entscheidend. *Seinen* Wünschen und Bedürfnissen muß entsprochen werden! Er will die Welt im eigentlichen Sinne »genießen«.

Freilich birgt dieser Lebensstil auch die ernste Gefahr, daß der Mensch sich zu sehr von ihm beeindrucken läßt und sich darum nicht aufgerufen fühlt, innerlich weiter zu kommen und die Eindrücke zu verarbeiten.

Wenn aber andererseits der Strebende so viel an geistiger Aktivität in sich lebendig erhält, daß er dem Übermaß von äußeren Reizen und Eindrücken nicht vollständig verfällt, dann entsteht anfangs der Dreißiger Jahre in ihm eine gewisse Sättigung. Er möchte nun nicht mehr von Ort zu Ort, von Stelle zu Stelle wechseln, sondern sich irgendwo fest »etablieren«. Er will seßhaft werden, eine zukunftsichere Stelle mit gehobener Verantwortung erstreben, eine Familie gründen. Jetzt fängt der Mensch an, aus den bisherigen Erfahrungen eigene Schlüsse zu ziehen und sich ganz bestimmte Lebensprinzipien zu bilden, nach denen er in der Folge seine Handlungen lenken und die Verhältnisse beurteilen wird. Stärker als bis anhin stellt er fortan sein Leben unter die lenkende Macht der Vernunft. Während früher die Neigung dominierte, empfindet er jetzt die Pflicht. Er merkt jetzt, daß die »feste und unerschütterliche« Führung durch die Vernunft das Werk der Natur ergänzen muß. Diese Aufgabe wird ihm jetzt bewußter.

Gegen die Lebensmitte, das 35. Altersjahr, drängt es den Strebenden, ganz aus dem Zentrum seines eigenen Wesens tätig zu sein. Bisher war er immer noch vor allem ein Nehmender, fortan will er Gebender werden, eine Leistung vollbringen, sich in der Welt manifestieren. Eine entscheidende Richtungsänderung findet jetzt statt. Bisher war er bestrebt, sich die Welt dienstbar zu machen, sie in seine eigene Subjektivität hineinzuziehen. In der zweiten Lebenshälfte dagegen trachtet er, nach seinen Ideen, Plänen, Willensregungen die Welt umzuwandeln, neuzugestalten: er will sich objektivieren. Bisher hat *er* sich mit der Welt gemessen, nun soll *die Welt* sich mit ihm messen. Bis hier war das Ich-Welt-Verhältnis *ich*bezogen. Von nun an wird es *welt*bezogen. Darum fallen in diese Jahre die hervorragenden Pionierleistungen. Napoleon wurde mit 28 Jahren zum Oberbefehlshaber der Armee in Italien ernannt und verheiratete sich im selben Jahr. Im 35. Lebensjahr ließ er sich als Konsul auf Lebenszeit wählen. Goethe ließ sich im 28. Lebensjahr für dauernd in Weimar nieder. Sein 35. Lebensjahr ist erfüllt von großen dichterischen Arbeiten. Schiller wagt es mit 28 Jahren, selbständig zu werden, nachdem er zwei Jahre von der Gastfreundschaft eines Gönners gelebt hat. Mit 35 Jahren schließt er die enge Freundschaft mit Goethe und verfaßt die *Briefe zur ästhetischen Erziehung*.

Die Richtungsänderung um die Lebensmitte äußert sich auch in der andersartigen Einschätzung seiner eigenen Persönlichkeit und Arbeit. Bisher pflegte der Mensch die Welt nach *seinem* Standpunkt zu beurteilen. Von jetzt an beginnt er immer mehr, sich selber im Spiegel der Welt zu sehen, d. h. an den Wirkungen, die sein Verhalten auf die Umwelt ausübt, sich selbst zu beurteilen. Wieder sucht der Mensch Erfahrungen, aber er bedient sich ihrer in einer Art, die den Erfahrungen des ersten Jahrsiebents nach der Mündigkeit vollständig entgegengesetzt ist: damals brauchte er Erfahrungen, um die *Welt* kennen zu lernen. Jetzt will er Erfahrungen machen, um *sich* kennen zu lernen. Sein Erleben erfährt eine völlige Umstülpung. Das Jahrsiebent zwischen dem 35. und 42. Lebensjahr bildet eine Zeit intensiver Selbstprüfung. Freilich handelt es sich bei den hier geschilderten Vorgängen um solche, die nur dann stattfinden, wenn die eigene geistige Leistung tatsächlich erbracht wird. Das hängt mit dem Wesen der Selbsterziehung und der Freiheit zusammen. Leistungen, die der Mensch von sich aus tätigen muß, damit sie überhaupt stattfinden, können nie von außen erzwungen werden. Zwar kann ein Mensch durch einen Schicksalsschlag zu einer bestimmten Lebenshaltung veranlaßt werden. Die Entscheidung für oder gegen eine Aufgabe aber nimmt ihm auch das Schicksal nie ab. Darum finden die Entwicklungsschritte, die der Mensch über die Lebensmitte hinaus noch vollziehen kann, nur bei Persönlichkeiten mit starker Individualkraft statt. Der Durchschnittsmensch aber bleibt »unten«, weil er die Kraft der Selbstüberwindung, die zum Weiterschreiten erforderlich ist, nicht mobilisieren will, sondern sich mit dem »Genießen« seines Daseins begnügt.

Dem Strebsamen stellen sich weitere Lebensaufgaben. Eine markante Schwelle stellt das 42. Lebensjahr dar. Bis zu diesem Zeitpunkt stand der Mensch in der Auseinandersetzung mit der Welt. Er bedurfte der Erfahrungen, die er nur in der Begegnung mit anderen Menschen machen konnte. Hat er nun die Aufgaben der Selbstprüfung, die ihm das letzte Jahrsiebent gestellt hat, bewältigt, so tritt er jetzt in einen Lebensabschnitt, wo er die Welt zu seiner Weiterentwicklung nicht mehr braucht. Denn was jetzt noch vorgeht, vollzieht sich in dem »stillen Kämmerlein« seiner eigenen Seele. Von hier an beurteilt er seine Leistungen nicht mehr nach dem Urteil der Welt, sondern nach seinem eigenen Urteil. In sich selber findet er nun das Maß, das ihm sagt, was gut, was schlecht ist. Wohl wird er weiterhin in der Welt seine fruchtbare Tätigkeit ausüben, aber die Entscheidungen, nach denen er diese Tätigkeit gestaltet, sucht er bei sich selbst. Er gelangt nun zur völligen Klarheit, daß er zwei Seelen in seiner Brust trägt, daß zwei Welten in ihm sich treffen. Im Spiegel der eigenen Welt erlebt, beurteilt und korrigiert er die andere. Man kann für diese Bereiche verschiedene Namen finden. Sinnvoll scheint uns, vom höheren und niederen Ich zu sprechen. Der Bürger der geistigen Welt steht dem Bürger der sinnlichen Welt gegenüber.

Wenn wir das Lebensalter nach der Mündigkeit als die Zeit der *Selbsterziehung* bezeichnen, so gilt dies im eigentlichen Sinne doch erst für das letzte Lebensdrittel. Jetzt ist dem Menschen sein Weiterschreiten völlig in die Hand gegeben. Noch eines: die weiteren Erfolge brauchen auch in dem Sinne die Welt nicht mehr, als diese hiervon in den meisten Fällen gar keine Notiz nimmt und nehmen kann. Denn diese Erfolge finden auf der seelisch-geistigen Ebene statt und äußern sich in Leistungen der Selbstüberwindung, der Gedankenkontrolle, der Treue; Leistungen also, die sich einem fremden Erkennen meist entziehen und sich nur mittelbar im äußeren Leben auswirken.

Wo nun die Kräfte der Selbsterziehung und Selbstüberwindung in dem geschilderten Maße nicht vorhanden sind, verliert sich der Mensch zu stark an das Physische; es findet eine Erstarrung statt. Dadurch aber folgt der Mensch auch seelisch-geistig der um die Lebensmitte eintretenden physischen »Involution«, dem Zerfall der Kräfte. Andererseits vermag eine starke geistige Aktivität gerade aus der Erscheinung der Involution sehr wertvolle Kräfte zu schöpfen. Wie ist das zu verstehen? Die Menschwerdung als Entwicklungs- und Erziehungsvorgang bestand ja darin, daß sich das Seelisch-Geistige des Menschen im Laufe verschiedener »Geburten« mit dem Leiblich-Physischen immer intensiver verband und damit den Leib und seine Organe zu Werkzeugen des Geistes und der Seele erbildete. Die physische Involution bedeutet nun, daß sich diese Seelenkräfte wiederum vom Leibe lösen und damit der inneren geistigen Anregung entgegenkommen oder durch die entsprechende Anstrengung befreit werden. Zuerst lösen sich zu Beginn der Vierziger Jahre *die* Kräfte in gewissem Sinne los, die sich zwischen dem 14. und 21. Lebensjahr inkarniert haben. Es sind dies die Kräfte des Intellekts. Das hat zur Folge, daß die logisch-verstandesmäßige Schärfe des Denkens abnimmt. Dafür erfährt das Denken eine größere Verinnerlichung und Vertiefung. Wie die Denkkraft vordem befähigt war, die Welt der äußeren Tatsachen zu ergreifen, so wird sie fortan tauglicher zur Erfassung der seelischen Innenwelt. Wenn nun aber die Loslösung der geistigen Kräfte nicht gelingt, so zerfällt das Denken mit der allmählichen »Involution des Gehirns«, welche die Wissenschaft festgestellt hat.

In den Fünfziger Jahren beginnen sich in ähnlicher Weise die mehr gefühlsmäßigen Kräfte zu lösen, die sich zwischen dem 7. und 14. Lebensjahr mit dem Leibe verbunden und die zur Geschlechtsreife geführt haben. Der Zusammenhang dieser Kräfte mit der Geschlechtlichkeit äußert sich auch am Klimakterium, das beim weiblichen Geschlecht um die fünfziger Schwelle auftritt. Zwar spricht man auch von einem mehr seelischen Klimakterium beim Manne. Dieses Ereignis stellt die Umkehr der Prozesse dar, die sich zur Zeit der Pubertät abgespielt haben.

In bezug auf die Umwandlungsverhältnisse, die sich während der Fünfziger Jahre vollziehen, hat Rudolf Steiner folgendes ausgeführt: »Nur die Hand, die in jener Kindheitsepoche gelernt hat, sich im Gebet zu einem verehrten höheren Wesen zu erheben, wird in dieser Altersepoche fähig, zu segnen.«[104] Wer während seiner Kindheit in Liebe und Verehrung zu einer Autorität hat aufblicken dürfen, wird nun selbst zu einer Autorität.

Gegen die Sechziger Jahre hin können sich schließlich diejenigen Kräfte vom Leibe lösen, die sich in den ersten sieben Jahren mit dem Leibe verbunden haben. Was das Kind im Spielalter im Nachahmen der Mitwelt ausgebildet hat, befähigt den Menschen im Greisenalter, im besten Sinne menschliches Vorbild zu werden. Durch den Umwandlungsprozeß werden die frühen Kindheitskräfte zu Kräften der Weisheit und leiten hin zu einer mehr religiösen Durchdringung der Weltverhältnisse. Goethes Wort, daß »wir im Greisenalter alle Mystiker werden«, erinnert daran.

Aber auch bei einem Lebenslauf, wo eine entsprechende Umwandlung der Kräfte nicht stattfindet, zeigt sich im Alter die Rückkehr zur ersten Lebensperiode daran, daß Greise kindisch werden und zu fabulieren beginnen. Auch im Traumleben und bei Sterbenden leuchten in diesem Alter die frühen Kindheitserlebnisse auf.[105]

So erscheint uns das ganze Leben eines Menschen nicht bloß als eine Addition von mehr oder weniger entscheidenden Abenteuern und Begegnungen, sondern es offenbart sich uns als Gestalt, als Ganzheit, in der die einzelnen Lebensabschnitte einen ganz bestimmten Bezug zur Gesamtform haben, einen Bezug, den wir unter den Begriffen »Polarität und Steigerung« zusammenfassen könnten.[106] Es zeigt sich uns erneut, daß kein Augenblick unseres Daseins verlorengeht. Wenn der Mensch seine seelisch-geistigen Kräfte in steter Übung und Bemühung anregt und aktiv erhält, so tritt die oft wahrzunehmende Erscheinung größter geistig-schöpferischer Fruchtbarkeit im hohen Alter ein.

Der Mensch und die Temperamente

> Endlich prägt das Amphibienleben des Menschen zwischen der Welt der Natur und der Freiheit seinen Charakter aus im Temperament.
> *J. CH. A. Heinroth*

Das Wort *Temperament* stammt vom lateinischen Verb »temperare« (mischen) und bedeutet unter anderem »richtige Mischung«, »rechtes Maß«. Wenn wir Heinroth folgen, mischen sich im Temperament die Welt der Natur und die Welt der Freiheit, Physisches und Geistiges, und offenbaren uns eine weitere Qualität des Menschen als eines »Bürgers zweier Welten«.[1] Ein weites Spektrum von Phänomenen wird durch das Temperament beeinflußt. Es wirkt auf den Organismus, die physiologischen Prozesse, prägt mit Konstitution und Gestalt, beherrscht die Lebensgewohnheiten, das Verhalten, und übt selbst auf Intelligenz und Begabung einen merkbaren Einfluß aus.

Die Temperamentlehre wurde begründet durch den griechischen Arzt *Hippokrates* (460–375 v. Chr.). Wir knüpfen an diese Lehre an und versuchen zu zeigen, wie die Kenntnis der hippokratischen Temperamente in der Pädagogik und Menschenführung heute noch höchst fruchtbar ist. Schulpsychologie und Psychiatrie haben zwar zahlreiche weitere Temperamentlehren erarbeitet. *William Stern* wies schon 1911 im Rückblick auf eine hundertfünfzigjährige Forschung sechzehn verschiedene wissenschaftlich begründete Einteilungen der Temperamente nach. In der gegenwärtigen psychologischen und psychiatrischen Praxis, insbesondere der Psychodiagnostik, haben sich die Temperamentbezeichnungen des deutschen Psychiaters *Ernst Kretschmer* (1888–1964) am stärksten durchgesetzt (schizoides, zirkuläres und visköses Temperament), während die hippokratische Lehre vielerorts in Ungnade gefallen ist. So schreibt *Peter R. Hofstätter*, die Lehre des Hippokrates sei »in diagnostischer Hinsicht ... ziemlich unfruchtbar, da die Zuordnung eines Menschen zu einem der vier Temperamente uns von diesem nichts weiter verrät, als was für diese Zuordnung bereits erforderlich ist«.[2] Dennoch haben sich die hippokratischen Bezeichnungen »cholerisch, phlegmatisch, sanguinisch und melancholisch« durch zwei Jahrtausende hindurch im allgemeinen Sprachgebrauch erhalten. Die Vertrautheit mit ihnen spiegelt sich in menschenkundlichen, dichterischen und künstlerischen Arbeiten verschiedener Zeiten und Autoren. Wir denken an das berühmte Gemälde »Die vier Apostel« des Renaissance-Malers *Albrecht Dürer* (1471–1528), das die vier Temperamenttypen wiedergibt. Auch während des deutschen Idealismus herrschte reges Interesse an dieser Lehre. Neben *Kant* beschäftigten sich auch *Goethe* und *Schiller* mit ihr, worauf die Temperamentsrose (Abb. 7) hinweist[3], sowie *J. Chr. A. Heinroth*, Arzt und Psychiater in Leipzig, dann Pfarrer *Friedrich Arndt* und der Dichter *Johann Nestroy*, der eine Komödie mit dem Titel *»Die vier Temperamente«* schrieb. Zu Beginn unseres Jahrhunderts haben sich *Wilhelm Wundt, Hermann Ebbinghaus, Ernst Neumann* und vor allem Rudolf Steiner mit der Temperamentlehre des Hippokrates befaßt. An Steiners Menschenerkenntnis knüpfen die Arbeiten von *Norbert Glas, Rudolf Grosse, Lothar Vogel* und vielen anderen Autoren an.[4] Hippokrates baute die Temperamentlehre auf der von ihm begründeten Humoralpathologie (humores = Säfte) auf, der Heilkunde, die den Säftehaushalt im menschlichen Organismus als Ursache von Gesundheit und Krankheit erklärte. Von den vier Körpersäften, die Hippokrates annahm, leiten sich die Temperamentnamen ab:

1. cholerisch	von Galle (griechisch: chole)
2. phlegmatisch	von Schleim (griechisch: phlegma)
3. sanguinisch	von Blut (lateinisch: sanguis)
4. melancholisch	von schwarzer Galle (griechisch: melaina chole)

Mischung und Verteilung der vier Körpersäfte bestimmen den Gesundheitszustand des Menschen. »Am gesundesten ist der Mensch dann, wenn ihre gegenseitige Mischung, Wirkung und Menge ausgewogen und wenn sie am innigsten verbunden sind, krank aber, wenn einer der Säfte in zu großer oder geringer Menge vorhanden ist.«[5]

Der Säftehaushalt und die Temperamente spiegeln sich auch in den *Jahreszeiten*. Im Winter nimmt der Schleim, die kälteste Flüssigkeit, im Körper zu, was zu katarrhalischen Ausscheidungen (Schnupfen, Husten) führt. Im Frühling beginnt, neben der anhaltenden Wirkung des Schleims, das Blut zuzunehmen, dem die Feuchte und Wärme dieser Jahreszeit am stärksten verwandt sind. Im Sommer gesellt sich zum noch mächtig wirkenden Blut die Galle und »überwiegt bis in den Herbst«, während

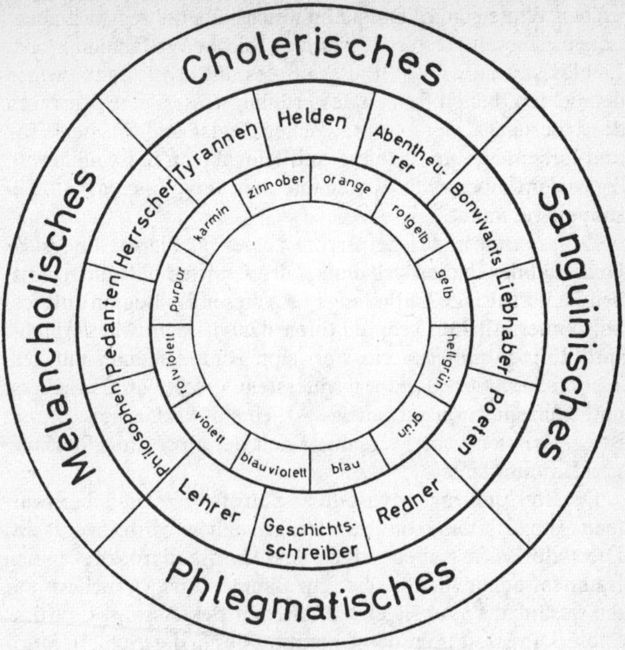

Abbildung 7

Temperamentsrose von Schillers Hand, mit Goethe erdacht, wahrscheinlich in Jena, Anfang 1799

der Schleim den tiefsten Punkt seiner Schwäche erreicht hat. Im trockenen und kühlen Herbst tritt das Blut am stärksten zurück, während jetzt die schwarze Galle den Höhepunkt ihrer Wirksamkeit erreicht.[6]

Daß die Jahreszeiten, die den Säftestrom im menschlichen Organismus beeinflussen, der äußeren Natur den Charakter der einzelnen Temperamente verleihen, läßt sich an mannigfachen Phänomenen ablesen und ist überdies oft Gegenstand dichterischer Darstellung gewesen. Und daß unser eigenes seelisches Erleben, die innere Zuständlichkeit, durch die Natur- und Witterungseinflüsse mitbestimmt wird, ist uns ebenfalls eine tagtägliche Erfahrung.

Im *Frühjahr* erleben wir immer wieder mit erwartungsvoller Sehnsucht das Erwachen der Natur nach dem langen, phlegmatischen Winterschlaf. Die Kälte weicht, überall regt sich neues Leben. Überall sprießt die Natur zu reicher Vielfalt und großer Lieblichkeit auf. Das Grau-Weiß des düstern Winters weicht den lichten, hellen Farben des Frühlings. Es ist eine Jahreszeit des Übergangs, der Mitte zwischen Schlaf und Wachen, Tod und Leben, Verinnerlichung und Hingabe an die Außenwelt. Sie ist dem liebenswürdig sanguinischen Temperament ganz besonders verwandt.

Den *Sommer* durchglüht in echter Cholerik die große Hitze. Wolken ballen sich dunkel drohend und bersten in plötzlichen, blitzartigen Entladungen. In dieser Periode sind die Lebenskräfte mit ihrer größten Intensität wirksam. Alles erblüht, sproßt und quillt in reinster, üppigster Lebens- und Daseinsfreude. Der Sommer widersteht einer Verinnerlichung und Konzentration auf geistige Arbeit am allermeisten. Darum ist er die eigentliche Ferienzeit, Zeit der physischen Stärkung und Erholung.

Der *Herbst* bringt zur Reife und Ernte. Was die lebenswarmen Monate gezeugt und ausgetragen haben, wird eingebracht. Die Naturkräfte ziehen sich zurück. Das Laub trocknet an den Bäumen. Schließlich bleiben an Bäumen und Sträuchern nur die verholzten, gabeligen Silhouetten des Astwerks zurück. Diese Jahreszeit trägt den Charakter des in die erdhafte Starrheit übergehenden melancholischen Temperamentes.

Dann naht der *Winter*, der allem Leben am stärksten entgegengesetzt ist und die ganze Natur zu einem todesähnlichen Schlaf veranlaßt. Alles drängt in die starre, feste Form. Selbst das Wasser kristallisiert in Schneeflocken und Eisblumen an den Fenstern zu schönen Formgebilden. Kälte und Trockenheit dieser Jahreszeit wecken die Bewußtseinskräfte im Menschen: der Winter ist die bevorzugteste Periode intensiver Schulungsarbeit, diszipliniertester Konzentration; der größte Teil des kulturellen Lebens entfällt darum auf den Winter, die dem nach innen gerichteten phlegmatischen Temperament am stärksten verwandte Jahreszeit.

Die hippokratische Temperamentlehre stützt sich des weiteren auf die Lehre von den vier Elementen, die *Empedokles* (490–430 v. Chr.), frühere Denkansätze zusammenfassend, begründet hat: »Wohlan, so will ich dir künden die ersten und ihrem Ursprung gleichen (Elemente); aus ihnen entsprossen ist, was wir jetzt vor uns sehen, die Erde, das wogenreiche Meer, der feuchte Luftkreis und der Titan Äther, der im Kreise alles zusammenschließt.«[7] Bis zur Renaissance waren die vier Elemente Erde, Wasser, Luft und Feuer Gegenstand wissenschaftlicher Erkenntnis. Nach Empedokles entstehen und vergehen alle Sinnendinge durch Mischung und Entmischung der vier Elemente. Diese selber wurden von den Griechen als Mischungen der vier Kardinaleigenschaften kalt, warm, feucht und trocken verstanden. Folgende Zuordnung ergibt sich:

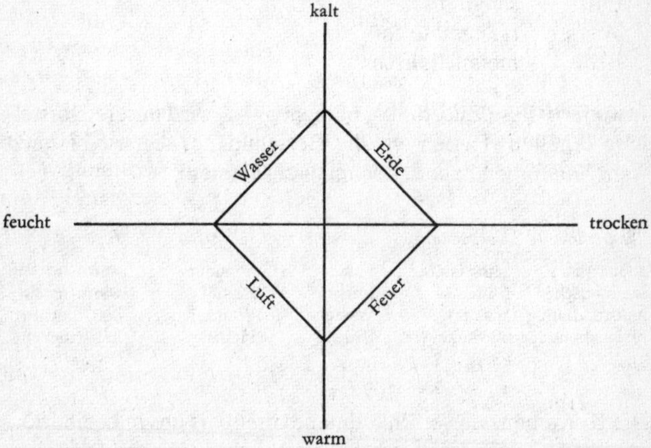

Im Feuer vereinigen sich das Trockene und das Warme, während das Wässerige ihm am meisten entgegengesetzt ist. Wasser geht durch Erwärmung in den luftartigen Zustand über; Luft wird in der Abkühlung zu Wasser. Erde ist der Luft am stärksten entgegengesetzt: sie ist hart, spröd, kalt, schwer; Luft ist dehnbar, warm, leicht.

Der Grieche verstand freilich die Elemente nicht als Substanzen im modernen Sinne, sondern als Ideen, die in den Erscheinungen wirken. Heute fassen wir die Ideen als Produkte unseres Bewußtseins auf; der Grieche sah die Ideen in den Sinnendingen wirken. Wegen dieses Wandels im Erkenntnisleben fällt es uns nicht leicht, ein sachgemäßes Verständnis für den griechischen Element-Begriff zu erhalten. Im Sinne der Griechen war Erde das Feste, Unelastische, zu einer begrenzten Form Erstarrte; Wasser das Biegsame, Bewegliche, Geschmeidige; Luft das Auseinanderströmende, jeden Raum Ausfüllende; Feuer das den Raum Verzehrende. In diesem Sinne können auch Eisen und Stahl »Wasser« enthalten, insofern sie sich biegen lassen, auch Luft enthalten, insofern sie sich pressen lassen.

In der Hippokratischen Heilkunst nehmen die vier Elemente einen breiten Raum ein. Auch in der Temperamentlehre spielen sie eine wichtige Rolle. Die Beziehung zwischen Temperament und Element ist folgende:

Feuer = cholerisch
Luft = sanguinisch
Wasser = phlegmatisch
Erde = melancholisch

Inwiefern diese Zuordnung berechtigt ist, wird unsere Darstellung erhellen. Fassen wir die Beziehungen, die wir bis jetzt wahrgenommen haben, nochmals zusammen:

Temperament	*Körpersaft*	*Element*	*Jahreszeit*	*Eigenschaften*
cholerisch	gelbe Galle	Feuer	Sommer	warm/trocken
sanguinisch	Blut	Luft	Frühling	warm/feucht
phlegmatisch	Schleim	Wasser	Winter	kalt/feucht
melancholisch	schwarze Galle	Erde	Herbst	kalt/trocken

Die Konsonanz dieser Phänomene offenbart uns in beeindruckender Weise das harmonische, geschlossene Weltbild der klassischen Griechen, denen der Zusammenhang zwischen Naturwalten und Menschenleben noch eine völlige Selbstverständlichkeit war. Es wird zur Gesundung unserer Daseinsverhältnisse unumgänglich sein, daß wir Zeitgenossen uns der tief schicksalhaften Beziehungen zu der uns umgebenden Natur wiederum mit aller Deutlichkeit bewußt werden. Das Studium der Temperamente kann hierzu eine große Hilfe sein; denn die Temperamente bringen uns in Verbindung mit allen Naturreichen. Das werden die folgenden Erörterungen zu erweisen versuchen.

1. Das cholerische Temperament

Man pflegt dieses Temperament, entsprechend der Etymologie des Wortes »cholerisch«, auch das »gallige« zu nennen. Die Verwandtschaft zwischen dem Körpersaft der Galle und der Zornmütigkeit dieses Temperaments ist uns heute noch durchaus vertraut. Unser Organismus sondert mehr Galle ab, wenn wir uns ärgern. Darum sagt man zu Recht: »Die Galle lief ihm über.« Und wenn Galle im Übermaß ins Blut kommt, verfärbt sich die Haut gelb: der Mensch wird »gelb vor Wut«. Die Galle ist der die Aktivität anregende Saft im Menschen. Sie überläuft, wenn der Mensch in Tätigkeit gerät. Und wo sie fehlt, fühlen wir uns matt, ohne Entschlußkraft und Unternehmungslust.

Kein anderes Temperament ist wegen seiner Zornesausbrüche, der Wutanfälle und heftigen, unmittelbaren Reaktionen so bekannt und gefürchtet wie das cholerische. Auch die Beziehung des Zorns zum Element des Feuers ist bekannt und erscheint in mannigfachen sprachlichen Anspielungen.

Der Choleriker besitzt eine etwas untersetzte, zusammengeballte, breite Gestalt mit ausladenden, deutlich sich abzeichnenden Schultern. Der breite, massige und hohe Rumpf beherrscht die ganze Konstitution, während die Gliedmaßen kurz und kräftig geformt sind. Der Choleriker ist eine Sitzgröße (wie Napoleon, Fichte, Gottfried Keller). Der breite, große, eher eckige Kopf sitzt tief auf dem kurzen, massigen Hals und erscheint vielfach wie in den Rumpf hineingezwängt, wodurch der starke, wulstige Nacken entsteht. Die den Choleriker kennzeichnende Haarfarbe ist schwarz. Ebenso charakterisieren ihn schwarze, leuchtende Augen.

Wichtigen Aufschluß über die Temperamentform gewährt uns die Gestik. Der Choleriker macht schneidige, entschlossene, präzise Bewegungen. Sein Schritt ist fest und sicher. Man gewinnt den Eindruck, er wolle beim Auftreten den Fuß tief in den Boden hineinstemmen. Der energische, willengeladene Schritt verleiht dem Gang des Cholerikers etwas Kraftvolles, Eindruckerweckendes.

Von Bedeutung ist immer auch der Blick eines Menschen. Der Choleriker verfügt über einen scharfen, klaren und tiefen Blick. Wie er mit den Füßen sozusagen den Boden einstampfen möchte, so dringt sein Adlerauge tief in das Gegenüber hinein. Etwas Durchbohrendes, Suggestives lebt im festen, entschlossenen Blick des Cholerikers.

Seinem feurigen Temperament entsprechen klare, kräftige Farbtöne, vor allem das königliche Rot.[8] Auch in der Musik liebt dieses Temperament die heroisch-kräftigen Motive und Sätze, ebenso die laut tönenden Instrumente (Pauke, Trommel und Trompete).

In der Arbeitsweise ist der Choleriker ausdauernd und gründlich. Er packt die Dinge fest, energisch an, oft mit ungeduldigem Eifer, und führt sie zu Ende. Nicht abgeschlossene Arbeiten belasten ihn sehr. Entschlüsse werden durchgeführt. Der Choleriker zählt zu den initiativsten Menschen. Darum sucht er sich mit Vorliebe Tätigkeiten und Aufgaben, wo er viel Initiative entfalten kann. So groß jedoch seine Ausdauer, Einsatzbereitschaft und Arbeitskraft sind, so verletzlich ist er gegenüber fremder Kritik. Wer an seiner mit viel Hingabe und Liebe erbrachten Leistung herumnörgelt, kann erleben, wie der Choleriker in einer kurzschlußartigen Handlung alles verwirft und den Dingen den Rücken kehrt. Es gibt Choleriker, die an einem unbedachten Wort, einer Beleidigung oder Grobheit ein Leben lang tragen und nie mehr bereit sind, Gras über die Sache wachsen zu lassen. Es gibt allerdings auch Choleriker, die mit sich reden lassen, sobald sich die Zorneswellen etwas gelegt haben. Man muß um die Empfindlichkeit dieses Temperamentes wissen. Allergisch reagiert er auf Ungerechtigkeiten. Auch wenn sich sein Unbehagen nicht in einem unmittelbaren Zornesstrom abreagiert, trägt er schwer an solchen Enttäuschungen, und er sinnt oft mit Verbissenheit und verhaltenem Ingrimm nach, wie er eine günstige Gelegenheit zur Revanche finden könne.

In der Gesellschaft ist der Choleriker ein guter Partner. Er ist heiter, liebenswürdig, jovial, offen; er sieht sich gerne in eine Tafelrunde aufgenommen, läßt es sich wohl sein und genießt in einem gewissen Sinne, daß man ihn schätzt, daß man weiß, wer er ist. Er spricht gerne von sich und erzählt mit Vergnügen von seinen kleineren und größeren Heldentaten. Seine Rede begleitet er mit energischen Gesten. Er schlägt mit der Faust auf den Tisch, um die Bedeutung seiner Aufführungen zu unterstreichen. Leicht fällt er anderen ins Wort. Auch spricht er urkräftig, stark bildhaft ausmalend und übertreibend, um möglichst eindrücklich zu sein.

Ein starkes Selbstbewußtsein kennzeichnet dieses Temperament. Der Choleriker fühlt sich seiner Sache sicher, weiß, was er will, und bleibt sich selber treu, so lange wie möglich. Weil er von sich in so starkem Maße überzeugt ist, will er auch, daß die andern ihn ernst nehmen, anerkennen und Respekt vor ihm haben.

An sich ist ein Temperament weder gut noch schlecht. Eine moralische Wertung der Temperamenteigenschaften ist darum völlig fehl am Platz. Ob sich irgendein Temperament in der sozialen Gemeinschaft vorteilhaft oder nachteilig auswirkt, hängt weitgehend vom ganz individuellen Charakter des Menschen ab. Dieser steht wiederum mit der Persönlichkeitsstufe oder dem Individuationsgrad in Beziehung. Eine Persönlichkeit mit einem stärkeren Grad von Selbstbeherrschung und Überlegenheit wird die Cholerik in den Dienst ihres Lebenskreises stellen und höchst wohltätig wirken. Den primitiveren Menschen macht dieses Temperament leicht zu einem Prinzipienreiter, der einsichtslos und wider besseres Wissen seinen Willen durchsetzt.

Die Geschichte ist reich an berühmten Cholerikern. Da ist etwa *Johann Gottlieb Fichte* (1762–1814), hochbegabter Sohn eines einfachen schlesischen Bandwebers, Professor in Jena und Berlin, Autor leidenschaftlich-kämpferischer philosophischer Schriften. Selbstvergessen und mutvoll hielt Fichte in Berlin begeisternde »Reden an die deutsche Nation«, in denen er sein Volk zur nationalen Einigung aufrief, während der Eingang zum Hörsaal von den Bajonetten der französischen Besatzungsmacht flankiert war. Auch seine Philosophie ist voller Cholerik, erfüllt vom bedingungslosen Willen, die Wirklichkeit nach den höchsten Idealen der Freiheit zu modifizieren. Bekannt ist sein Eintreten für unbedingte Wahrheit. Einmal wurde er gefragt, ob er auch einer Frau, die eben von einem ungesunden Kind entbunden worden sei und vermutlich sterbe, wenn man ihr den Sachverhalt mitteile, die Wahrheit sagen würde. Fichte soll geantwortet haben: »Wenn sie an der Wahrheit stirbt, soll sie sterben.«[9]

Ein weiterer imponierender Vertreter dieses Temperaments ist *Ludwig van Beethoven* (1770–1827). Die vielen energiegeladenen Kampf- und Marschrhythmen, etwa im Allegro und Finale der Zweiten Symphonie oder im ersten »heroisch-stolzen« Satz der Violinsonate op. 30 verraten sein cholerisches Naturell. Wie bei Fichte, schlägt auch bei Beethoven der aristokratische Grundzug durch. »Ich kenne keine anderen Vorzüge des Menschen als diejenigen, welche ihn zu den bessern Menschen zählen machen«, konnte er sagen. Bettina Brentano charakterisierte den großen Komponisten in folgender Weise: »Kein Kaiser und kein König hat so das Bewußtsein seiner Macht, und daß alle Kräfte von ihm ausgehen, wie dieser Beethoven.« Kennzeichnend für Beethovens Selbstbewußtsein ist sein Verhalten gegenüber der kaiserlichen Familie in Berlin, als er sich

1812 in Teplitz mit Goethe traf. Bei dieser Gelegenheit begegneten die beiden der kaiserlichen Familie. Beethovens eigene Schilderung ist in unserem Zusammenhang außerordentlich aufschlußreich. Er schrieb: »Könige und Fürsten können wohl Professoren machen und Geheimräte und Titel und Ordensbänder umhängen, aber große Menschen können sie nicht machen, Geister, die über das Weltgeschmeiß hervorragen, das müssen sie wohl bleiben lassen zu machen. – Und wenn so zwei zusammenkommen, wie ich und der Goethe, da müssen diese großen Herren merken, was bei unsereinem als groß gelten kann.« Dann schildert er, wie er der kaiserlichen Familie begegnet sei: er habe, als er sie kommen sah, den Hut aufgesetzt, den Rock zugeknöpft und sei mit untergeschlagenen Armen »mitten durch den dicksten Haufen von Fürsten und Schranzen« hindurchgeschritten, während Goethe zur Seite getreten sei und mit gelüftetem Hut tief gebückt an der Seite gestanden habe: »Dann habe ich ihm den Kopf gewaschen, es gab kein Pardon.«[10]

Stark cholerische Züge verraten auch Leben und Werk *Friedrich Nietzsches* (1844–1900). Wieder begegnen wir dem dionysisch-kämpferischen Typus, der sich mit Leib und Seele den als richtig erkannten Ideen verschreibt und in leidenschaftlicher, geradezu maßloser Hingabe für eine Sache einsteht, sei es als Altphilologe, als Verehrer und später auch als erbitterter Gegner Richard Wagners. Dem cholerischen Temperament entspricht auch sein Einstehen für die freie, in sich ruhende Individualität des »Übermenschen«. Für Nietzsche bestand das »Ziel der Menschheit nur in ihren höchsten Exemplaren«. Der Choleriker ist im allgemeinen kein Demokrat, sondern Autokrat, Selbstherrscher. Darum hat er – wie auch Fichte und Beethoven – für den Massenmenschen nicht viel übrig. Nietzsche schrieb: »Die Massen scheinen mir nur in dreierlei Hinsicht einen Blick zu verdienen: einmal als verschwimmende Kopien der großen Männer, auf schlechtem Papier und bei abgenutzten Platten hergestellt, sodann als Widerstand gegen die Großen, und endlich als Werkzeuge der Großen; im übrigen hole sie der Teufel und die Statistik.« Und so ist es wieder ein cholerisches Ideal, den Menschen aus seinem Herdensein zu erlösen: »Viele wegzulocken von der Herde, – dazu kam ich.«[11]

2. *Das sanguinische Temperament*

Wie das heißblütige cholerische Temperament dem Feuer verwandt ist, so entspricht das leichtblütige sanguinische dem Element der Luft. In stetem Wechselspiel atmen wir die Luft ein und geben sie wieder ab. Dem rhythmischen Prozeß der Ein- und Ausatmung entspricht das Wesen des Sanguinischen. Zwischen Erfrischung und Bedrängnis, Spiel und Ernst, Heiterkeit und Bedrücktheit, Spannung und Entspannung schwingt das Temperament hin und her. Die Maxime des Sanguinikers heißt: »Abwechslung macht das Leben süß.« Es liegt ihm nicht, verbissen über einem Problem zu brüten oder eine Arbeit eisern in einem Zug zu Ende zu führen; er braucht Unterbrüche, Erholungs- und Atempausen.

Zum Element der Luft gehört auch die Eigenschaft der »Leichte«, der Schwerelosigkeit. Wasser und Erde wiegen schwerer. Während das Feste niedergezogen wird durch sein Gewicht, hebt sich die Luft von der Erde weg in den freien Himmel hinauf. Überall vermag sie hinzugelangen. In der Leichtigkeit und Beweglichkeit ist der Sanguiniker der Luft verwandt: Er versteht rasch, paßt sich rasch an und vermag sich in die verschiedensten Situationen zu fügen. Keinem andern Temperament eignet ein so hoher Grad an Spontaneität und eine so ausgesprochene Begabung in der Improvisation wie dem sanguinischen. Darum ist dieses Temperament überall dort am Zuge, wo es auf rasches Verstehen ankommt. Besonders deutlich zeigt sich dies in unsern Schulen. Schüler und Studierende, die sich immer zuerst melden und den Unterricht mit Fragen, Einwänden, Bemerkungen begleiten, sind meist sanguinische Naturen. Freilich ist manches, was der Sanguiniker äußert, oberflächlich und wenig fundiert. Trotzdem bringt er Leben und Bewegung in die sozialen Beziehungen. Seine Unmittelbarkeit im Reagieren schafft und unterhält Kontakte und führt die Menschen immer wieder aus ihrer Isolation heraus. Allerdings gehört zu seiner Raschheit in Auffassung und Reaktion auch eine leichte Ermüdbarkeit. Und wie die Luft, wenn sie unter Druck gesetzt wird, ausweicht, so weicht auch der Sanguiniker gerne Belastungsproben aus. Von allen Temperamenten erträgt wohl das sanguinische am allerschwersten eine autoritäre Führung. Autorität bedeutet ihm lastende Schwere, Fesselung der schöpferischen Spontaneität.

Die Gestalt des Sanguinikers ist meist groß und schlank, von beweglicher Taille, mit langen Gliedmaßen. Das Gesicht ist schmal, wobei das Mittelgesicht hervortritt. Der Physiognomiker weiß um die Entsprechung zwischen dem Mittelgesicht und den rhythmischen Funktionen (Atem- und Blutkreislauf), die in der Brust ihr Zentrum haben.[12] An der Nasenform spiegelt sich der Atemprozeß, der beim Sanguiniker vor allem wichtig ist. Sehr oft besitzt der Sanguiniker eine lange und »üppig entwickelte« Nase, die dem Träger viel Raum für die ein- und ausströmende Luft läßt. *Mozart*, dessen sanguinisches Temperament in der beschwingten Melodik seiner Werke deutlich in Erscheinung tritt, besaß eine kräftige und breite Nase. Überhaupt besitzen zahlreiche Komponisten und Dirigenten eine ausgesprochen große, das ganze Gesicht beherrschende Nase. Man denke an *Giuseppe Tartini, Giuseppe Verdi, Richard Wagner* und *Anton Bruckner*. Auch der italienische Violinvirtuose *Niccolò Paganini* war durch eine lange, schmale Nase ausgezeichnet. Man wird nicht fehlgehen, wenn man in einer solchen Nasenform den Grad des Selbstgefühls ausgedrückt findet, das diesen Persönlichkeiten eigen ist. Freilich begegnen wir beim Sanguiniker noch einer andern Nasenform: der relativ kleinen, stumpfen, aber nach oben gebogenen Nase. »Das Organ läuft gleichsam der in sie einströmenden Luft beim Einatmen nach, und bei der Ausatmung entläßt es die Atemluft zu früh aus ihrer Hülle.«[13]

Zur äußeren Gestalt des Sanguinikers zählen auch die hellblonden Haare, die leicht und luftig das runde Oberhaupt bedecken, sowie die hellen, offenen Augen, die mit ihrem lebhaftmunteren Blick alles erhaschen möchten, was in der Umgebung vorgeht.

Etwas vom Luftelement, das alle Sanguinik beflügelt, äußert sich auch in der Gestik dieses Temperamentes. Wie sich eine Fahne im Winde bald hierhin, bald dorthin wendet, so ist den Gebärden des Sanguinikers etwas Flatterndes, Schwenkendes eigen.

Ebenso kennzeichnend ist der Gang des Sanguinikers. Wie die Luft ständig bestrebt ist, die Schwere zu überwinden, sich von der Erde zu lösen, so äußert auch der Gang des Sanguinikers die Tendenz des Sich-Abhebens von der Erde. Schon das sanguinische Kind – und in einem gewissen Alter sind sozusagen alle Kinder ein wenig sanguinisch – möchte immer hüpfen, immer von der Erde weg sich in den Himmel hinaufheben.[14] Etwas von dieser hüpfenden Gebärde hat auch der Gang des erwachsenen Sanguinikers. Die Beine werden locker und leicht bewegt, der Fuß tritt fast nur mit den Zehen am Boden auf; mit jedem Schritt hebt sich der Oberkörper rhythmisch wogend in die Höhe, so daß der Gang den Charakter des wellenartigen Auf- und Niederschwebens erhält. Man kann auch beobachten, daß manche Sanguiniker noch einen Augenblick auf dem vorderen Teil des Fußes verweilen, ehe sie weiterschreiten. *Norbert Glas* betont, daß sich gerade in dieser Gebärde »neben dem besonderen Ausmaß von Oberflächlichkeit eine gute Portion Eitelkeit und Eigendünkel« enthüllen.[15]

Neben seiner Verwandtschaft mit den rhythmischen Prozessen des Atem- und Blutkreislaufs ist das sanguinische Temperament durch eine starke Aktivität im Nerven- und Sinnesbereich gekennzeichnet. Wie der Choleriker mit einem Überschuß an Ichkraft im Wärmeelement des Blutes wirkt, so lebt der Sanguiniker mit besonderer Intensität im Nerven- und Sinnessystem. Nerven- und Sinnesleben stehen in einem engen Zusammenhang. Glas nennt die Sinne »Vorposten« des Nervensystems.[16] Die Sinne bringen uns in Kontakt mit der Umwelt. Mit den Nerven stellen wir die Verbindung zwischen der Wahrnehmungswelt und unserer eigenen Leiblichkeit her. Nerven sind Organe unserer Empfindungen. Was durch das Tor der Sinne auf uns eindringt, empfinden wir in unserm Nervensystem als angenehm oder unangenehm, schön oder häßlich, erfreulich oder beklemmend.

In diesem Organbereich ist der Sanguiniker besonders ansprechbar. Leicht geht er auf die Eindrücke der Umwelt ein, hört interessiert zu, läßt sich durch das Vernommene beeindrucken, verfolgt eine Schilderung mit lebhafter Anteilnahme. Auf seinem Gesicht spiegelt sich seelisches Mitgehen: Zustimmung, Entrüstung, Ablehnung. Beifällig offenbart seine Physiognomie, daß er selber schon ähnliches erfahren hat. Die leichte Beeindruckbarkeit deutet auf einen nervösen Charakter, ohne daß schon von einer krankhaften Veranlagung gesprochen werden kann. Rasch läßt sich dieser entflammen, erregen, gerät leicht in Entrüstung, reagiert heftig und unmittelbar, verliert allerdings auch leicht die Nerven, d. h. er vermag sich nicht genügend zu beherrschen, sondern läßt sich von einem Eindruck mitreißen.

Das nervliche Engagement spricht sich nicht nur in Gestik, Gang und Mimik aus, sondern auch in der übereilten Art, seine Angelegenheiten zu erledigen, die Verrichtungen zu überstürzen. Es bereitet dem Sanguiniker große Schwierigkeiten, ruhig eine Arbeit nach der andern zum Abschluß zu bringen. Etwas Hektisches, Ungeduldiges waltet über seinem Schaffen. Mit Recht schreibt *Friedrich Arndt* vom Sanguiniker: »Durch die leichte Erregbarkeit seines Wesens lebt er kürzer als andere Menschen; aber er lebt auch doppelt, denn ihr findet ihn bei allem und für alles in Begeisterung und Aufregung, er ist gleich entschlossen, und seine Losung ist: ein schneller Entschluß ist der beste.«[17]

Der Sanguiniker spricht schnell, flüssig, gewandt, aus einem spontanen Mitteilungsdrang heraus. Er sagt eher zuviel als zuwenig; jedenfalls möchte er alles mitteilen, was er weiß. Infolge seiner eigenen inneren Lebendigkeit vermischen sich bei seinen Schilderungen oft Objektives und Subjektives, Eigenes und Fremdes, wie er überhaupt leicht dazu neigt, »nicht mehr genau zu unterscheiden, was die Außenwelt bietet und was von der Innenwelt hineinprojiziert wird«.[18]

Die starke Rezeptivität äußert sich in einer besonderen Begabung: der Nachahmungsfähigkeit. Der Sanguiniker neigt stark dazu, andere Menschen, Haltungen, Gebärden, Idiome nachzuahmen. Leicht lebt er sich in eine fremde Sprache ein, leicht nimmt er einen anderen Dialekt an, leicht identifiziert er sich mit einer andern Idee oder Weltanschauung. Der Sanguiniker ist darum in der Regel ein guter Schauspieler, Komödiant und Kabarettist. Schon bei sanguinischen Kindern überrascht uns oft eine ausgesprochene Imitationsgabe. Außerordentlich treffend vermögen sie die Gebärden, die Mimik, den Gang, die Art und Weise des Grüßens vorzuspielen, die sie an ihren Erziehern, Lehrern oder Verwandten in aller Stille beobachtet haben.

Der Sanguiniker verbindet sich rasch mit einer Sache, jedoch nur oberflächlich. Eine innere Unruhe drängt ihn immer wieder zu einem Wechsel der Lebensverhältnisse. Die Liebe zum Neuen, Fremden, Unbekannten, noch Unerschlossenen, aber auch zum Freien, Gelösten, Unbürgerlichen ist stärker als der Wille zum Stetigen, Ordentlichen und Gewohnheitsmäßigen.

Sowohl der Choleriker wie der Sanguiniker sind gekennzeichnet durch ihr starkes Interesse an der Außenwelt. Und doch unterscheiden sie sich gerade in dieser Beziehung erheblich: der Choleriker bedarf der Außenwelt als eines Wirkungsfeldes, um seinen Überschuß an Aktivität abreagieren zu können. Der Sanguiniker braucht die Außenwelt, um sich von ihr anregen, impulsieren zu lassen. Wie zum Sinnesorgan der Sinneseindruck gehört, so gehört zum sanguinischen Temperament die eindrucksvolle Umgebung. Die Wahrnehmungswelt ist gleichsam ein ergänzender Teil seines eigenen Wesens. Wie zum Schmetterling die Blumenwiese gehört, an der er sich laben kann, so benötigt der Sanguiniker den Umraum als erweiterte Leiblichkeit, um sich seelisch beheimatet zu fühlen. Darum schätzt kein Temperament so sehr wie das sanguinische den angenehmen, schön gestalteten Arbeitsplatz. Dabei ist zu beachten, daß der Sanguiniker die hellen Farbtöne vorzieht: ein lichtes Grün, helles Gelb oder ein zartes Rot werden seiner Natur am besten entsprechen.

Mit dem Luft-Element hängt das rege Gefühlsleben zusammen, das den Sanguiniker charakterisiert. *Friedrich Arndt* weist besonders auf diese Seite hin und zeichnet die damit verbundenen positiven Wesenszüge sehr gut. Er betont »die Erregbarkeit und Empfänglichkeit für alle Eindrücke des Guten, Wahren und Schönen«. »Alles wird ihm leicht«: das Lernen, das Gehorchen, der Umgang mit andern. Er findet selber sein Glück darin, »andere glücklich zu wissen und glücklich zu machen«. Er kann sich in alle Verhältnisse fügen, »denn seine Einbildungskraft weiß allem in kurzer Zeit liebliche Seiten abzugewinnen«; er ist dienstfertig, er nimmt an anderer Wohl teil, er ist »voll Wohlwollen und natürlicher Menschenliebe«. »Weil ihm alles leicht fällt, wird ihm natürlich auch das Drückende und Schwere des Lebens leicht: das Mißgeschick kann ihn wohl traurig machen, aber eigentlichen Gram kann es nie in ihm erwecken; über böse Taten und Menschen kann er wohl zürnen, aber nie kann die Rache in ihm aufkommen, noch der Groll tief wurzeln in seiner Seele, er vergibt und vergißt auch eben so leicht und trägt nicht nach, wenn er nur irgend Reue und Liebe wieder wahrnimmt.«[19]

Die Grundstimmung seines Wesens ist optimistisch, heiter, positiv. Darum spricht Arndt von einem »glücklichen und liebenswürdigen Temperament«, ohne indes die erwähnte Kehrseite zu übersehen: »Und doch hat kaum ein Mensch mehr Grund, unzufrieden zu sein mit sich selbst, als der Sanguiniker.« Unbeständigkeit, Wankelmut, Mangel an Ausdauer und Stetigkeit, ein gewisser Leichtsinn bereiten ihm selber immer wieder große Schwierigkeiten, deren er Herr werden muß.

Versuchen wir, anhand der Lebensgewohnheiten einzelner berühmter Persönlichkeiten das Wesen und das Erscheinungsbild des sanguinischen Temperaments noch etwas zu illustrieren.

Bei *Johann Jakob Bodmer* (1698–1783), dem Führer der Zürcher Aufklärung, äußert sich die Sanguinik in der Vielfalt der Begabungen, der Universalität seiner Interessen, der leichten Begeisterungsfähigkeit und einem vermittelnden, versöhnlichen Geiste. Er war Lehrer für vaterländische Geschichte an der Zürcher Gelehrtenschule, dem Karolinum, redigierte eine literarisch-ästhetische Zeitschrift, gab Sammelwerke geschichtlicher Quellen und Abhandlungen heraus, beschäftigte sich mit Dichtungen der italienischen, englischen, französischen und griechischen Sprache, übersetzte mit 25 Jahren Miltons *Paradise lost* ins Deutsche und legte noch als Achtzigjähriger eine Ilias-Übersetzung vor. Er sammelte und bearbeitete altdeutsche Dichtungen, Parzival, das Nibelungenlied, die manessische Handschrift, beherbergte den junge Klopstock in seinem Hause, um diesem den Abschluß des *Messias* zu ermöglichen, kämpfte für die Hinwendung zu Shakespeare und gegen den philiströsen Rationalismus Gottscheds in Leipzig und pflegte neben all diesen Unternehmungen »die reichsten Beziehungen« zu »Freunden und Gegnern, Schülern und Mitbürgern«.[20]

Die problematischeren Seiten offenbart das Sanguinische bei *Jean-Jacques Rousseau* (1712–1778). Die diesem Temperament eigene Sinnenfreudigkeit äußert sich in Rousseaus vielerörterter Liebe zu einer gepflegten, kultivierten Natur mit angenehmen Spazierwegen, Schattengängen, schönen Ausblicken. Sanguinisch ist Rousseaus Vielseitigkeit: Er war Schriftsteller, Opernkomponist, Notenstecher, Erzieher und politischer Revolutionär. Sanguinisch ist ebenfalls die starke Selbstbezogenheit seiner Ideen, Entschlüsse und Handlungen, überhaupt der von ihm recht eigentlich eingeleitete Kult des Persönlichen, Subjektiven, das Überwichtignehmen seiner eigenen Belange. Auf der Suche nach Beweggründen für sein Handeln stellt Rousseau selber fest: »Es ist nichts anderes als mein unbezähmbarer Unabhängigkeitsdrang, den nichts unterdrücken konnte und neben dem mir alle Ehren und Reichtum, ja sogar der Ruf nichts bedeuten. Dieser Unabhängigkeitsdrang entspringt gewiß weniger meinem Stolz als meiner Trägheit; denn diese Trägheit ist unvorstellbar: alles schreckt sie ab, die geringsten Pflichten des bürgerlichen Lebens sind ihr unerträglich. Ein Wort sagen, einen Brief schreiben, einen Besuch machen ist mir eine Marter, sobald ich es tun muß.« Rousseau machte gerne Besuche, besonders in Schlössern und Palästen, schrieb gerne Briefe, pflegte gerne Kontakt mit andern Menschen – nur nicht, »sobald ich es mußte«. »Man folgt seinem Herzen, mehr braucht man nicht.«

Zudem steht der Sanguiniker nicht gerne in jemandes Schuld. Dies stört seinen Unabhängigkeitsdrang: »Auch die Wohltaten habe ich immer gefürchtet. Denn jede Wohltat verlangt Dankbarkeit. Ich besitze ein undankbares Herz, nur weil die Dankbarkeit eine Pflicht ist. Mit einem Wort: das Glück, das ich brauche, besteht nicht darin, das zu tun, was ich will, sondern darin, das nicht zu tun, was ich nicht will. Das tätige Leben lockt mich nicht; hundertmal lieber wäre es mir, überhaupt nichts zu tun, als etwas gegen meinen Willen zu tun; und hundertmal habe ich mir vorgestellt, daß ich in der Bastille kein allzu unglückliches Leben geführt hätte, weil ich zu nichts anderem verpflichtet gewesen wäre, als dort zu sein.«[21] Der Pädagoge von europäischem Ruf schrieb wegleitende Bücher über Erziehung, aber als ihm das Schicksal die Aufgabe stellte, seine eigenen vier Kinder zu erziehen, wich er dieser »Pflicht« aus und brachte seine Kinder, eines nach dem andern, wie es gerade kam, ins Findelhaus. Rousseau wollte die Freuden des Lebens genießen, Verpflichtungen jedoch, die ihm aus seinem konsumativen Dasein erwuchsen, wies er möglichst von sich. So trägt sein ganzes Leben den unverbindlich-sanguinischen Charakter der Improvisation.

Ein weiterer berühmter Sanguiniker ist *Richard Wagner* (1813–1888), dessen Musikdramen heute noch zum Bestand der Opernbühnen zählen. Die sanguinische Ader bereitete dem Dichter-Komponisten manche Schwierigkeiten. Man denke an seine wechselvollen Liebesbeziehungen, seine jedes Maß überschreitende, anspruchsvolle Lebensführung, die ihn des öftern in katastrophale Verhältnisse brachte und ihn zuweilen zu einem fluchtartigen Verlassen seines Aufenthaltsortes zwang. Ein besonders amüsantes Kapitel bilden die prätentiösen Kleiderprobleme, von denen des Meisters Briefe an seine Putzmacherin ein Bild geben. Wagner pflegte stets seidene Unterwäsche zu tragen, und zwar in ganz bestimmten, hellen Farbtönen. Bei der Wiener Putzmacherin bestellte er entsprechende Stoffe für Unterkleider, Schlafröcke, Jacken und Bettdecken, zum Beispiel »schönen schweren Atlas von der beiliegenden hellbraunen Farbe, ebenso von dem dunklen Rosa«, ferner ein helles Rosa »in guter Qualität«, »desgleichen das Blau, nur lieber noch heller, ja nicht dunkler«. »Haben Sie noch von dem dunklen Gelb, von welchem wir die Gardinen an die kleinen Tischchen machten?«[22]

Auch gegenüber seinen beruflichen Aufgaben war Wagner von einer großen Nervosität. In einem authentischen Bericht heißt es: »Der Tag der Aufführung nahte, und Wagner wurde mit jedem Tag unausstehlicher.«[23] Ebenfalls war er sehr empfindlich gegenüber irgendwelcher Kritik: »Wagners Eitelkeit war so unbändig, daß er die leiseste Kritik nicht vertrug, einerlei, ob sie sich gegen seine Werke, seinen Geschmack, sein Äußeres oder irgend etwas, das ihn betraf, richtete.«[24]

Daß nicht nur unter Künstlern und Schriftstellern, sondern auch unter Pionieren der Wirtschaft Vertreter des sanguinischen Temperamentes gefunden werden können, zeigt der schweizerische Schokoladefabrikant *Philipp Suchard* (1797–1884). Die geistige Beweglichkeit und Unabhängigkeit des Sanguinikers ließen ihn zu einem höchst vielseitigen Unternehmer werden. Sein erfolgreiches Wirken begann mit einem eigenen Confiseriegeschäft, wo er »selbsthergestellte Schokolade aus feinstem Caraca-Cacao« empfahl. Um die Arbeit des Walzens und Rührens maschinell auszuführen, erwarb er sich eine mit Wasserkraft betriebene Mühle und richtete Knetmaschinen ein. Auf einer Amerikareise ließ er sich für die neuartigen Dampfmaschinen begeistern und erwarb ein Dampfschiff für den Neuenburgersee, setzte sich dadurch zwar dem erbitterten Widerstand der um ihren Erwerb besorgten Schiffsleute, ängstlicher Behörden, um Leben und Sicherheit fürchtender Ärzte aus, überwand indes mit seinem Optimismus jeden Gegner und führte selber 14 Jahre lang das Schiff »sozusagen täglich über den See«. Gleichzeitig betreute er seine Zuckerbäckerei und seine Schokoladefabrik. Suchard schaltete sich auch in die Bemühungen ein, dem nach den Napoleonischen Kriegen darniederliegenden Handel durch Aufbau einer Seidenzucht zu helfen. Er pflanzte 3000 Maulbeerbäume und ließ einen Fachmann als Betriebsleiter aus Avignon kommen. Er engagierte sich in der Steinkohlen-Industrie, bemühte sich um die Schiffbarmachung des Rheins, unterstützte die Auswanderung von Schweizern nach Nordamerika. Auch bei der Schlacht von Solferino am 24. Juni 1859, die *Henri Dunant* zur Gründung des Roten Kreuzes angeregt hatte, war Suchard dabei und half Verwundete zu verbinden, zu bergen und letzte Briefe für die Sterbenden schreiben.[25]

Vielseitigkeit, Unternehmungsfreude und der Optimismus,

sich durch keine Schwierigkeiten und Niederlagen unterkriegen zu lassen, bilden die guten Seiten des sanguinischen Temperamentes im Lebenslauf des Schweizer Industriellen. In einer Würdigung heißt es: »Er war einer der intelligentesten, rührigsten und angriffigsten Industriellen, welche die Schweiz je hervorgebracht, daneben ein guter Patriot, der für alles Schöne und Humane Sinn hatte, für seine Angestellten wie ein Vater sorgte.«[26]

Obwohl das Temperament mit dem einzelnen Menschen verbunden ist und zu jeder Zeit und bei jedem Volk alle vier Temperamente in Erscheinung treten, läßt sich doch zu bestimmten Zeiten die Vorherrschaft eines bestimmten Temperamentes wahrnehmen. So lebte sich im mönchischen Mittelalter das melancholische Temperament aus; das kämpferische Rittertum war durchblutet von Cholerik. Seit der Renaissance stellen wir eine zunehmende Hinwendung zur äußeren sinnlichen Welt fest. Damit beginnt eine Kultur gesteigerter Sanguinik, die in der Gegenwart ihren Höhepunkt zu erreichen scheint. Sie äußert sich in der ausgesprochenen Extraversion unseres Lebens, im Sinnentaumel, in der Überflutung unseres Wahrnehmungsvermögens. Überall geht die Tendenz dahin, den Zeitgenossen mit einem unüberbietbaren Angebot von Neuartigem, Nochniedagewesenem zu versehen. Eine Nachricht jagt die andere, eine Sensation verdrängt eine andere. Selbst tiefgreifende Katastrophen sind nach wenigen Tagen des Entsetzens bereits wieder vergessen. Ernstem und Schwerwiegendem bringt die Zeitwelt nur ein ebenso kurzatmiges Interesse entgegen wie Oberflächlich-Flüchtigem.

Auch unser verbreitetes Unterrichtssystem hat infolge seiner Verfächerung einen stark sanguinischen Charakter, indem es mit den 45-Minuten-Lektionen die Schüler von Fach zu Fach treibt und gleichsam trainiert, sich stets ablenken zu lassen und ihr Interesse mehrmals während eines halben Tages einem immer wieder andern Stoffgebiet zuzuwenden. Mathematische und sprachliche Fächer, Gesang, Handarbeit und Turnen lösen einander in zusammenhangloser Folge ab. Hierbei erlauben die Kurzstunden oft nur ein summarisches Eingehen auf den erörterten Gegenstand, bloß einen »Überblick«, während für »Tiefenbohrungen« die erforderliche Muße fehlt. Auch unser übliches Prüfungs- und Notensystem trägt sanguinische Züge, insofern es sich im wesentlichen darauf beschränkt, in testartigen Prüfungen den eben behandelten Stoff zurückzufragen, um so den Wirkungsgrad des Unterrichts festzustellen und dem Lehrer die ausreichenden Zensuren zur Qualifikation seiner Schüler zu liefern. Dieses Unterrichts- und Prüfungsverfahren mag bezüglich der Durchführung und Selektionierung seine Vordergrundserfolge aufweisen, im Hinblick auf die gehalt- und wesensbildende Funktion der Pädagogik scheint es uns höchst fragwürdig.[27]

3. Das phlegmatische Temperament

Es ist nicht besonders lobenswert, ein Phlegma genannt zu werden. Und doch verfügt gerade dieses Temperament über außerordentliche Qualitäten.

An der Gestalt erkennen wir das phlegmatische, kaltblütige oder lymphatische Temperament sehr leicht. Es zeichnet sich »durch schwammigen Körper, weiche Haare, blasse Farbe, aschfarbenes Haar, nicht lebhaftes, mattblaues, graues Auge, ruhigen Blick aus. Die Stirn ist kurz, die Nase fleischig, die Lippen sind weich und saftig. Die Kinnbacken sind kräftig, die Wangen schlaff oder aufgedunsen, das Ohr groß, der Hals kurz, rund und fett.«[28] Im Unterschied zu den scharf gezogenen Umrißlinien des Cholerikers kennzeichnen den phlegmatischen Körperbau weiche, runde, zerfließende Konturen. Die Neigung zu Fettansätzen treibt die Gestalt in die Breite und äußert sich in dem obligaten Doppelkinn sowie in einem Schmerbäuchlein, das im Mannesalter unter dem untersten Rippenbogen hervorquillt.

Das äußere Verhalten des Phlegmatikers entspricht dem Ablauf der physiologischen Prozesse. »Blutlauf, Atmen, Sprache, Gang, kurz jede Funktion und alles Handeln des Phlegmatikers ist langsam« (Heinroth).[29] Eine gewisse Schwere oder Schwerflüssigkeit bestimmt die Art und Weise, wie er sich in der Welt bewegt. Der Gang ist nicht nur langsam, sondern auch etwas schwerfällig. Glas nennt ihn »mehr watschelnd wie bei den Wasservögeln«.[30] »Er fällt mehr von einem Fuß auf den andern, also von rechts nach links oder umgekehrt.« Wenn der Phlegmatiker spricht, hält er seinen Oberkörper ruhig, die Arme bleiben bis zum Ellbogen eng an den Rumpf angeschlossen, und bloß der Unterarm und die Hand machen einige lässige Gesten. Auch sein Mienenspiel ist – ganz im Gegensatz zu dem des cholerischen oder sanguinischen Typus – spärlich und ausdrucksarm. Seine Rede ist nicht fließend und gewandt wie beim Sanguiniker, nicht energisch und präzis wie beim Choleriker, sondern eher stockend und mühsam, so daß bei den Zuhörern die Empfindung wach wird, sie müßten etwas nachhelfen. Schwer lösen sich die Worte von der Zunge. Seine Antworten bestehen oft nur aus Wortfetzen. Zur Bildung von ganzen Sätzen mag er sich vielfach nicht aufraffen. Am liebsten schweigt er.

Sein ganzes Gehaben zeugt von einem gelassenen Menschen, der sich durch nichts aus der Ruhe bringen läßt. Selbst schwere Enttäuschungen erträgt er mit stoischem Gleichmut.

Wie schon Hippokrates gezeigt hat, steht das Phlegmatische mit dem Wasser oder Wässerigen in Beziehung. Das Wasser ist jenes Element, das schwerer ist als Luft, leichter als »Erde«. Seine Konsistenz steht in der Mitte zwischen Erde und Luft. Im Gegensatz zum Element »Erde« nimmt es keine bestimmte Form an, sondern füllt den Raum des Behälters aus, paßt sich den Konturen der Umgebung an. Sobald es nicht mehr durch Ufer und Dämme gehalten wird, verfließt es in die Ebene, so weit es ihm möglich ist.

Die Tendenz zum Verfließenden, die alle Formgestalt aufheben möchte, manifestiert sich im phlegmatischen Körperbau. Man hat dieser Konstitution gegenüber den Eindruck, die Leiblichkeit wolle sich mehr und mehr ausdehnen, jede äußere Begrenzung sprengen.

Auch das Verhalten des Wassers gegenüber äußeren Einflüssen ist bedeutsam. Wenn wir einen Stein ins Wasser werfen, bilden sich Wellen, die sich langsam ausbreiten. Aber je größer die Kreise werden, desto schwächer werden die Schwingungen, und bald verschwinden sie ganz. Die Trägheitskräfte des Wassers haben die Tendenz zum Ausgleich, zur Ruhe. Überall offenbart Wasser dieselbe Eigenschaft: es fängt auf, nimmt teilweise in sich hinein, was an es herangebracht wird: Schläge, Töne, Lichter, aber es stellt dem von außen Kommenden eine gewisse Resistenz entgegen. Man könnte von einer Polsterfunktion des flüssigen Mediums sprechen. Diese Eigenschaft spiegelt sich in der Unerschütterlichkeit des phlegmatischen Temperamentes gegenüber äußeren Geschehnissen.

Im Haushalt des lebendigen Organismus spielt das Wasser, wie wir gesehen haben, eine wichtige Rolle. Ohne Wasser gibt es kein Leben. Ohne Leben keine organische Leistung. Gandhi vermochte sich wochenlang der Speise zu enthalten; ohne Wasser hätte er kaum einige Tage leben können. Im menschlichen und tierischen Organismus steht das Wasser in Verbindung mit den Lebens- und Aufbaukräften, die Herd und Zentrum im Unterleib haben. Von den Stoffwechsel- und Verdauungsorganen aus wird der physische Organismus, der durch körperliche und geistige Arbeit abgebaut, zerstört wird, immer wieder restauriert, woran das Wässerige als Medium der Lebensprozesse ganz besonders beteiligt ist.

Phlegmatisches Temperament weisen Naturen auf, die mit ihren Wesenskräften in den Prozessen des Stoffaufbaus besonders aktiv sind. Dies weckt einerseits die Liebe zu den Verrichtungen des Essens und Trinkens, bewirkt anderseits die charakterisierte Fettleibigkeit. »Der Phlegmatiker liebt mehr als die Menschen der anderen Temperamente, in den Vorgängen des Schmeckens zu leben und die wichtigen Prozesse der Nahrungsaufnahme zu genießen.« Er ist darum mehr mit den Vorgängen in seinem Inneren erfüllt. Dies darf indessen nicht abschätzig verstanden werden, denn die Prozesse, welche unser Körper vollzieht, um die Nahrung zu verdauen, sind von höchster Weisheit. Und nur dann, wenn der Kräfteorganismus, unser Stoffwechselsystem, nicht stark genug ist, wird der Mensch krank, die Substanz wird nicht richtig verarbeitet; es entstehen die verschiedenen Steinleiden (Gallen-, Nieren-, Blasen- und selbst Speichelsteine). Das wirkliche Leben »braucht die auflösende Wirkung des Flüssigen, Wässerigen«.[31]

Das phlegmatische Temperament ermangelt nicht der »auflösenden Wirkung des Flüssigen«. Die Lebenskräfte arbeiten im Körpersaft des »Schleims«, d. h. im wäßrigen Element, in gesunder Weise und verführen gewissermaßen das Seelische, sich diesen Prozessen ganz hinzugeben. Der Phlegmatiker ist darum ein guter Esser und Trinker. Der Weinkeller und die wohldotierte Speisekammer spielen in seinem Dasein eine wichtige Rolle. Und was er ißt und trinkt, schlägt bei ihm wohl an. Manchmal läßt sich unmittelbar beobachten, wie ein Phlegmatiker von Jahr zu Jahr runder, behäbiger und gemütlicher wird. Bei anderen Naturen jedoch tritt die Phlegmatik erst im späteren Leben deutlich in Erscheinung, etwa in den Vierziger und Fünfziger Jahren. Jedenfalls bewirkt die Zunahme an Behäbigkeit und physischer Schwere auch eine Zunahme der seelischen Trägheit und Unbeweglichkeit. Wenn der Phlegmatiker sich irgendwo niedergelassen hat, dann sitzt und bleibt er. Gewöhnlich sind es Menschen dieses Temperamentes, die sich in einer

Gesellschaft zuletzt entschließen können, aufzubrechen und nach Hause zu gehen. Der Phlegmatiker hat Mühe, sich im Bewegungsmäßigen zu ergreifen, sich »aufzuraffen«. Die lymphatisch-beharrende Schwere widersteht äußerer Beweglichkeit.

Das starke Sichausleben in den Stoffwechselprozessen färbt demnach auch den seelischen Habitus. Jedermann weiß, daß wir uns wohl und zufrieden fühlen, wenn wir gut gespeist haben. Solches Wohlbefinden ist beim Phlegmatiker »notorisch«. Infolge einer sehr ausgeprägten Wirksamkeit der Ich-Kräfte in den Lebensvorgängen entsteht im seelischen Erlebnisraum ein Gefühl der Zufriedenheit und des Behagens. Wie der Sanguiniker durch sein reges Nerven- und Sinnesleben immer von sich weg nach außen gerissen wird, so drängen die im Innern des Körpers wirksamen Stoffwechselvorgänge den Phlegmatiker von außen weg auf sein Inneres hin. Dies erzeugt die Atmosphäre der Entspanntheit. Der Phlegmatiker fühlt sich von seiner Wesensart aus wenig veranlaßt, da und dorthin zu laufen, alles mitzumachen, überall dabei zu sein. Am wohlsten ist ihm bei sich zu Hause. Sein Temperament veranlaßt ihn nicht, mit starken Willensimpulsen nach außen zu wirken. Je behaglicher er sich in sich selbst fühlt, desto stärker erwächst in ihm der Wunsch, seine äußeren Lebensverhältnisse mit seiner inneren Gestimmtheit in Einklang zu bringen.

Wenn allerdings das Seelische zu tief in den Lebensbereich untertaucht, laufen die Bewußtseinskräfte Gefahr, abzudunkeln und ins Gewöhnliche und Triebhaft-Vegetative abzusakken.

Andererseits kann die Phlegmatik auch zu außerordentlichen Leistungen begabt machen, wenn die Ich-Kräfte stark genug sind, dem Ein- und Untertauchen in die vegetativen Prozesse zu widerstehen. Denn gerade die innere, leib-seelische Entspanntheit bildet eine ausgezeichnete Voraussetzung, die Außenwelt in großer Objektivität und Selbstlosigkeit zu betrachten. Darum ist der Phlegmatiker ein guter Beobachter. Er schildert ganz objektiv, was er gesehen hat, gerade weil er sich nicht mit seinen eigenen Sympathien und Antipathien zu irgendeiner Parteinahme veranlaßt fühlt.

Der Phlegmatiker ist im großen ganzen ein unkomplizierter, leicht durchschaubarer, natur- und lebensnaher Zeitgenosse. Er ist duldsam und geduldig, verträglich im Umgang mit andern, ausdauernd im Arbeiten, exakt und sorgfältig in den kleinsten Verrichtungen: ein Mensch, der Zeit hat und sich Zeit läßt. Die unbeirrbare gründliche Vollendung einer Aufgabe kennzeichnet dieses Temperament. Wo genaue, zuverlässige, gewissenhafte Arbeit geleistet werden muß, ist ein Phlegmatiker erforderlich. Nur darf man ihn nicht drängen, nicht hetzen. Er braucht, wie die Lebensprozesse, eine ganz bestimmte Zeit, die er sich nur ungern einschränken läßt.

In unserer hektischen Betriebsamkeit bilden die Phlegmatiker Pfeiler der Konstanz und Dauer, die gerade dank ihrer inneren Ruhe und Gelassenheit allen Stürmen Trotz bieten.

Der Phlegmatiker spricht im allgemeinen nicht viel und nicht gern. Er ist nicht ein Plauderer, sondern ein Hörer und Lauscher, der das Vernommene langsam in den Tiefen seines Wesens verarbeitet – innerlich verdaut. Dies bestätigt die Schwester des Dichters auch von *C. F. Meyer:* »Ich erinnere mich nicht, daß er je einem gewaltigen Eindruck, solange dieser auf ihn einstürmte oder auf ihm lastete, in einem Gedicht vollen poetischen Ausdruck gegeben hätte. Versuchte er es dennoch einmal, so fand er später diese mageren ›Skizzen‹ unzulänglich oder schwächlich und verbrannte sie. Der darin fixierte Gedanke aber blieb in seiner Seele haften, um dann nach Jahren als ein ganz individuelles Gebilde voller Kraft und Schönheit wieder ans Licht zu treten.«[32]

Dem Phlegmatiker genügt es nicht, die bloße »Moral« von der »Geschichte« abzuziehen, den nackten Gedanken, die »reine« Idee zu abstrahieren und darzustellen, sondern er will vielmehr das Geistige bis in die sinnlich-reale Manifestation hinunterführen. Auch diesen Zug offenbart Meyers Wesen. Folgen wir den Aufzeichnungen seiner Schwester Betsy: »Mein Bruder sehnte sich von jeher, so zu dichten, daß durch sein Wort nicht Gedanken ausgedrückt, sondern handelnde Gestalten geschaffen würden. ›Jeder Gedanke muß seinen schönen Leib haben‹, meinte er. ›Nur keine grauen Theorien. In der Poesie muß alles in Schönheit eingetaucht sein.‹ Allem, was er in seiner drangvollen Jugend entwarf, mangelte nun gerade der durchgebildete Leib, das, was er später ›körperliche Schwere‹ nannte. In der Luft schwebende unbestimmte Schemen nur schufen seine ungeduldigen Versuche.«[33]

Die Phlegmatik drängte C. F. Meyer, seinen Dichtungen »körperliche Schwere« zu verleihen, d. h. das Ideell-Abstrakte ganz in das Dichterisch-Anschauliche umzugießen. Der Wille zu solcher »Verdichtung« veranlaßte ihn, seine Werke immer wieder neu zu bearbeiten: »Ich habe den Stoff noch einmal in den Schmelztiegel geworfen. Er muß weiter glühen.«[34]

Conrad Ferdinand Meyers Schaffen bietet ein schönes Beispiel, was ein Mensch aus den Anlagen machen kann, die ihm sein Temperament bietet, wenn er stark und bewußt an sich arbeitet.

Ähnlich liegen die Verhältnisse bei *Gottfried Keller*. Auch er mußte sich, wie sein Landsmann, durch seelische Wirrnisse »zypressendunkler« Melancholie und unbeherrschter Cholerik zu seinem weltoffenen Schaffen finden; auch er bedurfte mehrmaliger, mühsamer Anläufe, bis er sein eigenes Talent entdeckt hatte und sich mit repräsentablen Werken vor der Kritik der Welt behaupten konnte. In seinen meisten Werken tritt der heiter-phlegmatische Grundzug in Erscheinung, der immer wieder zu Maß und Ordnung, zu Übereinstimmung zwischen innen und außen, zwischen Individualität und Volk, Bürger und Gesetz, Mensch und Naturordnung, Pflicht und Neigung drängt. Sein Lebensideal war der in eine gesunde bürgerliche Sozialordnung eingebettete und gehaltene Mensch. Der Phlegmatiker will den Ankergrund unter seinen Füßen spüren. Kennzeichnend ist auch der Geist milder Verträglichkeit, die den Alltäglichkeiten und Bedürfnissen des kleinbürgerlichen Strebens immer wieder angenehme, heitere Töne zu entlocken versteht. Die Tätigkeit eines Staatsschreibers von Zürich, die Keller 15 Jahre mit großer Gewissenhaftigkeit, Sorgfalt und Pünktlichkeit ausübte, bot ihm die Gelegenheit, die positiven Möglichkeiten seines Temperaments zu stärken.

4. Das melancholische Temperament

Das tiefste und zugleich problematischste Temperament ist das melancholische. Heinroth nennt es auch das »schwerblütige, venöse«, Arndt das »innerlichste«; Lothar Vogel spricht vom »eigentlichen Bewußtseinstemperament«. »Es zeichnet sich durch Mangel an Rezeptivität und durch Reichtum an innerer Selbsttätigkeit«[35] aus. Wie sich der Choleriker in seinen Taten auslebt, der Sanguiniker in den Sinneseindrücken schwelgt, der Phlegmatiker sich im Säftestrom wohl fühlt, so lebt der Melancholiker mit Vorliebe in seinen eigenen Gedanken, Gefühlen und Träumen. Kein anderes Temperament ist so stark introvertiert wie das melancholische, fühlt sich so wohl in der abgeschlossenen Stille, hält sich so gern in den Fäden seiner eigenen Gedankengespinste auf und verfolgt dieselben bis in die letzten Wurzeln. Der Melancholiker ist nicht gesellig wie der Phlegmatiker und der Sanguiniker oder nur in ausgewählten Kreisen. Ihn stören die Betriebsamkeit und das Geräusch der Welt, die rauschenden Feste, das lockere Treiben in Bierkneipen und Weinstuben. An der Unterhaltung wird er nur sporadisch, zögernd und leicht verlegen teilnehmen. Peinlich wacht der Melancholiker, daß er keinem Gesprächspartner das Wort abschneidet, in keines andern Privatsphäre eingreift, keinen Faux-pas begeht, niemanden in irgendeiner Weise beleidigt. Kein Temperament übt so rigorose Selbstkritik und Selbstkontrolle wie das melancholische. Dies äußert sich besonders im Umgang mit der Welt. Immer versichert sich der Melancholiker, ob er ja nicht störe, ob sein Kommen dem andern genehm sei, ob es zu einem andern Zeitpunkt besser passe. Er möchte um alles in der Welt nicht, daß man seinetwegen »Umstände mache«.

Die Ursache solch zurückhaltenden, distinguierten Verhaltens bildet seine übergroße Sensibilität. Der Melancholiker hat feine Antennen. Er liest zwischen den Zeilen, liest in den Gesichtszügen. Er hört nicht nur, was der andere sagt, sondern noch viel mehr, wie er es sagt. Seine Empfindlichkeit macht ihn äußerst verletzlich. Ein grobes, zu offenes, zu unmittelbares und unüberlegtes Wort kann ihn sehr treffen. Zwar merkt das der Mitmensch oft kaum, denn der Melancholiker reagiert nicht unmittelbar, sondern er würgt seinen Unwillen herunter, frißt den Gram in sich hinein. Schmähungen und Beleidigungen schlagen tiefe Wurzeln und haften jahrelang in seinen Seelengründen. Dieses lange Festhaltenkönnen eines Eindrucks hat er mit dem Choleriker gemein. Beide können schlecht vergessen und verzeihen ihren Peinigern nie. Den Sanguinikern und Phlegmatikern fällt es leichter, das Kriegsbeil zu begraben und die Friedenshand zu reichen. Wenn nun bei einem Melancholiker das Maß der Beleidigungen voll ist, kann es zu einer affektartigen Entladung kommen, die in keinem Verhältnis zur Bagatelle steht, die den Ausbruch bewirkt hat.[36] In solchen Augenblicken schlägt das melancholische Temperament in jähe Cholerik um.

Dieses Temperament erkennt man oft an der langen, hageren Gestalt, dem eher schmächtigen Rumpf, stark abfallenden ekkigen Schultern, langen, schlanken Armen und Händen; die

Beine und Füße sind eher grobklotzig, oft besteht Neigung zu X-Beinen und Plattfüßen. Der Kopf ist schmal und hoch, wobei die Stirne stark in Erscheinung tritt. Oft nimmt die Stirn nach oben an Breite zu, wie bei Jakob Böhme, Immanuel Kant und Chopin.

Die Nase ist häufig lang und schmal, wobei die Spitze »plump und fleischig« wird und deutlich nach unten weist. Das Mittelgesicht tritt gegenüber Stirn- und Kinnpartie zurück, die Wangen sind blaß und eingefallen, der Mund ist geschlossen, beherrscht zusammengehalten; wenig Rot von den Lippen wird sichtbar. Die Haare sind fein, glatt, anliegend.

Sehr bedeutungsvoll ist der Blick. Die breiten Lider des Melancholikers sind beinahe geschlossen und lassen nur durch einen schmalen Spalt die Außenwelt eindringen, als wollte sich der Mensch dieses Temperaments vor Zudringlichkeiten abschirmen. Das Auge schaut mit mattem Glanz teilnahmslos in die Welt. Eine tiefe Traurigkeit und Schwermut spricht aus ihm.

Auch an den Gebärden offenbart sich der Melancholiker. Sein Gang ist sorgfältig, fast linkisch. Der Fuß wird nur wenig vom Erdboden abgehoben. Oft zieht der Melancholiker ein Bein nach, wodurch er einen schleppend-schleifenden Gang bekommt. Auch die Gesten der Arme sind eher linkisch, zurückhaltend, vorsichtig. Der Kopf wird beim Gehen leicht nach vorne geneigt, beim Sprechen oft zur Seite gedreht. Der Oberkörper beugt sich nach vorne, wobei der Schultergürtel die Bewegung mitmacht, was den Eindruck der Schmächtigkeit noch erhöht.

Der Melancholiker spricht mit einer leisen, aber dennoch sehr eindringlichen Stimme und einem Unterton, der die Zuhörer auf die Bürde der Verantwortung hinweist, die es zu erkennen gelte. Der Melancholiker setzt seine Worte sorgfältig, wohlüberlegt. Stets wählt er die bestmöglichen Ausdrücke, die treffendsten Begriffe; immer wieder bemüht er sich, einen Gedanken noch schärfer zu präzisieren, Primäres und Sekundäres, Allgemeines und Besonderes peinlich zu trennen. Es ist ihm ein starkes Bedürfnis, alles zu gliedern und zu analysieren. Darum braucht der Melancholiker in der Regel viele Worte, um etwas auszudrücken.

In der Art zu reden drückt sich bei jedem Temperament die Einstellung zur Welt aus. Man beachte etwa, wie Anordnungen erteilt werden. Der Choleriker steht in einer willensbeherrschten Weise zur Umwelt; darum ist auch seine Rede willensgeladen und unbekümmert um das Raunen der Menge. Die Empfindung eines Widerstandes beschwingt seine Worte höchstens zu noch stärkerer Aggressivität und Heftigkeit. Der Sanguiniker schildert die Verhältnisse viel einfacher und leichter, als sie tatsächlich sind, oder er täuscht sich selber einerseits über die bevorstehenden Schwierigkeiten, andererseits über das Leistungsvermögen der Ausführenden. Der Phlegmatiker läßt sich durch Schwierigkeiten nicht erschüttern. Seine Tendenz ist, eine Arbeit nicht zu kompliziert zu machen, wenn es einfacher auch geht. Er stellt in seiner ruhigen Art mit trockenen, zufälligen Worten dar, was zu tun ist, ohne sich stark zu erwärmen, als ob es ihn völlig kühl lasse, wie der andere auf seine Anordnungen reagiert. Ganz anders verhält sich der Melancholiker. Dieser unterstreicht dreimal die gewaltigen Schwierigkeiten und Mühseligkeiten, die sich auftürmen werden, und mahnt zu größter Vorsicht und Überlegsamkeit, auf daß man sich ja nicht übereile und noch dieses und jenes mitbedenke, ehe man zu früh und zu vorwitzig die Hand an den Pflug lege.

Die physiologischen Verhältnisse zu verstehen, die der Melancholik zugrunde liegen, bereitet große Schwierigkeiten. Hippokrates wies auf die Beziehung dieses Temperaments zur »schwarzen Galle« einerseits, zum Element »Erde« andererseits hin. Die »schwarze Galle« bildet sich unter bestimmten Mineralisierungs- und Verhärtungsprozessen. So können aus der gelben Galle Gallensteine entstehen, die schwarz und fest sind. Die aus dem flüssigen in den festen Zustand übergehende Substanz ist als »schwarze Galle« aufzufassen. Sie ist *die* Körperflüssigkeit, welche die Festigkeit des physischen Körpers bewirkt. Ihr Überhandnehmen erzeugt das melancholische Temperament.

Auch die Beziehung des Melancholischen zur »Erde« ist von Bedeutung. »Erde« drückt das Erstarrte, Unbewegliche aus, das allem Lebendig-Bewegten den härtesten Widerstand entgegensetzt. Als trocken und kalt haben die Griechen die »Erde« verstanden. Trockenheit und Kälte drängen die Lebenskräfte am allermeisten zurück, was wir zur winterlichen Jahreszeit und an den sonnenarmen Polargebieten feststellen können. Wohl braucht auch der Mensch die feste, starre Substanz in seinem Organismus, am ausgeprägtesten im tragenden Skelett. Bei dem melancholischen Temperament neigt nun der physische Leib so sehr zur Verhärtung, daß die seelisch-geistigen Kräfte diesen nicht richtig durchdringen und beherrschen können. Darauf hat *Rudolf Steiner* hingewiesen: »Melancholiker ist derjenige Mensch, der nicht vollständig die Herrschaft finden kann über das physische Instrument, dem das physische Instrument Widerstand bietet.«[37] Dies bewirkt eine Spannung, einen inneren Schmerz, der gleichsam die Aufmerksamkeit des Melancholikers von der äußeren Welt ablenkt. Die »Kalkfelsen« in seinen Knochen quälen ihn, sagt Norbert Glas. Er wird vom Erdhaften überwältigt. »Er will, natürlich unbewußt, die in ihm lagernden Stoffe gar nicht aus sich entlassen und ist, wie man sagt, ›verstopft‹.«[38] Wenn diese Konstitution zu einseitig ausgebildet ist, kann sie zu einer wirklichen Melancholie führen: »In diesem Zustande versackt der Kranke gleichsam in den festen Substanzen seines Leibes, wird durch den Kampf mit diesen so stark in Anspruch genommen, daß er sich jeder anderen Betätigung am liebsten entschlägt. Er will nichts tun und hängt schmerzerfüllt der in ihm lastenden Erdenschwere nach, was sich sogar in den verschiedenen körperlichen Funktionen äußert.«[39]

Andererseits kann diese Konstitution auch den Menschen zu äußerster Wachheit und Bewußtheit aufrufen. Dies ist bei starken geistigen Persönlichkeiten der Fall, welche den Kampf, zu dem sie innerlich getrieben werden, aufnehmen und dadurch den sie bedrohenden Gefahren entgehen können. Glas weist in Chopins Werken auf Stellen hin, an denen der Sieg der Persönlichkeit über das melancholische Temperament wahrgenommen werden kann.[40] Und Lothar Vogel unterstreicht, daß die »positive Frucht« dieses »reinen Bewußtseinstemperamentes« das Gedankenleben ist.[41]

Betrachten wir abschließend einige Persönlichkeiten, deren Leben und Schaffen melancholische Eigentümlichkeiten spiegeln. Da ist *Erasmus von Rotterdam* (1466-1536), der große Humanist, Zeitgenosse von Luther und Zwingli. Das Bildnis, das Hans Holbein der Jüngere von ihm gemalt hat, zeigt das straffe, nervige Antlitz, die blassen Wangen, das tiefliegende, fast geschlossene Auge, die lange, schlanke Nase, den energisch verschlossenen Mund, das scharf gezeichnete Kinn. Alles verrät eine Persönlichkeit, die ihr Leben in der Studierstube verbracht hat: hinter Büchern und Folianten, bei peinlich exakter wissenschaftlicher Forschungs- und Herausgebertätigkeit, nicht ein Mann der Fehde und des Kampfes, sondern der Vermittlung, der Befriedung, reservierter Zurückhaltung. Seine Stilkunst genoß europäischen Ruf. Es gehörte zu einer der höchsten Auszeichnungen, eines persönlichen Briefes von Erasmus gewürdigt zu werden. Im Alter quälten ihn, der melancholischen Konstitution entsprechend, die Gallensteine.

Von ähnlichem Schlag war *Immanuel Kant* (1724–1804), der »Alte von Königsberg«, bei dem ebenfalls das Bewußtseinselement außerordentlich dominierte. So weitreichend seine geistige Leistung war, in so engem Rahmen verlief sein äußeres Dasein. Der Philosoph befliß sich während seines ganzen Lebens einer geradezu spartanischen Strenge und Selbstgenügsamkeit. Jeden Morgen stand sein Bedienter schon ein Viertel vor fünf an seinem Bett und rief mit energischer Stimme: »Es ist Zeit!« Oft war Kant noch schläfrig und hätte gerne noch ein Weilchen geruht; aber der Bediente hatte die strikte Weisung, sich nicht irremachen zu lassen, sondern seinen Herrn rücksichtslos zum Aufstehen anzuhalten. Alsdann trank der Philosoph zum Frühstück zwei Tassen Tee und stopfte sich eine Pfeife. Den Genuß von Kaffee, den er vorgezogen hätte, versagte er sich aus gesundheitlichen Gründen. Stets schlief Kant im kalten Schlafzimmer. Nur »bei strenger Kälte... ließ er es etwas erwärmen«.[42] Da sein Wohlbefinden sehr von der Witterung abhängig war – was wiederum den Melancholiker kennzeichnet –, pflegte er das Wetter genau zu beobachten.

Groß war Kants Empfindlichkeit gegenüber dem Lärm: ein weiteres Indiz für sein melancholisches Temperament. Oft wechselte Kant darum die Wohnung. Einmal störten ihn Schiffe und Fahrzeuge, anderswo raubte ihm ein in der Frühe krähender Hahn die Nachtruhe, oder es ärgerte ihn an einem weiteren Wohnort das Choralsingen der Häftlinge, so daß er sich in einem energischen Protestschreiben an den Stadtpräsidenten »wegen der stentorischen Andacht der Heuchler im Gefängnis« beschwerte.[43]

Seine ganze Schaffenskraft konzentrierte der Gelehrte auf seine wissenschaftliche Arbeit und die Vorlesungen an der Universität. Sein Werk ist gekennzeichnet durch höchst subtile intellektuelle Maulwurfsarbeit, die das Erdreich der herrschenden Meinungen und Ansichten erbarmungslos durch- und aufgräbt. Seine berühmten Kritiken sind im Grunde genommen immer auch Grenzziehungen. Man könnte als Psychologe versucht sein, Kants Transzendentalphilosophie als Ausdruck der starken Melancholie ihres Schöpfers zu werten und von einem psychischen Zwang zur Aufrichtung von Mauern zu sprechen. Tatsächlich begegnen wir bei melancholischen Persönlichkeiten des öfteren Empfindungen des Eingeschlossen- und Gefangenseins. Die folgenden Beispiele werden dies bestätigen.

Während bei Erasmus und Kant vor allem die Befähigung des Melancholikers zu subtiler geistiger Arbeit wahrgenommen werden kann, offenbaren die folgenden Persönlichkeiten stärker die belastenden und bedrohenden Seiten des Temperaments, die uns schon an die Grenze des Krankhaften führen.

Wir haben im letzten Kapitel die Phlegmatik des reifen *Conrad Ferdinand Meyer* betrachtet. Im Zusammenhang dieses Kapitels verdient auch die andere Seite aus Meyers Leben erörtert zu werden: die Melancholik seiner Jugend. Bis in die Konstitution drückte sich dieses Temperament beim jungen Meyer aus, der in den Dreißiger Jahren von hoher, schlanker Gestalt war und darum gelegentlich als Schauspieler genommen wurde. Während dieser Zeit war er äußerst depressiv. Er vermochte nicht einer regelmäßigen Arbeit nachzugehen und litt darunter, daß er kein Ziel und keine Karriere vor sich sah.

»Menschenscheu, schlaff, verträumt und bitter in sich selbst verschlossen«, saß Meyer bald da, bald dort herum, oder er spazierte in dem großen, einsamen Garten seines Vaterhauses, immer allein, immer denselben Weg durchmessend, verbarg sich hinter Gebüschen, wenn jemand nahte, ergriff die Flucht, wenn jemand ihm unerwartet entgegenkam. Das Haus verließ er nur nachts und trieb sich allein in den Gassen umher. »Er hatte ungern, wenn jemand ihm nahe auf den Leib rückte, und bot zum Gruß immer nur zwei Finger der rechten Hand.«

Die Härte des physischen Leibes stellte seinem hohen Geiste solchen Widerstand entgegen, daß er viel länger brauchte, sich geistig durchzusetzen, als der Großteil der Menschen. Kretschmer spricht von einer »ungewöhnlichen Verspätung des Pubertätsdurchbruchs«.[44] Während andere den Frühling ihres Daseins genießen, umhüllte Meyers Seele tiefe Winternacht, und erst im späten Mannesalter erlebte Meyer seinen eigenen Frühling.

Allmählich verändert sich auch seine Gestalt: der hagere Melancholiker wandelt sich in einen gemüthaften Phlegmatiker. Freilich litt er weiterhin »unter der überfeinerten Zartheit seiner Nerven, unter launenhaftem Stimmungswechsel und momentanen Ermüdungen«.[45]

Die »scheu auf sich zurückbezogene Eigenlebigkeit«, die den

jungen Meyer charakterisiert, begegnet uns auch bei *Rainer Maria Rilke* (1875–1926). In seiner mystischen Lyrik versuchte Rilke selbst die Wände des Todes zu durchbrechen. Kaum ein Dichter hat sich so stark in eine Todessehnsucht hineingelitten wie er. Als er leidend darniederlag, lehnte er es ab, schmerzstillende Mittel zu nehmen. Er wollte das Leiden ertragen, das Leiden als Weg zum Tode.

Als letztes Beispiel sei auf *Franz Kafka* (1883–1924) hingewiesen, dessen Leben und Wirken für die Temperamentforschung außerordentlich ergiebig ist. Wieder fällt die gestörte Ich-Du-Beziehung auf, die Flucht vor intimen Kontakten mit der Umwelt bei gleichzeitigem Welthunger. Dreimal verlobte sich Kafka mit seiner Freundin Felice Bauer, und dreimal entlobte er sich wieder. Aus »Angst vor der Schule und Autoritäten« baute er schon früh eine »gläserne Wand« um sich herum auf, die ihn vor Angriffen und Zudringlichkeiten bewahren sollte.[46] Wie dies bei C. F. Meyer und Rilke der Fall war, wird auch Kafka der Fülle und Tiefe eigener Innerlichkeit gewahr und vermag sich ihrer kaum zu erwehren: »Die ungeheure Welt, die ich im Kopfe habe. Aber wie mich befreien und sie befreien, ohne zu zerreißen.«[47] Bis in die Wortlaute hinein wird ihm die eigene innere Härte bewußt: »Ich bin wie aus Stein, mein eigenes Grabmal bin ich.«[48] Gegen solchen Stein versuchte seine empfindsame Seele sich durchzusetzen. Sie rieb sich innerlich wund. Das spiegeln tatsächlich fast alle seine Werke, die uns immer wieder ähnliche Bilder vor Augen führen, wider. Aus der leib-seelischen Spannung des melancholischen Temperamentes lassen sich fast alle Werke Kafkas deuten und verstehen. Immer ist Kafkas Held ein Scheiternder, Versagender, der irgendwo auf der Strecke liegenbleibt oder elendiglich krepiert – »wie ein Hund«. Die geistigen Kräfte vermochten sich in der Physis des Dichters nicht durchzusetzen. Er empfand dies wohl auch, als er schrieb: »Manchmal scheint es mir, Gehirn und Lunge hätten sich ohne mein Wissen verständigt. ›So geht es nicht weiter‹, hat das Gehirn gesagt, und nach fünf Jahren hat sich die Lunge bereit erklärt, zu helfen.«[49] Man beachte: »ohne mein Wissen«: sein Personkern ist nicht dabei, der Kopf macht sich autonom. Das Ich greift nicht ein. So konnten die übrigen Wesensglieder zu stark werden, und die Tuberkulose-Erkrankung führte zum Tode, anstatt, wie es hätte sein können und sein sollen, zum Leben, zur Heilung.

Am Schluß dieser mehr deskriptiven Betrachtung ist zu betonen, daß die einzelnen Temperamente selten in so reiner Form in Erscheinung treten, wie wir sie hier aus methodischen Gründen geschildert haben. Jeder Mensch trägt nämlich der Anlage nach sämtliche vier Temperamente in sich, allerdings gelangen in der Regel nur zwei zur Wirksamkeit, während die übrigen zwei als knospenhafte Möglichkeit im Hintergrund bleiben. Immerhin lassen sich bei Persönlichkeiten, die stark und bewußt an sich gearbeitet und somit einen hohen Grad der Vollendung erreicht haben, sämtliche vier Temperamente wahrnehmen. Wir denken etwa an *Johann Sebastian Bach* oder an *Johann Wolfgang von Goethe*. Auch können während der verschiedenen Lebensalter bestimmte Temperamenteigenschaften stärker als andere hervortreten. Schließlich weisen auch einzelne Völker ganz bestimmte Temperamente sozusagen als seelische Grundtönung auf. Es ist uns nicht möglich, auf diese Aspekte noch einzugehen. Jedoch verweisen wir hier auf die ausgezeichnete Darstellung von *Hans Erhard Lauer,* »Die Volksseelen Europas«.[50]

Nachdem wir die Temperamente im einzelnen kennengelernt haben, rechtfertigt sich ein Blick auf deren Wesen überhaupt. *Hippokrates* brachte das Temperament mit dem Säftehaushalt, d. h. mit einer bestimmten Mischung oder Verteilung und Aktivität der Körpersäfte, in Beziehung. *Heinroth* stellte das Temperament als Ausdruck des menschlichen *»Amphibienlebens«* zwischen dem Reich der *Natur* und dem Reich der *Freiheit* dar. Die *Natur*seite umfaßt die biologischen Bereiche des Menschen, den lebenden Organismus, während die *Freiheit* auf den Geist hindeutet. In diesem Jahrhundert hat *Rudolf Steiner* diese Auffassung bestätigt.[51] In seinem Sinne ist das Temperament das Ergebnis des Zusammenwirkens der *Erbkräfte,* die den Menschen mit seiner physischen Ahnenreihe verbinden, und der *Ich-Kräfte,* die auf seine eigene geistige Individualität hinweisen. Je nach dem »Ort« oder Funktionsbereich, wo die Ich-Kräfte ansetzen, bildet sich die eine oder andere Temperamentfärbung heraus. Wenn das Ich mit einem Überschuß an Aktivität im warmen Blute tätig wird, entsteht das feurige *cholerische* Temperament. Ein besonderes Engagement des Ichs im *Nerven und Sinnesbereich* bewirkt das nervöse *sanguinische* Temperament. Beim *Phlegmatiker* leben die Ich-Kräfte in den wäßrigen *Stoffwechselprozessen,* und beim *Melancholiker* stehen sie in Auseinandersetzung mit dem harten *physischen* Leib.

Da nun der Mensch in seiner leiblich-seelisch-geistigen Totalität auch mit den übrigen Naturreichen in Verbindung steht – was wir im ersten Aspekt ausgeführt haben –, lassen sich die einzelnen Temperamente auch mit der äußeren Naturwelt in Beziehung setzen. So entspricht in gewissem Sinne das *melancholische* Temperament dem rein physischen, leblosen *Mineralreich,* das *phlegmatische* dem belebten *Pflanzenreich,* das *sanguinische* dem *Tierreich* und das Ich-starke *cholerische* Temperament dem eigentlichen *Menschenreich.* Es umschließen die vier Temperamente gewissermaßen den gesamten Komplex der Schöpfung. Sie bilden die dauernden Garanten des In-Beziehung-Bleibens von natürlichem und geistigem Kosmos.

Zur Pädagogik der Menschenführung

> Je mehr Technik in die Welt gebracht wird, um so wichtiger wird es, daß an den entscheidenden Stellen Menschen stehen, die die Technik solcherart führen, daß sie im *menschlichen* Maß bleibt. Echte Führerschaft erweist sich im Zustrom höherer moralischer Kräfte.
>
> *Carl Oechslin*

1. Die soziale Aufgabe der Temperamente

Nachdem wir wahrgenommen haben, wie sich im Temperament das spezifische Zusammenwirken der verschiedenen Wesensglieder des Menschen ausdrückt, interessiert es uns zu erfahren, ob das Temperament auch in der sozialen Gemeinschaft, im Familien-, Schul- und Berufsleben, eine ernstzunehmende Rolle spielt. Wir glauben, daß dem so sei, und halten uns darum für berechtigt, von einer *sozialen Aufgabe* der Temperamente zu sprechen.

Die Gemeinschaft der Menschen lebt ja in all ihren Erscheinungsformen je und je von dem steten Geben und Nehmen ihrer Glieder. Zu solchem Geben und Nehmen veranlassen uns sowohl unsere Talente wie auch unsere Mängel und Schwächen, unser Besitztum wie auch unsere Bedürftigkeit. Jedes Menschen Fähigkeiten und Möglichkeiten sind immer in irgendeiner Weise beschränkt und nötigen deshalb den einzelnen, die Dienste anderer in Anspruch zu nehmen. Vielfach können solche Leistungen nur dadurch erbracht werden, daß andere Menschen über Kenntnisse, Fähigkeiten und Mittel verfügen, die wir selber nicht oder nicht in demselben Ausmaß haben. Die Gemeinschaft lebt darum recht eigentlich von der Verschiedenheit und Verschiedenartigkeit der Begabungen, Kräfte, Fähigkeiten und Mittel der Menschen. Gesund und lebensfähig ist eine Gemeinschaft, wenn sämtliche Dienstzweige, die für die Erhaltung unseres Lebens und für die Durchführung unserer Lebensaufgaben von Bedeutung sind, in ausreichendem Ausmaß über Arbeitskräfte verfügen. In diesem Zusammenhang spielen auch die Temperamente eine nicht unerhebliche Rolle, indem sie zu bestimmten sozialen Aufgaben begabt machen und beitragen, die sozialen Beziehungen zu festigen.

Andererseits kann auch ein Mangel, der mit einem bestimmten Temperament in Verbindung steht, schwere soziale Schäden und Störungen hervorrufen. Welches sind denn nun die spezifischen sozialen Qualitäten der einzelnen Temperamente?

Das *cholerische* Temperament ist gekennzeichnet durch eine besondere Willensaktivität, die auf eine starke Ich-Kraft hinweist. Den Choleriker erfüllt der Drang, sich in der Welt zu behaupten, seinen Willen durchzusetzen. Sein Temperament qualifiziert ihn dazu, den Lauf der Dinge zu verändern, der Welt den Stempel seiner eigenen Persönlichkeit aufzuprägen.

Diese Eigenschaft befähigt das cholerische Temperament zu einer Führungsaufgabe. Überall, wo ein bestimmtes Ziel um jeden Preis erreicht werden soll, bedarf es des Cholerikers. Er verfügt über die Kraft, andern Menschen seinen Willen aufzuzwingen, den Widerstand zu brechen, die weniger Aktiven mitzureißen. Er ist begabt, das Ziel nicht aus den Augen zu lassen, am gefaßten Entschluß unbedingt festzuhalten, durch dick und dünn vorzudringen, hinderndes Gestrüpp auf die Seite zu räumen, durch Rückschläge, Kritiken, Angriffe nicht unsicher zu werden. Das cholerische Temperament besitzt Durchhaltekraft, Unerschütterlichkeit und Furchtlosigkeit in dem Ausmaß, wie es eine Führungsaufgabe erfordert. Fast überall läßt sich beobachten, wie der cholerisch veranlagte Mitarbeiter sich rasch an die Führungsspitze emporarbeitet und eine leitende, organisierende Rolle zu spielen beginnt.

In diesem Zusammenhang kann auch gesagt werden, daß ein Chef mit andern Temperamenteigenschaften, der eine Führungsaufgabe übernimmt, sich bemühen muß, das Cholerische auszubilden. Tut er dies nicht, so werden sich bald ernsthafte Schwierigkeiten einstellen, indem er vielleicht zu nachgiebig und beeinflußbar ist wie ein Sanguiniker, zu weich und gleichgültig wie ein Phlegmatiker oder zu schwernehmend wie ein Melancholiker.

Beispiele von Menschen des cholerischen Temperaments, die eine führende Stellung bekleiden, wird jedermann in seiner Umgebung kennen. Sehr deutlich zeigt sich dieses Temperament bei *Napoleon Bonaparte* (1769–1821). Kein anderes Temperament hätte den Korsen in die Lage versetzt, sein Lebenswerk in der bekannten Weise zu vollbringen.

Der rasche Aufstieg vom Artillerieleutnant zum Brigadegeneral, sein Einschreiten in Paris zur Unterdrückung des Royalisten-Aufstandes, die erfolgreichen Feldzüge, sein politischer

Aufstieg bis zum Kaiser: all das verrät den unbeirrbar handelnden Choleriker. Dem glänzenden Aufstieg folgte aber der jähe Sturz. Das Übermaß seines Selbstbewußtseins und Selbstvertrauens machte ihn blind für die Wirkungen, welche seine Taten auslösten. Die maßlose und fortgesetzte Ausbeutung der ihm unterstellten Länder, die unstillbare Gier nach Vergrößerung der Grenzen seiner Macht weckten und mobilisierten die Gegenkräfte, welche seinen Sturz herbeiführten. Das Leben Napoleons zeigt uns, was geschieht, wenn der Choleriker nicht beizeiten sein Tun an den Reaktionen der Außenwelt zu beurteilen und zu wägen versucht. Die Voreingenommenheit gegenüber sich selbst kann ihn realitätsblind machen.[1]

Eine Persönlichkeit voller cholerischer Kraft, die in vielfältigster Weise in das politische und kulturelle Leben der Schweiz zwischen 1798 und 1848 eingegriffen hat, ist *Heinrich Zschokke*[2] (1771–1848). In Deutschland geboren, suchte der in seiner Heimat Vereinsamte den Weg in die Schweiz, wo sich ein seinem Geist und Temperament entsprechendes gewaltiges Aktionsfeld darbot. Zschokke gerät mitten in die Wirbelstürme der revolutionären Umwälzungen, die, vom Westen her in die Schweiz eindringend, zum Sturz der alten Eidgenossenschaft, zur Besetzung der Schweiz durch die Franzosen und zu den Jahrzehnte währenden Kämpfen um eine dem Land gemäße Verfassung und Staatsform führten. Als Fünfundzwanzigjähriger übernimmt er die Leitung des darniederliegenden Seminars im Schloß Reichenau in Graubünden, schreibt aus Liebe zu seiner neuen Heimat eine *Geschichte des Freistaates der drei Bünde* und erhält schon nach zwei Jahren von Bünden die Staatsbürgerschaft geschenkt. Dank seiner begeisternden Redekunst wird er Mitglied des eidgenössischen Parlaments und der Regierung und kämpft in Wort und Schrift neben Heinrich Pestalozzi für die Freiheit und Unabhängigkeit seiner Wahlheimat. Den Umstand, daß ihn die Schweiz als ihren Bürger aufgenommen hat, empfindet er stets als tiefe Verpflichtung: »Die Schweiz hat mich zu ihrem Sohne angenommen, darum bin ich ihr doppelt mehr Dankbarkeit schuldig als ihre eingeborenen Kinder.«[3]

Auch an Zschokke kann man beobachten, wie stark sich das cholerische Temperament mit der Umwelt verbindet, mit herzhaftem Mut in unhaltbare Situationen eingreift, Verworrenes klärt, Ungerechtigkeit und Schwächen aufs schärfste geißelt. Der Choleriker will nicht nur als Zuschauer am Zaune des Lebens stehen und beschaulich genießen oder sich in passiver Haltung entrüsten. Alles drängt ihn, von der Pike an in die Wirklichkeit einzugreifen, zu helfen, zu lenken, zu verbessern.

In temperamentmäßiger Hinsicht mit Zschokke verwandt ist dessen Freund *Paul Ignaz Vital Troxler* (1780–1866). Auch er nimmt als Arzt, Philosoph, Politiker und Erzieher glühenden Anteil an den bewegten Ereignissen in den Jahren des Umbruchs, versucht schon auf den Wiener Kongreß Einfluß zu gewinnen, mischt sich als Philosophieprofessor an der Basler Universität in die politischen Wirren wegen der Teilung des Kantons Basel und muß darum bei Nacht und Nebel aus der Stadt fliehen. Als erster Philosophieprofessor der neu gegründeten Berner Hochschule fordert er begeisternd die Trennung von Schule, Kirche und Staat. Als sich 1848 die Lange Tagsatzung wegen des Entwurfs einer Bundesverfassung nicht einigen konnte, war es Troxler, der den Abgeordneten die Idee des Zweikammersystems vorschlug. Einmal schrieb er seinem Freund Varnhagen von Ense: »Stünde ich allein und bänden mich nicht heilige Pflichten an Weib und Kinder, in offener Fehde würde ich mich dem Ungeheuer entgegenwerfen und mit ihm den Kampf auf Leben und Tod eingehen.«[4]

Diese drei Beispiele illustrieren die starke soziale Durchschlagskraft des cholerischen Temperamentes. Wohl macht das Temperament nicht die Persönlichkeit aus; diese aber bedient sich seiner als eines unentbehrlichen Instrumentes.

Nicht nur in der Führungsbegabung äußert sich cholerisches Wesen, sondern auch in bestimmten handwerklichen Berufen. Es sind dies Berufe, die in irgendeiner Weise mit dem Feuerprozeß verbunden sind. Das Feuer ist ja, im Sinne der griechischen Elementenlehre, das dem cholerischen Wesen entsprechende Element. Ein klassischer cholerischer Beruf ist der des Schmiedes, ein Beruf, der früher eine geradezu mythisch-magische Bedeutung hatte. Das Urbild des Eisen schmiedenden Menschen ist in der germanischen Mythologie Siegfried. Die Sage berichtet, wie Siegfried bei Mime das Schmieden lernt und wie er mit einem selber geschmiedeten Schwert den Drachen tötet und sich in dessen Blut badet, wodurch er unverletzlich wird. Dieser Bericht hat einen tiefen geistigen Hintergrund, der mit dem cholerischen Temperament zusammenhängt. Wir haben erfahren, wie der Choleriker durch einen Überschuß an Ich-Kraft im Blute gekennzeichnet ist. Auf diesen Umstand weist die Siegfriedsage in mythischen Bildern hin. Das Schwert, das Siegfried schmiedet, kann als ein Bild für die Ich-Kraft genommen werden. In der Wärme des Blutes muß jeder Mensch an seinem Ich schmieden. Wenn aber diese Kraft eine bestimmte Stärke erreicht hat, vermag sie die Leidenschaften, die auch im Blute wirken, zu überwinden und das den Menschen Bedrohende in ihren Dienst zu nehmen. Wer mit seinem Ich den Drachen in sich überwunden hat, wird »unverletzlich« und stark.

An diese Zusammenhänge erinnert der Schmied, der im Feuer das harte Eisen glüht und bearbeitet. Mit der Wandlung der handwerklichen Tätigkeit in maschinelle Industriearbeit hat dieser Beruf seine Bedeutung verloren. Dennoch gibt es nach wie vor Berufe, die eine cholerische Ader erfordern, solche nämlich, in denen hartes, sprödes, widerspenstiges Material bewältigt werden muß. Es sind Berufe wie Schlosser, Gießer, Spengler, Waldarbeiter, Steinhauer und Bildhauer.

Ganz anderer Art ist die soziale Funktion des *sanguinischen* Temperamentes. Eine eigentliche Führernatur ist der Sanguiniker nicht. Er ist beeinflußbar, und der Wille zur Stetigkeit geht ihm ab. Dagegen verfügt er über Qualitäten, die ihn im sozialen Bereich zu einem unentbehrlichen Mitarbeiter machen: es fällt ihm leicht, Kontakte herzustellen und Kontakte zu unterhalten; er vermag sich ohne Schwierigkeiten in die Lage eines andern zu versetzen, er ist innerlich sehr beweglich und anpassungsfähig. Solche Menschen brauchen wir überall dort, wo es auf die Herstellung von Verbindungen ankommt: an der äußeren Front eines Betriebs, im Umgang mit dem Kunden, in der Informationsabteilung, im Pressewesen, in der Unterhaltungsindustrie, vor allem auch in einer Lehrtätigkeit. Gerade weil sich der Sanguiniker nicht so stark nach dieser oder jener Richtung hin engagiert, sondern innerlich etwas labil bleibt, vermag er von außen angeregt und impulsiert zu werden, kann er auch viel leichter auf eine ihm von außen entgegenkommende Frage oder Anregung eingehen und sich anpassen. Die Sanguiniker stellen darum die wichtigen Verbindungsleute im sozialen Miteinander dar.

Außerdem besitzt der Sanguiniker die Fähigkeit, immer wieder Neues zu erfinden und zu produzieren. Er ist in der Regel vielseitig begabt und interessiert. Darum treffen wir ihn im öffentlichen Leben überall dort, wo der Wechsel gewissermaßen zum System gehört.

Es gibt auch ganz bestimmte manuelle Berufe, welche die sanguinischen Eigenschaften beanspruchen. Wir denken an Tätigkeiten, die einerseits mehr den äußeren Schein unseres Daseins prägen, anderseits eine gewisse manuelle Gewandtheit, ein ordentliches Maß an Fingerspitzengefühl und eine große Anpassungsbereitschaft erfordern.

Ein solcher Beruf ist der des *Friseurs*. Immer wieder muß er sich den Wünschen seiner Kunden anpassen, muß allen Spielarten der Haarmode entsprechen. Sein Schaffen bewegt sich durchaus an der Oberfläche des Lebens, bestimmt das äußere Antlitz, das die Menschen »zur Schau« tragen. Auch das Handwerkliche seiner Kunst trägt einen peripheren Charakter, indem es gleichsam nur die Finger in Anspruch nimmt. Man beachte demgegenüber, wie der Schmied mit seiner ganzen Muskelkraft engagiert ist, wenn er das Eisen bearbeitet, oder wie der Holzfäller seine gesamte Leiblichkeit betätigt, wenn er mit der Axt ausholt, um mit einem gezielten Streich den Stamm zu brechen.

In noch gesteigertem Maße gilt das Gesagte für die Tätigkeit des *Schneiders* und der *Schneiderin*. Entscheidender ist der Anteil dieser Berufe an der Art und Weise, wie die Menschen einander erleben. Daß Kleider »Leute machen«, erfahren wir im zivilen, öffentlichen und privaten Leben Tag für Tag. Die Kunst des Schneiders ist es, Leute zu »machen« oder den äußeren Schein dem Sein, Wesen und Rang des einzelnen entsprechend zu gestalten. Mehr noch: die Figur zu verbessern, Mängel auszugleichen, Qualitäten hervorzuheben.

Im übrigen hat der Schneiderberuf auch eine mythische Bedeutung. Wie der Schmied gleichnishaft die Cholerik ausdrückt, so der Schneider die Sanguinik. Bei diesem Temperament sind – wie wir oben gesehen haben – die Verstandes- und Sinneskräfte am stärksten angesprochen. Im mythischen Bild aber erscheint der an der äußersten Oberfläche der Sinneswelt hängenbleibende Verstand als das Schneiderlein, das auf dem Tisch sitzt, also den Boden der (geistigen) Wirklichkeit nicht ganz erreicht. Mit der scharfen Schere seiner Abstraktionskraft zerschneidet es die ihm offenbare ganzheitliche Welt in einzelne Begriffsfetzen und näht mit Nadel und Faden seines spekulativen Denkens nach »eigenem Ermessen« die Teile wieder zusammen und schneidert sich so aus dem Tuch seiner Vorstellungen ein neues, eigenes Kleid.

Zum Bild des Schneiders gehört auch das Leichte, Unbeschwerte – man spricht von einem »Schneidergewicht« –, ferner etwas Pfiffiges und Witziges, das sich nicht erwischen läßt und gerne etwas hoch angibt (»Sieben auf einen Streich«), ohne es wirklich so ernst zu meinen, wie die andern es auffassen. In der Tat ein sprechendes Bild sanguinischen Verhaltens!

Die soziale Begabung des *Phlegmatikers* liegt anderswo. Auf Grund der ihn kennzeichnenden leib-seelischen Entspanntheit fühlt er sich nicht gedrängt, die Umwelt zu verändern. Er ist im Grunde mit den Gegebenheiten zufrieden, die er vorfindet. Da er sich nicht so leicht mitreißen läßt wie der Sanguiniker, nicht so rasch durch den Stachel seines eigenen Ich angetrieben wird wie der Choleriker, besitzt er die Ruhe zu objektiver, selbstloser Betrachtung, Beobachtung und Beurteilung einer Situation. Er ist vielmehr geneigt, sich den Zuständen anzupassen, die er vorfindet, und erachtet Veränderungen, die nicht eine Erleichterung der Arbeit bringen, als überflüssig und lästig. Seine besondere Qualität besteht darin, einmal Begonnenes weiterzuführen. Nun gibt es im sozialen Organismus soundso viele Aufgaben, die nicht einem Wechsel unterliegen dürfen, sondern größte Stetigkeit erfordern. Für solche Arbeiten ist der Phlegmatiker ganz besonders geeignet. Er fühlt sich in einem geregelten, dauernden und sicheren Verhältnis sehr wohl. Während der Choleriker die Spitzenposten besetzt, der Sanguiniker die zwischenmenschlichen Verbindungen pflegt, arbeitet der Phlegmatiker im Innern des Betriebes, wo Sorgfalt, Exaktheit, Gleichmäßigkeit und Ausdauer verlangt werden. Der Phlegmatiker ist der Garant der Dauer in unserer hektischen Zeit. Er ist eine bewahrende Kraft, welche die stürmischeren Temperamenttypen vor abenteuerlichen, ungesicherten Experimenten zurückhält.

Wie die andern Temperamente, so hat auch das phlegmatische eine Beziehung zu gewissen praktischen Berufen, die mehr mit der physischen Konstitution des Temperamentes zu tun haben. Der Phlegmatiker lebt stark in seinen Stoffwechselprozessen. Das spiegelt sich oft in seinen beruflichen und privaten Interessen. Man wird immer wieder feststellen können, daß sich ein phlegmatisch veranlagter Mensch zu einer Tätigkeit hingezogen fühlt, die mit Nahrung in Beziehung steht. Nicht von ungefähr kommt es, daß im Bereich der kulinarischen Berufe verhältnismäßig viele Phlegmatiker anzutreffen sind. Den Bäcker, Metzger, Wirt, ganz besonders aber den Koch stellen wir uns zweifellos am ehesten als einen wohlbeleibten Phlegmatiker vor. Und wenn die berufliche Tätigkeit auf einem andern

Felde liegt, schätzt es der Phlegmatiker, wenigstens in seiner Freizeit ein Hobby zu betreiben, das mit dem Stoffwechselbereich in irgendeiner Beziehung steht.

Wenden wir uns dem *melancholischen* Temperament zu. Die im vorderen Kapitel dargestellten Beispiele belegen die stark introvertierte Veranlagung des Melancholikers, seine damit verbundene Vorliebe für eine Tätigkeit, die sich in einsamer Stille, gewissermaßen »unter Ausschluß der Öffentlichkeit«, vollziehen läßt. Die Eigenart hängt mit der großen Sensibilität dieses Temperamentes zusammen. Diese Eigenschaft macht aber den Melancholiker auch zu einem exakten, selbstkritischen, vorsichtigen Menschen; sie weckt und nährt in ihm das Bedürfnis, in die Tiefe zu dringen. Wo der Choleriker zu rasch und unbekümmert vorwärtsdrängt, der Sanguiniker zu leichtfertig darüber hinweghuscht, der Phlegmatiker uninteressiert vorbeigeht, hakt der Melancholiker ein und geht der Sache bis auf den Grund. Es gibt in der sozialen Gemeinschaft soundso viele Gegenstände oder Ereignisse, die eine solche Exaktheit erfordern. Ganz besonders gilt dies im Sektor der Wissenschaft, wo es vor allem auf Exaktheit und Gründlichkeit ankommt. Nicht zu Unrecht wird der Melancholiker oft als Grübler bezeichnet, als ein in mancher Beziehung »verschrobener« Kerl, der das Gras wachsen sieht, die Flöhe husten hört und die oberflächliche Kruste des Scheins durchdringen möchte.

Daß die Melancholik auch das künstlerische Leben impulsiert, ist schon erwähnt worden. Wertvolle Dichtungen verdanken wir dem melancholischen Lebensernst und Tiefsinn. Nicht nur die durch den daseinsflüchtigen Weltschmerz gekennzeichnete Romantik und Spätromantik *(Josef Görres, Nikolaus Lenau, Eduard Mörike, Annette von Droste-Hülshoff, Theodor Storm),* sondern auch die Bewegung der Neuromantik *(Rainer Maria Rilke, Hugo von Hofmannsthal, Stefan George)* und des Expressionismus *(Georg Trakl, Georg Heym)* sind durch einen starken melancholischen Einschlag geprägt. Einen tief melancholischen Zug erkennen wir ferner in der dem Leid und Schmerz so stark ergebenen russischen Literatur von *Tolstoi* und *Dostojewski* bis zu den ergreifenden Werken von *Boris Pasternak* und *Alexander Solschenizyn.* Die große Bedeutung dieses Temperamentes für die Musik ist im Zusammenhang mit *Frédéric Chopin* bereits angedeutet worden.

Zusammenfassend läßt sich sagen, daß ein Aspekt der sozialen Funktion dieses Temperaments just darin besteht, der Menschheit zu zeigen, wo sie steht, und ihr zu sagen, woran sie leidet. »Und wenn der Mensch in seiner Qual verstummt, gab mir ein Gott, zu sagen, was ich leide.« Das Wort, das Goethe *Torquato Tasso* in den Mund gelegt, weist diesem Temperament seine grundwichtige therapeutische Aufgabe zu. Es soll aufwecken, in Bewegung bringen, hellhörig machen. Das melancholische Temperament ist ja das eigentliche Bewußtseinstemperament.

Andererseits macht eben diese Eigenschaft den Melancholiker auch wieder fähig, Mitgefühl mit dem Mitmenschen zu empfinden. Oft treibt die innere Gespanntheit den Melancholiker in die Nähe des Leidens, der Not, des Schmerzes. Die Begegnung mit fremder Not hilft ihm, das Leid in seiner eigenen Brust zu überwinden, zu vergessen. Darum fühlt sich der melancholisch Veranlagte hingezogen zu einer sozialen oder sozialpädagogischen Lebensaufgabe. Je nach seiner Begabung drängt es ihn in die Seelsorge, oder er möchte kranke Menschen heilen, pflegen, betreuen oder sich der entwicklungsgestörten Kinder annehmen, oder er wird sich um die Mitmenschen kümmern, welche mit dem Leben nicht zurechtkommen.

Nun darf nicht übersehen werden, daß das melancholische Temperament auch in andern Berufen anzutreffen ist. Es ist ja durchaus nicht immer das vorherrschende Temperament allein bei der Berufsrichtung bestimmend. Oft spielen ganz andere Kriterien eine ebenso entscheidende Rolle, zum Beispiel die familiären Verhältnisse, finanzielle Erwägungen, der Zufall einer sich eben anbietenden Lehrstelle, bessere Aufstiegsmöglichkeiten, zufällige Empfehlungen, die wirtschaftspolitische Lage, nicht aber die Temperamentlage. Indes wird man immer feststellen, daß der Melancholiker auch in einem Beruf, der seinem Temperament nicht eigentlich entspricht, das Bedürfnis haben wird, andern Menschen zu helfen, wenn Schwierigkeiten auftauchen.

Wir müssen darum froh sein, daß das melancholische Temperament besteht. Gerade unsere auf Freiheit, Selbständigkeit, Ehrgeiz und Egoismus ausgerichtete Wirtschaftsgesinnung bedarf auf das dringendste der therapeutischen Dienste, welche allein das melancholische Ferment zu erbringen in der Lage ist.

Das Temperament läßt sich nicht leicht verändern. Das erfahren wir tagtäglich an uns selbst sowie an unsern Mitmenschen. Wenn wir etwa einen Jugendfreund oder einen alten Bekannten nach Jahren und Jahrzehnten wieder treffen, werden wir vielleicht große Veränderungen in seinem Aussehen, seinem Denken, seiner Weltanschauung wahrnehmen, in seinem Temperament aber werden wir meist kaum eine Wandlung feststellen. Obgleich dies so ist, müssen wir von einer Erziehung der Temperamente sprechen. Denn die Einseitigkeiten, Schwächen und Gefahren, die jedem Temperament mehr oder weniger anhaften, stellen den Menschen immer wieder vor die Aufgabe, *sein* Temperament in die Hand zu bekommen. Ganz besonders nötigt uns das Zusammenleben und Zusammenarbeiten mit unsern Familienangehörigen, Freunden und Mitarbeitern, uns unserer Schwächen und Unzulänglichkeiten bewußt zu werden und in uns den Wunsch oder gar den Willen zu wecken, uns zu bessern. Zwar stellt der Versuch, sein Temperament in die Hand zu bekommen, eine Bemühung dar, die Jahre und Jahrzehnte erfordert und die darum sehr oft die eigentliche Lebensaufgabe darstellt, welche wir zu erkennen und zu meistern haben.

So wichtig eine solche Aufgabe ist, so wenig ist sie in der psychologischen und pädagogischen Praxis unserer Zeit bewußt geworden. Während die Wissenschaft der Psychologie auf dem Felde der Diagnose erstaunliche Fortschritte gemacht hat, stehen wir im Bereich einer Pädagogik der Temperamente noch ganz am Anfang. Darum finden sich in der Literatur auch sehr wenig Hinweise zur Erziehung der Temperamente. *Friedrich Arndt*[5] geht von einem Evangelientext auf die pädagogische Betreuung der vier Temperamente ein, indem er darstellt, wie Jesus Christus im Umgang mit seinen Jüngern jeweilen die für das entsprechende Temperament zutreffende Verhaltensanweisung erteilt hat. In unserer Zeit hat *Rudolf Steiner*[6] grundlegende Anregungen zur Erziehung der Temperamente vermittelt, an die wir unsere Ausführungen anschließen wollen.

Die Temperamenterziehung unterscheidet sich grundsätzlich von der immer noch weit verbreiteten Praxis, bei der wir uns von der Ansicht leiten lassen, es gelte dem zu Erziehenden all das »beizubringen«, was er noch nicht weiß und noch nicht kann. Wenn diese Methode an sich schon höchst fragwürdig ist, erweist sie sich in der Temperamenterziehung als vollkommen verkehrt.

Hier muß auf andere Weise vorgegangen werden. Leitender Gedanke soll sein: Jedes Temperament ist wertvoll und hat seine individuelle und soziale Berechtigung. Es geht nicht darum, ein Temperament abzudämpfen oder auszugleichen, Vorhandenes nach einer bestimmten, gesellschaftlich anerkannten Norm zu nivellieren; sondern es gilt, das Temperament richtig zu lenken. Hierbei muß immer von dem ausgegangen werden, was bereits vorhanden ist. Keinesfalls können fehlende Eigenschaften oder Verhaltensweisen imperativ herausgefordert werden: Sei ruhig! Sei nicht so nervös! Was kann eine solche Aufforderung einem nervösen Menschen nützen? Er weiß ja selber, daß er nervös ist, und leidet darunter! Was hilft es einem Einbeinigen, wenn er aufgefordert wird, wie ein normaler Mensch zu gehen? Und einem Blinden gegenüber ist es taktlos zu sagen: »Mach die Augen auf, dann stößt du nicht an!« So sind viele pädagogische Anweisungen, die wir als Erzieher und Vorgesetzte erteilen, wirkungslos oder sogar schädlich, weil sie nicht von dem ausgehen, was an Fähigkeiten vorhanden ist, sondern Kräfte voraussetzen, die dem Betreffenden fehlen. Gerade in der Temperamenterziehung muß immer mit den Fähigkeiten gearbeitet werden, die im konkreten Fall vorhanden sind.

DIE ERZIEHUNG DES SANGUINISCHEN TEMPERAMENTES

Das sanguinische Temperament ist insofern ein Temperament der Mitte, als sein Zentrum im rhythmischen Bereich, und zwar vor allem in den Atmungsprozessen, liegt. Hier befindet sich auch der Ansatzpunkt für das Gefühlsleben. Die Erziehung des sanguinischen Temperamentes wird sich darum an die emotionalen Kräfte wenden müssen.

Das gilt ganz besonders für das Schulkind. Wir wissen ja schon, daß sich das Kind in dieser Entwicklungsspanne in den Herz- und Lungenprozessen auslebt. Es besteht somit eine starke Verwandtschaft zwischen den Wesensmerkmalen des Sanguinischen und der Eigenart des Schulalters, weshalb man öfters festgestellt hat, daß dem zweiten Jahrsiebent eine sanguinische Tingierung eigen ist, die sich in der starken emotionalen Ansprechbarkeit der Schulkinder äußert. Die sanguinischen Besonderheiten erfahren somit in diesem Lebensalter eine gewisse Verstärkung. Dennoch wird sich auch im Schulalter das sanguinische Kind sehr wohl von den Kameraden anderer Temperamente unterscheiden lassen. Das Offene, Heitere, stark

Beeindruckbare, ganz intensiv den Dingen Zugewandte zeichnet den Sanguiniker aus. Ein solches Kind möchte lieb sein und geliebt werden, möchte beachtet und umsorgt werden. Es lebt auf, wenn es sich ganz von einem Strom herzlicher Sympathie umgeben weiß. Und es kann andererseits zu einem nörgelnden Melancholiker werden, wenn es zu stark unter die Wirkung einer griesgrämigen, melancholischen Umgebung gerät. Die Offenheit und Weltzugewandtheit dieses Temperamentes bedingt, daß das Kind sich leicht anpaßt und die Stimmung, die um es herum herrscht, in sich hineinnimmt. Darum achte der Erzieher eines solchen Kindes, daß er dessen vertrauensvolle Liebe gewinnen kann. Keineswegs versuche er, die kleinen Unarten dieses Temperamentes mit moralisierenden Gardinenpredigten, mit Schelten und Schlägen gewaltsam auszumerzen. Wenn der Sympathiestrom zwischen Erzieher und Kind hergestellt ist und erhalten werden kann, wird man von diesem Temperament alles erwarten dürfen. Aus Liebe zu Lehrer, Lehrerin und Mutter wird das sanguinische Kind sein möglichstes leisten, wird es den Erziehern die Wünsche von den Augen lesen und noch viel mehr Aufgaben erledigen, mehr Besorgungen machen, als verlangt werden. Wie befreiend, anspornend und kräftigend ist es für ein solches Kind, in derartigen Leistungen anerkannt zu werden. Die mangelnde Stabilität der Interessen kann bei diesem Temperament nur auf dem Umweg über die mitmenschlichen Beziehungen behoben oder gemildert werden.

In einer unfreundlichen, gehässigen Umgebung, wo eine pessimistische, kritische, abwertende Haltung gegenüber Mensch und Welt herrscht, zieht sich das sanguinische Kind zurück, es wird gereizt, gespannt, nervös, schließlich krank. Der Antipathiestrom drückt ihm buchstäblich auf den Magen. Das sanguinische Kind soll positiv angesprochen werden. Es ist zu einer Arbeit, zu einer Anstrengung zu ermuntern. Man muß ihm Mut und Selbstvertrauen verschaffen, nicht seine Seelenkräfte durch negative Kritik lähmen. Und bei jeder Arbeit ist etwas zu loben. Ein Lob weckt Kräfte und regt den Eifer an. Welche Enttäuschung bereitet es dagegen einem herzlichen, sanguinischen Kind, wenn es zu Hause sich bei einer Aufgabe besondere Mühe gegeben hat und die Leistung in der Schule nur mit abschätziger Kritik, geringer Aufmerksamkeit und spärlicher Anerkennung quittiert wird. Solches Verhalten bricht aufkeimende Knospen.

Ein ausgezeichnetes Mittel der Temperamenterziehung haben wir in der Art und Weise, wie wir Spiel, Arbeit und Aufgaben unserer Schützlinge betreuen. Wenn wir bei einem Kind feststellen, daß es Mühe hat, sich zu konzentrieren, daß es rasch ermüdet, ungleichmäßig und nicht sorgfältig arbeitet, dann werden wir es nicht mit großen Handarbeiten quälen, deren Abschluß unabsehbar ist, sondern wir geben ihm eine Arbeit, die es bewältigen kann. Jede abgeschlossene Arbeit stärkt das Selbstvertrauen. Nicht abgeschlossene Arbeiten verderben den Charakter. Und wenn nun die Situation verlangt, daß eine größere Arbeit verrichtet werden muß, dann sorge man für Abwechslung, für Pausen.

Eine beliebte Methode zur Erziehung dieses Temperamentes kann auch darin bestehen, daß man die Abwechslung übertreibt. Ein Lehrer, der einem sanguinischen Knaben Privatstunden zu erteilen hatte, ging folgendermaßen vor. Zuerst hieß er den elfjährigen Buben einen Aufsatz schreiben. Nach zehn Minuten befahl der Lehrer, die Arbeit wegzulegen: »Nimm jetzt das Rechenbuch. Löse die Aufgaben auf S. 232!« Nach weiteren zehn Minuten wurde wieder gewechselt: »Nimm jetzt das Geographiebuch! Wir lernen jetzt die Flußläufe des Kantons Bern.« Ein solches Spiel wurde noch einige Male fortgesetzt. Auf diese Weise kann man im sanguinischen Kind den Willen stärken, länger bei einer Arbeit zu bleiben und etwas zu Ende zu führen, ehe Neues begonnen wird. Auch den Umgang des Kindes mit seinen Spielsachen kann der Erzieher in diesem Sinne lenken. Wenn er feststellt, daß einem Kind die Spielzeuge rasch verleiden und daß sich das Kind gar in der Fülle des es umgebenden Angebots langweilt, dann möge er einiges eine gewisse Zeit weglegen. Wenn das Kind nach einer Weile das alte Spielzeug wieder sieht, wird es von neuem gepackt, und sein Interesse an der Sache bleibt erhalten.

Der Erwachsene dieses Temperaments wird allein schon durch die Schwierigkeiten, in die ihn seine Veranlagung hineinführt, angehalten werden, die Selbsterziehung kräftig in die Hand zu nehmen. Es wird ihm nichts nützen, sein Temperament mit seinen Verstandeskräften überwinden zu wollen. Vielmehr möge er versuchen, sein Interesse auf Gegenstände zu lenken, die nur ein befristetes Verweilen rechtfertigen. Unser bewegtes, kurzatmiges und wechselvolles Dasein bietet mannigfache Möglichkeiten zu entsprechender Beschäftigungstherapie.

Der Vorgesetzte, der unter seinen Mitarbeitern ganz bestimmt auch Sanguiniker hat, möge sich deren Eigenart besonders deutlich bewußt machen. Er bedenke gut, wo deren Qualitäten und Schwächen liegen. Er beachte, daß es dem Sanguiniker schwerfällt, über längere Zeit an einem Projekt festzuhalten. Für ihn gilt: »Aus den Augen – aus dem Sinn!« Ein solcher Mitarbeiter bedarf in stärkerem Grade als andere Temperamenttypen der Aufmerksamkeit, der hilfreichen Beachtung, die jedoch nicht autoritär und aufdringlich sein darf. Einen Vorgesetzten, der sich hinter den Mitarbeiter stellt und dessen Verrichtungen mit Sperberaugen kontrolliert, erträgt dieses Temperament nicht. Dagegen soll sich der Chef von Zeit zu Zeit über den Stand der Arbeiten orientieren lassen und beiläufig diese oder jene Frage stellen, um so gleichsam den Mitarbeiter an sein Pflichtenheft zu erinnern. Keinem Temperament passiert es so leicht, daß es etwas vergißt oder verwechselt oder anvertrautes Gut verlegt und nicht mehr findet. Es ist darum empfehlenswert, für jeden Auftrag, den man einem Sanguiniker erteilt, einen genauen Termin anzugeben und bei größeren Aufträgen Zwischentermine zu vereinbaren.

Im übrigen bemühe sich der Vorgesetzte um einen persönlichen Kontakt, er nehme Anteil am Leben seines Mitarbeiters, erkundige sich nach dessen Wohlergehen, zeige sich erkenntlich für gute Leistungen und beachte, daß er den Sanguiniker von Zeit zu Zeit mit neuen Aufträgen, neuen Anregungen, neuen Verantwortlichkeiten motivieren muß.

DIE ERZIEHUNG DES CHOLERISCHEN TEMPERAMENTES

Das cholerische Kind – es offenbart sich uns an seinem entschlossenen, zielsicheren und draufgängerischen Wesen – braucht kraftvolle, sichere Erzieher und Lehrer, die es als Autoritäten annehmen kann. Menschen, die wissen, was sie wollen, deren Ja ein Ja, deren Nein ein Nein bleibt. Schmerzlich ist es für einen Choleriker, unentschlossene und unsichere Erzieher zu haben. Vor einem cholerischen Kind darf sich der Erzieher keine Blöße geben. Ein sanguinisches Kind kann über eine Schwäche hinwegsehen, wenn die Erzieherpersönlichkeit nur lieb ist mit ihm. Das cholerische Kind jedoch verliert die Achtung, wenn es gewahr wird, daß der Erzieher dies oder jenes nicht kann. Von der Sache her soll ein solches Kind überzeugt und korrigiert werden. Es muß erleben: Vater und Mutter können Schwierigkeiten überwinden, an denen ich selbst gescheitert bin. Das cholerische Kind fordert die Erzieher geradezu heraus, sich in die Finger zu nehmen und festzubleiben. Eine klare Entscheidung tut ihm innerlich wohl, und wenn es nach außen hin noch so brodelt und schmollt. An einer gefestigten Autorität kann sich der in ihm knospende Kern entfalten wie die Rebe an ihrem Stab. Und wenn das Kind seinen Zornesausbruch bekommt und mitten im Spiel davonläuft, dann möge man es nicht schlagen, nicht schelten, sondern warten, bis der Anfall abgeklungen, der Seelenkrampf sich wieder gelöst hat. Im Augenblick affektiver Entladungen mit harten, autoritären Maßnahmen durchgreifen zu wollen, hieße Öl ins Feuer gießen. In solchen Augenblicken bewahre der Erzieher Ruhe und Gelassenheit. Jedoch hüte sich der Erzieher, sich durch solche Anfälle tyrannisieren zu lassen und das Steuer der Führung aus der Hand zu geben. Der Choleriker will aus den Tiefen seines Wesens heraus den Widerstand, will die Korrektur, will Maßstäbe, an denen er sich orientieren kann. Wie soll er eine starke Persönlichkeit werden, wenn seine Vorbilder vor seiner Trotzköpfigkeit kapitulieren und immer nachgeben?

Die Lenkung des cholerischen Temperamentes bedarf einer anderen Methode als die des sanguinischen. Bei letzterem wirkt ein häufiger Wechsel von Spiel und Arbeit wohltuend. Das cholerische Kind dagegen verlangt nach einer Beschäftigung, der gegenüber es mit voller Seele cholerisch sein darf. Es braucht Aufgaben, die seine ganze Kraft und Ausdauer herausfordern. An manuellen Arbeiten kann sich der Tatwille des kleinen Cholerikers ausleben. Auch erfährt das cholerische Kind an ihnen etwas vom Widerstand der Welt. Und darauf kommt es hier an: es braucht Aufgaben, wo die Tatsachen siegen, wo die Wirklichkeit härter ist als sein Kopf. Nur so lernt es den Respekt vor den Gegebenheiten seiner Umgebung entwickeln.

Im übrigen bedarf ein solch tatenfreudiges Kind der Führung, besonders wenn es hinter Arbeiten gehen will, denen es weder physisch noch intellektuell gewachsen ist. Doch soll die Führung nicht bremsen, sondern lenken.

In ähnlicher Richtung versuche auch der Erwachsene seine Selbsterziehung zu veranlagen. Leicht schießt nämlich der Choleriker mit seinen Ansprüchen über das Ziel hinaus. Wenn er spürt, daß sein cholerisches Feuer im Begriffe ist, mit ihm durchzubrennen, suche er sich eine Beschäftigung, die nur geringen Aufwand verlangt und der gegenüber es sinnlos ist zu toben. Wenn so der cholerische Anfall gleichsam im Leeren verpufft und sich totläuft, kann dies dem Betreffenden helfen, die Einseitigkeiten und Gefahren seines Temperamentes zu überwinden.

Im Betrieb wird sich der Choleriker durch seine Kritik, Offenheit und Zivilcourage bemerkbar machen. Nicht in zeitraubenden Wortgefechten bezwinge man seinen Widerstand, sondern durch Aufträge, welche ein besonderes Maß an Cholerik ertragen. Es dürfen Arbeiten sein, die kraft- und zeitmäßig einiges fordern und an denen der Choleriker sich einige Zähne ausbeißen kann. Im übrigen haben wir schon oben wahrgenommen, daß dieser Temperamenttypus sehr oft das Material und die Tätigkeit selber sucht, die ihm zur Bewältigung seines Temperamentes frommen.

Im Umgang mit cholerischen Mitarbeitern bemühe man sich um größte Korrektheit und Sachlichkeit. Der Choleriker hat ein sehr scharfes Sensorium für Recht und Unrecht, und er wird parteiisches Verhalten seiner Vorgesetzten nicht ertragen. Er besitzt nicht die Elastizität wie der Sanguiniker, sondern hat immer etwas von einer Brand-Natur, die keine Mitteltöne kennt, sondern nur ein kategorisches Entweder-Oder, »Alles oder nichts«.[7] Und wenn ein Choleriker ob irgendeiner Ungerechtigkeit in heiligen Zorn ausbricht, dann vermeide man eine sofortige Auseinandersetzung, sondern warte, bis die Gefühlswellen sich gelegt haben. Im übrigen versuche man gegenüber einem Choleriker nicht, sich als Respektsperson zu verteidigen, sondern zeige ihm gegenüber seine Überlegenheit in sachlicher Hinsicht. Nur so bewahrt man als Vorgesetzter seine Autorität.

DIE ERZIEHUNG DES PHLEGMATISCHEN TEMPERAMENTES

Dem phlegmatischen Temperament ist am schwersten beizukommen. Oft hat man den Eindruck, es könnten neben dem Phlegmatiker Berge und Meere versinken, er würde keinen Millimeter von seiner Lebensspur abweichen. Als ein zufrieden in sich selbst ruhender Mensch läßt er sich nur schwer für Gegenstände und Ereignisse in seiner Umgebung gewinnen. Keinesfalls wird es darum möglich sein, ihn durch Mahnen und Tadeln zu größerer Anteilnahme und zu einer Änderung seiner Gewohnheiten zu bewegen.

Auch das phlegmatische Kind, das still, ruhig, in sich hineindösend dasitzt, die Arme verschränkt, den Kopf auf die Hände gestützt und wie ein blinder Passagier unbeteiligt das Geschehen an sich ablaufen läßt, auf Fragen keine Antworten gibt – es läßt sich nicht aus dem Busch klopfen. Wir haben festgestellt, daß sich dieses Temperament vor allem in den Prozessen des Stoffwechsels ausleben will. Wenn nichts den Phlegmatiker anspricht, dann bleibt immer noch das Esssen und Trinken. Wir konnten beobachten, wie sich ein Schüler, der während des Unterrichts nicht ein Wort sagte, beim Mittagessen mit epikureischem Behagen und Eifer auf den vollen Teller stürzte und im Nu die Berge verschlungen hatte. Der Erzieher tut gut, an diesen Wesenszug zu denken. Auch der Schläfrigkeit dieses Temperamentes ist Einhalt zu bieten. »Es ist z. B. nicht gut, solche Kinder einfach unbeschränkt ihrer Schlafsucht frönen zu lassen. Kinder können auch zuviel schlafen. Es kann unter Umständen richtig sein, das phlegmatische Kind nicht zu früh ins Bett zu schicken, es mittags nicht zu lange oder gar nicht schlafen zu lassen und es morgens aufzuwecken, statt abzuwarten, bis es von selbst aufwacht. Ihm wird es gut tun, wenn man es nicht zu warm zudeckt und kleidet und es morgens kühl abwäscht, was beim melancholischen Kind zu vermeiden ist. Das phlegmatische Kind kann kleine Schocks gut vertragen, mit denen man im übrigen ja nie als Erziehungsmittel arbeiten sollte. Es morgens aufwecken, ihm den Kopf mit frischem Wasser waschen, ihm nicht erlauben, daß es beliebig lange frühstückt und sich schon vor der Schule mit Kakao, Brei, Brötchen und womöglich Eiern vollstopft! Es wird dann nämlich, statt zu lernen, behaglich verdauen und gar nicht geneigt sein, sich durch eine geistige Betätigung stören zu lassen. Es sollte möglichst wenig und nur ganz leichte Sachen vor der Schule esssen, es wird bestimmt dabei nicht verhungern. Obst, Gemüse und Salate sind für es die rechte Nahrung an Stelle von Breiigem und Mehligem. Schwarzbrot statt Weißbrot und Kuchen! Alles sollte man tun durch eine vernünftige Ernährung, um zu verhindern, daß das phlegmatische Kind seiner Neigung zum Fettbilden folgt. Man hat viel für seine geistige und seelische Entwicklung erreicht, wenn man es verhältnismäßig schlank erhält.«[8]

Um zu erreichen, daß sich das phlegmatische Kind stärker für die Vorgänge und Gegenstände seiner Umgebung interessiert, bringe man es in Kontakt mit andern Kindern seiner Umgebung, mit Schulkameraden und Geschwistern. An den Interessen anderer Kinder und Mitmenschen können die in ihm schlummernden Kräfte angefacht werden. Auf dem Umweg über die Begeisterung anderer Menschen läßt sich der Phlegmatiker selber begeistern.

Im übrigen gewinnt man am ehesten das Vertrauen eines solchen Kindes, wenn man ihm Zeit läßt und ihm mit einer gewissen Phlegmatik nur Liebe und Geduld entgegenbringt. Aber auch durch die Art, wie ein solches Kind beschäftigt wird, kann die Phlegmatik gelenkt werden. Wie das sanguinische Kind den Wechsel von Spiel und Ernst, das cholerische den Widerstand aufwendiger Verrichtungen braucht, so bedarf der Phlegmatiker einer Beschäftigung, der gegenüber er ganz phlegmatisch sein darf: einer höchst langweiligen Arbeit, die nicht weltbewegend, nicht tiefschürfend zu sein braucht, die jedoch äußerste Ausdauer erfordert. Ein echt phlegmatisches Hobby ist zum Beispiel das Briefmarkensammeln, überhaupt jede Sammlertätigkeit. Solche Beschäftigungen erlauben dem phlegmatischen Kind, *die* Eigenschaften auszubilden, die seinem Temperament eigen sind: Geduld, Aufmerksamkeit, Beständigkeit, Durchhaltewillen, Treue zu einer Sache oder einem Menschen. Auch das Fischen ist ein gesunder phlegmatischer Sport. Es zieht ja den Phlegmatiker ohnehin gerne ans Wasser, mit dem er so sehr verwandt ist.

Viele Möglichkeiten birgt dieses Temperament. Aber sie müssen oft gleichsam erst aus dem Dornröschenschlaf erweckt und befreit werden.

Die skizzierten Gesichtspunkte gelten auch für die Erziehung und Selbsterziehung des Erwachsenen. Der Phlegmatiker umgebe sich mit Quellen der Langeweile, d. h. mit einem solchen Übermaß an Phlegmatik, daß ihm sein eigenes Temperament verleidet. Auch bemühe er sich Tag für Tag, andere Menschen und deren Interessen zu beobachten. Dies wird ihm helfen, von sich loszukommen und sich stärker mit den Problemen der Welt zu befassen.

Einem phlegmatischen Mitarbeiter soll man nicht autoritär begegnen, wenn man eine positive Reaktion erwartet. Besser ist es, ihm liebe- und vertrauensvoll zu berichten, was einen beschäftigt, ihn um seinen wertvollen Rat zu bitten und so sein Interesse an der Sache zu wecken. Auf diese Weise wird man seine Unterstützung und Mitarbeit gewinnen, jedenfalls viel leichter, als wenn man ihn unter Druck setzt und im Willen anspricht.

An der blassen, durchsichtigen Haut, der hohen Stirne, den eingefallenen Zügen, dem ernsten, sorgenvollen oder fragendforschenden Blick erkennen wir das melancholische Kind. Es erscheint uns älter, reifer, gesetzter als seine gleichaltrigen Kameraden. Seine Arbeiten erledigt es sorgfältig und exakt. Sein Verhalten vermittelt einen ängstlich-unsicheren Eindruck. Es ist peinlich darauf bedacht, es recht zu machen.

Ein solches Kind bedarf starker Hege- und Liebeskräfte. Es muß sich umschlossen fühlen von einer Atmosphäre der Geborgenheit und Wärme, ohne aber den Eindruck zu bekommen, es drehe sich alles nur um es. Das starke Nach-innen-gerichtet-Sein dieses Temperamentes erzeugt ohnehin einen leicht egoistischen Grundzug. Der Melancholiker neigt dazu, alles auf sich zu beziehen und sich selbst furchtbar ernst zu nehmen. Der Übersensibilität eines solchen Kindes begegne man mit einer freundlichen, humorvollen Gebärde. Gut ist es, wenn das Kind über seine große Ängstlichkeit selber lächeln kann. Harte Kritik jedoch, Bloßstellung und das Lächerlichmachen seiner Anliegen sind tunlichst zu vermeiden. Auch versuche man nicht, es in burschikoser Weise zu Heiterkeit und »mehr Temperament« anzuhalten.

Einen besonderen Zugang findet das melancholische Kind zu Erziehern, denen gegenüber es die Empfindung haben kann, daß diese vom Leben geprüft worden sind, daß sie auch Schweres haben erleiden müssen.

Vor allem versuche der Erzieher, die prägsame, ansprechbare Seele des melancholischen Kindes mit reichen Inhalten zu nähren. Märchen, Legenden, Sagen, historische Ereignisse, Biographien soll man ihm durch viele Jahre hindurch erzählen. Freilich haben alle Kinder einen großen Geschichtenhunger und leben physisch und psychisch auf, wenn viel in einer der Entwicklungsstufe entsprechenden Weise erzählt wird, während andererseits die Kinder innerlich verdorren, dumpf oder auch aggressiv werden, wenn nichts dergleichen geschieht. Beim melancholischen Kind dient der Erzählstoff dazu, das Bewußtsein von den eigenen Grübeleien, Sorgen, Bedenken, Befürchtungen abzulenken. Hierbei wird der Erzähler gerade auf jene Stellen besonderes Gewicht legen, wo von Schwerem, Leidvollem berichtet wird. Am Erleben des Leides anderer Menschen kann ein solches Kind seine reiche Innenwelt entfalten und in eine pädagogisch und sozial fruchtbare Richtung lenken. Oft zeigt einem der Alltag selber, wie man sich zu verhalten hat.

Bei größeren Kindern lenke der Erzieher und Lehrer die Lektüre auf Schilderungen von Menschen, die stark auf sozialem, pädagogischem oder religiösem Gebiet gewirkt haben. Wir denken etwa an *Heinrich Pestalozzi, Henri Dunant, Helen Keller, Leo Tolstoi und Albert Schweitzer.* Wichtig ist auch die Musikerziehung. Das Instrument des Melancholikers ist die Violine. Sie ist ein wunderbares Organ zur Befreiung einer sich stauenden und sich verkrampfenden Innenwelt. Aber auch das Klavier bietet viele Ausdrucksmöglichkeiten für die Seelentiefe des Melancholikers.

Als Erwachsene neigen viele Melancholiker dazu, sich abzuschließen, zu weltabgewandten Eigenbrötlern und monomanen Sonderlingen zu werden. Es fällt ihnen schwer, sich mit der primitiven, materialistischen, profanen Welt zu befassen. Damit die Flucht aus der Gemeinschaft, die wieder zu schweren psychischen Störungen führen kann (Einsamkeit, Beziehungslosigkeit, seelische Versteinerung, Platzangst, Schwermut), nicht ein ungutes Ausmaß erreicht, suche der Melancholiker jene Stätten auf, wo in irgendeiner Weise gedarbt und gelitten wird. Melancholisch veranlagten Naturen möchte man darum wärmstens empfehlen, in einem Spital, einem Erziehungs- oder Pflegeheim, in der Entwicklungshilfe, in Altersheimen oder im Kinderhort, in der Fürsorgearbeit oder Heilpädagogik eine Beschäftigung zu suchen. Derartige Pflichten werden dem melancholischen Menschen zeigen, daß auch andere ihre Probleme haben, und ihm helfen, in gesünderer Weise in der Welt zu stehen, gleichsam wieder Boden unter die Füße zu bekommen.

Wer als Vorgesetzter melancholisch veranlagte Mitarbeiter beschäftigt, schenke ihnen große Aufmerksamkeit. Die Introvertiertheit macht diese Menschen kontaktarm und kontaktscheu. Es gibt Melancholiker, die ihrem Gegenüber fast nicht ins Gesicht sehen dürfen und die sich darum am Telephon, wo der unmittelbare persönliche Kontakt wegfällt, viel offener geben können. Der Melancholiker ist sehr empfindlich und schwernehmend. Deshalb befleiße man sich ihm gegenüber der größten Korrektheit und Sorgfalt und vermeide eine Brüskierung oder Bloßstellung.

Dem Melancholiker fällt es schwer, sich andern anzupassen. So, wie er es meint, ist es richtig. Darum bereite man den Auftrag, den man ihm geben will, sehr sorgfältig vor. Für Improvisationen ist der Melancholiker nicht zu haben. Er muß überzeugt sein, daß das, was er tun soll, durchdacht, wohlfundiert, sinnvoll und notwendig ist. Alles Unklare, Unsichere, Abenteuerhafte ist ihm in tiefster Seele zuwider. Darum wird sich der Melancholiker in der Regel vor einem persönlichen Engagement sehr genau erkundigen, was seiner wartet, was für Aufgaben, Kompetenzen, Verantwortlichkeiten er erhält und wie er entschädigt wird.

Was zur Selbsterziehung ausgeführt wurde, gilt auch im Betrieb: soziale Aufgaben lenken den Melancholiker von seinen eigenen Spannungen und Schwierigkeiten ab auf ein objektives Feld. Immer aber ist bei diesem Temperament auf gründliche Motivierung und gediegene Bewußtseinsbildung besonderes Gewicht zu legen.

3. Autoritative, demokratische oder pädagogische Führung

Nachdem wir die Aspekte der Erziehungs- und Bildungsarbeit von verschiedenen Seiten beleuchtet haben, wenden wir uns abschließend den betrieblichen Führungsaufgaben zu. Diese sind ja nicht leichter geworden, obgleich dem Betrieb heute mannigfache technische Hilfsmittel zur Verfügung stehen, die Zeit, Kraft und Überlegung sparen helfen. Es scheint paradox, und doch trifft es zu, daß die Technik das Ausmaß und den Schwierigkeitsgrad der Führungsaufgaben vergrößert hat. Allein schon die mit der Technifizierung unserer Produktionsmethoden verbundene Kapitalinvestition hat die menschliche Mitarbeit kostbarer und rarer werden lassen. Je teurer die Arbeitszeit, desto sorgfältiger muß geplant, desto zuverlässiger muß die Zusammenarbeit zwischen einzelnen Abteilungen, Vorgesetzten und Untergebenen, Betrieb und Außenwelt funktionieren. Hierbei haben wir es immer auch, neben den betriebswissenschaftlichen Belangen, mit Fragen der Betriebs- und Führungspsychologie zu tun.

Nicht nur die technischen Apparate und Installationen in unsern Betrieben verändern sich, sondern auch die Menschen. Die Mitarbeiter werden anspruchsvoller, kritischer, bewußter, sind schwieriger zu führen als noch vor wenigen Jahren. Vielfach fehlt eine natürliche, problemlose Disziplin, wie sie früher selbstverständlich war. Waldemar Besson stellt fest: »Bislang lebt die westliche Industriegesellschaft, leben wir alle ja noch von einer gewissen selbstverständlichen Disziplin der älteren Generation. Mag diese auch noch so kritisch gestimmt sein gegenüber den Institutionen und den überkommenen Werten, so akzeptiert sie doch die Spielregeln, die jene Institutionen und Autoritäten umgeben.«[9] Besonders die jüngeren Mitarbeiter werden aggressiver und beginnen, Organisationsformen und Zielsetzungen in Frage zu stellen, die lange unangefochten waren.

Die Führungsproblematik im betrieblichen Alltag spiegelt einen Prozeß, der in der Gegenwart irgendwie an einen Höhepunkt gelangt: den Prozeß des Zu-sich-selbst-Erwachens des Menschen. Es ist oft dargestellt worden, wie sich der Mensch im Laufe vieler Jahrtausende von den Fesseln einer starken Naturverbundenheit gelöst hat und wie sich sein Geist in unablässigem Bemühen zu immer größerer Unabhängigkeit, Selbständigkeit und Freiheit hinaufgearbeitet hat. Zweifellos hat die Technik selber, die ja die beeindruckende Frucht menschlichen Erkennens und Forschens ist, im Menschen das Bewußtsein seiner Mündigkeit und Kompetenz gestärkt. Dieses Bewußtsein trägt der Mitarbeiter je nach seinem eigenen Emanzipationsgrad mehr oder weniger deutlich in sich.

AUTORITATIVE FÜHRUNG

Wegen der geschilderten Entwicklungslage ist *die* Führungspraxis, welche durch Jahrhunderte und Jahrtausende die allein anerkannte war, am meisten unter Beschuß geraten: die *autoritative* Führung. Wir sagen ausdrücklich »autoritativ« und nicht »autoritär«. Letzteres würde eine Haltung kennzeichnen, durch welche eine unmittelbare Wirkung auf den Willen des Betroffenen ausgeübt wird. Das mosaische »Du sollst« gehört in diesen Bereich. Leicht klingt beim autoritären Verhalten etwas von der Gesinnung auf, die sich in dem Lieblingswort des römischen Kaisers Caligula äußert: »Oderint, dum metuant!« (Mögen sie hassen, wenn sie mich nur fürchten.) Die Erziehungspraktiken in Armen- und Waisenhäusern und in andern, meist sehr frommen Instituten vergangener Jahrhunderte zeugten von einer extrem autoritären Führung, der es um Drosselung des Selbstgefühls, um Demütigung und Brechung des Willens der Zöglinge ging.[10]

Die autoritative Führung herrscht nicht mit den Medien von

Furcht und Terror, sondern sie verschafft sich Geltung durch bestimmte personale Wirkensfaktoren verschiedenster Herkunft. In ihr tritt etwas vom ursprünglichen – heute vielfach abgewerteten – Sinn der Autorität in Erscheinung. Das Wort ist abgeleitet vom lateinischen »auctoritas« und bedeutet Würde, Ansehen, Geltung. Als unbestrittene Autorität galt durch lange Zeiträume hindurch der mit übersinnlichen Kräften begabte Eingeweihte oder der als Vertreter Gottes oder der Götter empfundene Herrscher oder der adelige Angehörige einer Herrscherfamilie; schließlich wurde der vom Volk oder Parlament gewählte Regierungsmann die maßgebende Autorität. Wir wissen, wie die Französische Revolution die Standesautoritäten und den atavistisch gewordenen Blutsadel hinwegfegte und wie im Laufe des 19. Jahrhunderts eine neue Autoritätsschicht Fuß faßte: die Fähigkeitenautorität.

Wenn heute viel von der Autoritätskrise die Rede ist, muß immer bedacht werden: Nicht der Autorität an sich wird vielfach der Kampf angesagt, sondern nur jener Autorität, die nicht sachlich und menschlich gerechtfertigt ist, sondern die sich auf überkommene Formen und Ansprüche stützt und darum im Grunde eine Scheinautorität ist. Während also einerseits alte, auf Blut und Tradition aufgebaute Autoritäten weichen müssen, gelangen andere zu Rang und Ansehen. Die Kompliziertheit unserer industriellen Produktionsformen, die weitgetriebene Automatisierung vieler Lebensbereiche machen uns immer wieder bewußt, wie sehr wir abhängig sind von gutausgebildeten Fachleuten. Die hochgradige Spezialisierung unseres Lebens fördert somit in außerordentlichem Maße die Bedeutung der Fähigkeitenautorität. Die tatsächlichen Verhältnisse veranlassen uns, nur denjenigen als Autorität ernst zu nehmen, der etwas zu leisten in der Lage ist, der etwas weiß und kann und in einer bestimmten Situation Hand anzulegen versteht. Nicht mehr der hochwohlgeborene Vertreter eines besonderen Standes zählt, sondern der Mensch, der sich kraft eigener Leistung, eigener Anstrengung, eigenem Wollen und Können aus dem Meer der Masse erhebt. Je mehr sich diese zukunftgerichtete, ichhafte, individuelle Autoritätsform auf unserm Planeten verbreitet, desto rascher werden die alten autoritativen Formen, die sich auf Blutbande stützen oder auf Titel und Ämter, welche die Gesellschaft verteilt, wie im Militär und in der Verwaltung, überwunden und in den Hintergrund gedrängt werden. Mit andern Worten: die führenden Stellungen werden von Menschen besetzt werden müssen, die auf Grund einer *eigenen individuellen* Leistung zu wirklichen Autoritäten geworden sind. Denn nur solche Persönlichkeiten werden den Anforderungen, die eine mündig gewordene Gesellschaft stellt, überhaupt gewachsen sein.

Allerdings haben wir in unsern Betrieben immer auch Mitarbeiter, die trotz großen beruflichen und intellektuellen Fähigkeiten und Kenntnissen der Betreuung und Führung bedürfen. Diesen Menschen bedeutet Führung nicht ein autoritäres Joch, nicht lästige Schikane, sondern wohltätige Hilfe, eine Hilfe, die Unsicherheiten beseitigt, Verantwortung abnimmt, fehlende Erfahrung überwindet und das Selbstvertrauen stärkt. Der Vorgesetzte tritt in solchen Fällen vielfach an die Stelle der noch nicht zur vollen Selbstverantwortlichkeit herangereiften Persönlichkeit unseres Mitarbeiters.

Nun kann freilich die bloß technisch-naturwissenschaftlich fundierte Autorität doch nicht die letzte und höchste sein; denn Technik und Wissenschaft vermögen uns keinen Daseinssinn zu vermitteln. Der Techniker kann auf Grund seiner Ausbildung gar nichts anderes wollen als die ständig weitergetriebene Vervollkommnung seiner Apparate und Einrichtungen. Aber die Frage, wohin wir mit unserer hektischen Technifizierung steuern, warum eine stete Steigerung unserer Produktion nicht sinnvoll ist, vermag er nicht zu beantworten. Und doch wird die Antwort auf eine solche Frage je länger je dringender. Würden wir die Entwicklung einzig nach den Maßstäben und Möglichkeiten des technisch-naturwissenschaftlichen Denkens ausrichten, so glitte die Gesellschaft unweigerlich unter die einengenden Zwänge einer Technokratie. Es würden Daseinsformen geschaffen, wo nicht mehr Menschen über Menschen entscheiden, sondern wo das Schicksal der Menschen weitgehend vom namen- und seelenlosen Heer der Computer gesteuert würde. Der Mensch verschwände als Sozialpartner im öffentlichen Leben mehr und mehr. Die Technokratie birgt, wenn sie Selbstzweck wird, die Gefahr, den Menschen als Insekt, als Ameise, als etwas Störendes zu behandeln.[11]

Darum verlangt unsere Gegenwart noch einen weiteren Autoritätstypus, den der *umfassend gebildeten Persönlichkeit,* die gerade darum den Überblick bewahrt hat, weil sie sich vor jeder Spezialisierung zurückhielt. Solchen Autoritäten wird in Zukunft die Rolle der Sinnfindung zufallen. Sie werden die großen und grundlegenden Zielbilder entwerfen müssen, an denen sich das auf engem Bereich kompetente Fachgelehrtentum, der hochspezialisierte Wissenschafter, Ingenieur und Techniker immer wieder orientieren können. Und es wird sich zeigen, daß gerade die Jungen den so gearteten Autoritäten das größte Vertrauen entgegenbringen.

Heute schon empfinden wir als Vorgesetzte immer neu die Verpflichtung, unser menschliches Rüstzeug in optimaler Weise auszubauen, zu festigen, um der gesteigerten Beanspruchung gewachsen zu sein. Daß zu einer Führungsaufgabe nicht bloß intellektuelle, berufliche und wissenschaftliche Kompetenz gehört, erweist sich in jeder konkreten Leitungsfunktion. Die Fähigkeit zur Menschenführung hängt von mannigfachen irrationalen, inkommensurablen Faktoren ab. Führen heißt Leiten, Entscheiden, Ermutigen, heißt Mut zum Risiko, Bereitschaft zum Wagnis, Vertrauen in die Schicksalsmächte aufbringen. All dies sind Eigenschaften, die auf keiner Universität gelehrt, von keiner Expertenkommission geprüft werden und die doch von eminentester Wichtigkeit für jede erfolgreiche Führung an entscheidender, exponierter Stelle sind. Sie hängen mit der individuellen Entwicklung des Einzelnen zusammen, der bewußten Arbeit am eigenen Ich, der Mobilisierung starker moralischer Kräfte.

DEMOKRATISCHE FÜHRUNG

Obgleich echte, menschlich und sachlich legitimierte Autorität auch in der neuen Weltordnung ihren wohlumrissenen Platz hat, drängt die antiautoritäre Welle mit einer gegensätzlichen Forderung in die sozialen Beziehungen und die bisherige Führungshierarchie vor: mit der Forderung nach Demokratisierung. Unter diesem Schlagwort wird ein weitgehendes Mitsprache- und Mitbestimmungsrecht in Wirtschaftsbetrieben, Lehrbetrieben und Schulen angestrebt. Es ist an sich durchaus verständlich, daß in einer mündig gewordenen Welt jeder einzelne ein Höchstmaß an Verantwortung und Entscheidungsfreiheit für sich beansprucht. Dennoch geht die gestellte Forderung beträchtlich über die Sozialform hinaus, welche den Autoritätsgrad entweder nach der Stellung im Betrieb oder nach der fachlich-wissenschaftlichen Kompetenz ausrichtet, indem die Demokratisierung der sozialen Ordnung just eine Situation schafft, die jedem Mitarbeiter, unabhängig von Rang, Stellung, Wissen, Erfahrung und Ausbildung, das Recht einräumt, mitzureden und mitzubestimmen. In einem vollkommen demokratisierten Betrieb würden somit der Lagerarbeiter und die Telephonistin ebenso mitbestimmen und mitentscheiden dürfen wie der Produktionschef, der Verkaufsleiter und die Direktion. Die Entscheidungsfunktion würde gleichsam atomisiert, und das Zünglein an der Waage, das über Werden und Wachsen eines Betriebes zu befinden hätte, bildeten die Stimmungen, Beeinflussungen jeweilen herrschender Majoritäten. Die Unmöglichkeit eines solchen Verfahrens wird sogleich deutlich. Große Mißverständnisse verbergen sich hinter derartigen Forderungen. Denn die »Demokratie« gehört in die politisch-rechtliche Sphäre des sozialen Organismus. »Die demokratische Willensbildung ist nur in bestimmten Öffentlichkeitsbereichen sinnvoll – jenen nämlich, die keine spezifische Urteilskompetenz, sondern vielmehr ein unverbildetes Rechtsgefühl, den sogenannten ›gesunden Menschenverstand‹, erfordern.«[12] Wohl gibt es auch in einem Wirtschaftsbetrieb Belange, die in den Sektor des Rechts fallen, z. B. die Abklärung darüber, wann am Vormittag mit der Arbeit begonnen, wann die Mittagspause angesetzt und wann abends abgeschlossen werde. Keineswegs aber wäre es denkbar, daß »demokratisch« beschlossen werde, welche Güter produziert werden oder wie ein Auftrag erledigt werde. Denn solche Sachfragen können absolut nicht von den Mitarbeitern nach dem Mehrheitsprinzip entschieden werden, sondern sind einzig und allein durch die Marktlage, die individuellen Fähigkeiten und die technischen Möglichkeiten des Betriebes bestimmt. Auch würde eine zielbewußte und vorausblickende Führung durch das Mittel der Demokratie immer wieder gestört, ja im Grunde verunmöglicht.

Aber auch im Schulleben wird sich die Demokratisierung als eine äußerst lähmende Fessel erweisen. Wie im Wirtschaftsleben die Leistung von der jeweiligen Marktlage abhängig ist, so hängt der Unterricht in der Schule von den individuellen Begabungen des Lehrkörpers ab. Diesen Begabungen nach demokratischer Methode vorschreiben zu wollen, was sie zu unterrichten haben, wäre der Tod des geistigen Lebens und würde die Entwicklung eines Volkes einerseits lähmen, andererseits in eine Abhängigkeit von Kräften bringen, welche den tief menschheitsbezogenen Sinn jeglicher Unterrichtsarbeit völlig pervertieren könnten. Aller Unterrichtsarbeit liegt nämlich irgendwie ein Ringen mit der Wahrheit, eine Steigerung der Erkenntniskräfte im Menschen, ein Entfalten von schlummernden Anlagen zugrunde. Weg und Ziel dieses Strebens der Zustimmung einer Mehrheit zu unterwerfen, wäre ein Knospenfrevel an den Freiheitskeimen der Menschheit. Wo es um Erkenntnis- und Wahrheitsfragen geht, ist die Demokratie nicht mehr zuständig. Denn Erkenntnis und Wahrheit sind je und je immer nur Angelegenheit eines einzelnen suchenden Ichs. Jacques Lusseyran[13] macht uns aufmerksam, daß »eine Wahrheit nie in dem besteht, was die Mehrheit der Leute tut und sagt«. Denn die Wahrheit ist nie das Offenbare, sondern das am allerschwierigsten zu Entdeckende. Sie ist dasjenige, »was am äußersten Gipfelpunkt von jeder Erfahrung in Erscheinung tritt, von einer Erfahrung, die persönlich und wirklich bis zu Ende durchgemacht wird«. In beängstigendem Ausmaß droht heute das demokratisierende Verfahren in alle Lebensbereiche einzubrechen, so auch in den Bereich des Erkenntnisstrebens und des Unterrichts. Während man sich früher nach dem Rat weiser Männer orientierte, werden heute Umfragen veranstaltet, um zu einem *Urteil* über eine bestimmte Unterrichtsweise oder Schulform zu kommen. Immer mehr erliegen wir dem *Vorurteil,* die Meinung einer Mehrheit sei bereits die »Wahrheit«. Unter einer »Lawine von Kollektivtatsachen« wird der nach Erkenntnis strebende Mensch »jeden Tag mehr« verschüttet. »Wenn wir nicht unter äußerster Aufbietung aller unserer Kräfte wie ein Lebensretter an die Arbeit gehen, dann wird bald die Wahrheit nur noch das sein, was die größere Zahl denkt, und das Gute nur noch das, was die größere Zahl tut.«[14]

Den Urquell unseres Suchens nach Wahrheit bildet die Erziehungs- und Schulungsarbeit. Darum darf diese Arbeit nicht den Spielregeln der Demokratie unterworfen werden, nicht durch die herrschenden Allerweltsmeinungen in ihrem menschheitlichen Streben gehindert werden. Nie ging es darum, das Hohe der Ansicht der Menge anzupassen, sondern immer um die Aufgabe, die Masse auf die Höhe des Besseren, Edleren zu heben. Pestalozzi hat unentwegt betont, daß sich die Menschheit nur dann weiterentwickelt, wenn der einzelne sich in seinen Individualkräften steigert, nie aber dann, wenn er sich in seinem Streben den Meinungen des Kollektiv- oder Massenmenschen unterwirft.

Daraus folgt, daß auch das Erziehungsleben nicht nach den Spielregeln der Demokratie gelenkt werden darf. Die Erziehungsarbeit braucht zu ihrer gesunden, kräftigen Entwicklung die Freiheit der in dieser Tätigkeit Engagierten.

Bertolt Brecht hat in seinem Spiel »Der gute Mensch von Sezuan« zwei Formen der Führung erprobt: In *Shen Te* zeichnet er ein Freudenmädchen, das durch die Gunst der Götter, denen es Unterkunft geboten hat, in den Besitz von 300 Silberdollar kam und mit diesem Geldbetrag den »guten Menschen« spielt, der allen hilft, allen gibt, allen traut und bei solchem Tun maßlos und schamlos ausgebeutet wird. Die »Güte« der Shen Te weckt den schlimmsten Egoismus und fördert die Bequemlichkeit beim Beschenkten. Weil Shen Te durch ihr »gutes« Handeln in die größten Schwierigkeiten gerät, verwandelt sie sich in ihren Vetter *Shui Ta.* Dieser greift nun radikal durch, weigert sich, den Schreiner für seine Arbeit zu bezahlen, wirft das Geschmeiß der Schmarotzer aus dem Laden Shen Tes und eröffnet eine Tabakwarenfabrik, wo alle hart arbeiten müssen. Zwei Gestalten, zwei Typen, zwei Formen der Führung: die nachgiebige und die harte, über Leichen schreitende. Welche ist die richtige? Sicher keine von beiden. Shen Tes Haltung hat im Grunde mit »Führung« nichts zu tun. Sie repräsentiert vielmehr die absolute Führungslosigkeit. Sie offenbart gerade das, was der Führer vermeiden sollte: Leichtgläubigkeit, Nachgiebigkeit, Bedenkenlosigkeit. Andererseits ist auch Shui Ta kein guter Führer, weil er mit Härte erzwingt, was geleistet werden soll. Und doch treffen wir in der Praxis immer wieder Führungsprinzipien oder -haltungen, die nach der einen oder andern Seite ausschlagen. Shen Te handelt aus reiner, vorbehaltloser Hingabe an den Menschen. Sie läßt sich ganz von ihren edlen Gefühlen leiten. In ihrer Güte ist sie überzeugt, einem Menschen zu helfen, wenn sie diesem jede Mühe, Arbeit und Anstrengung abnehme, das Dasein möglichst angenehm gestalte und ihm *mehr* gebe, als er verdiene. Shen Te ist ein fragwürdiges Leitbild, das uns heute in manchen sozialen Reformplänen entgegentritt, besteht doch das Ideal vieler Zeitgenossen darin, immer weniger zu leisten und immer mehr zu verdienen. Den Shui Ta kennzeichnet andererseits das entgegengesetzte Extrem: Er kennt nur die *Sache.* Sein Verstand richtet sich einzig und allein auf das Objekt. Er kümmert sich nicht um das Gemurmel der Menge, um die Zustimmung oder Ablehnung seiner Mitarbeiter, um die menschliche Seite einer Leistung. Shen Te handelt aus gefühlsbetonter *Liebe,* aber ohne Zurkenntnisnahme der Tatsachen und ohne Erwägung der Folgen ihres

Tuns. Shui Ta handelt hart, streng, objektbezogen, aber ohne Liebe. Er nützt unbarmherzig die Schwächen seiner Mitarbeiter aus. Shen Te fördert die Schwächen der Mitmenschen. In der Shen-Te-Haltung verfließt die Selbstkraft des Führers in eine fast rauschhafte Verbrüderungstendenz, wie wir sie bei alkoholisierten Naturen antreffen. In der Rolle des Shui Ta verhärtet der Mensch; er erstarrt zum Technokraten, dem die Sache alles, der Mensch nichts gilt. Stellen wir die beiden Haltungen einander gegenüber:

Shen Te	*Shui Ta*
die Frau	der Mann
der »gute« Mensch	der »böse« Mensch
freigiebig, offen, hilfsbereit	streng, unnachgiebig
aufopfernd, spendefreudig	hart, unbarmherzig
kann nicht nein sagen	handelt kalt und berechnend
unbekümmert um die Folgen des Handelns	unbekümmert um die rechtlichen Grundlagen des Handelns
handelt aus Gefühl, aber ohne Weisheit	handelt aus Sachverstand, aber ohne Liebe
erkenntnisloses Handeln	unmenschliches Handeln
fördert die Schwächen der Mitmenschen	nützt die Schwächen der Mitmenschen aus
erzeugt Schmarotzer, Müßiggänger	schindet die Mitarbeiter
weckt unberechtigte Ansprüche, Anmaßungen	weckt Auflehnung, Trotz, Neigung zu Aufständen und Revolutionen

Grundtendenzen

Hingabe an den anderen	*Hingabe an die Sache*
subjektiv, gefühlsbetont	objektiv, sachbezogen
unfrei durch Ich-Verlust	unfrei durch Ich-Erstarrung

Das Grundproblem, das sich bei der vorgelegten Alternative stellt, hat Brecht nicht erkannt. Es besteht in der Frage, warum Shen Te die Einsicht, daß sie als Shen Te nicht durchkommt, haben kann und in der Lage ist, *sich* selbst in den Vetter Shui Ta zu verwandeln. Warum können wir Menschen beide Lösungen nebeneinanderstellen, überlegen, auf ihre Vor- und Nachteile hin untersuchen? Der Grund liegt darin, daß der Mensch in sich eine Potenz hat, die sich *über* Shen Te und Shui Ta erheben kann und die mithin auch die grandiose Möglichkeit hat, zu wählen, zu entscheiden, die also frei ist.

Und wahre Führung muß von dieser Entscheidung immer wieder Gebrauch machen. Entscheiden kann das Tier nicht. Es untersteht dem Zwang seiner Triebe. Es kann seinem Charakter nicht entfliehen. Die Maschine, der Computer, können ebenfalls nicht entscheiden. Maschinen liefern uns Informationen, Daten, aber Entscheidungen nie.

Führung bedeutet nun allerdings nicht bloß, zu wählen zwischen einer einseitigen und unsachlichen Nachgiebigkeit gegenüber den Forderungen seiner Untergebenen einerseits und einer sachbezogenen, aber rücksichtslosen Konzentration auf die Forderungen der betrieblichen Leistung. Sondern Führung muß den engen Zusammenhang zwischen Mensch und Arbeit, Mensch und Leistung erkennen. In einer sozial bestimmten Arbeit – wozu jede Verrichtung zu zählen ist, die jemandem einen Nutzen bringt – hat die vom einzelnen erbrachte Leistung eine doppelte Funktion: Sie stellt einen Beitrag an die Menschengemeinschaft dar und ist zugleich ein Mittel zur Entwicklung eigener Kräfte und Fähigkeiten. Eine *pädagogische* Führung wird beide Komponenten ins Auge fassen müssen. Selbstverständlich hat der Betrieb nur dann eine soziale Berechtigung, wenn er produziert, wenn exakt, pünktlich und gewissenhaft gearbeitet wird. Die Dienstleistungen, die er erbringt, sind unabdingbar wichtig. Andererseits werden diese Leistungen leichter und sicherer erbracht werden, wenn die Mitarbeiter sich im Betrieb wohl fühlen, wenn miteinander und nicht gegeneinander gearbeitet wird. Eine *autoritäre* Führung wird dazu neigen, mehr vorzuschreiben, als dem Betrieb gut tut und die Mitarbeiter anzunehmen bereit sind. Eine *demokratische* Führung überläßt den Mitarbeitern einen Entscheidungsraum, dem diese sachlich nicht gewachsen sind. Die *pädagogische* Führungspraxis schaut auf die Entwicklungsmöglichkeiten des Mitarbeiters und bemüht sich, die einzelnen Arbeiter und Angestellten im Rahmen des Möglichen zu fördern. Sie wird gegenüber jüngeren Mitarbeitern oder frisch in den Betrieb Eintretenden mehr die Pflicht der Führung, Anleitung und Hilfeleistung wahrnehmen und dem älteren, bewährten Mitarbeiter ein selbständigeres Arbeiten gestatten, entsprechende Aufträge, mehr Verantwortung und größere Kompetenzen zuteilen. Sie wird sich im Sinne einer echten Alternative zur Forderung nach demokratischer Mitbestimmung um eine entwicklungsfähige Partnerschaft bemühen nach der bewährten Formel vom »Mitwissen – Mitdenken – Mitwirken«.[15] Was im tiefsten Grunde der Mitarbeiter heute wünscht, ist darin enthalten: »die umfassende Information der Mitarbeiter über das Betriebsgeschehen, über die Unternehmenszielsetzung und die Planung; die Schaffung selbständiger Verantwortungsbereiche für möglichst viele Mitarbeiter; die Führung durch Zielsetzung statt durch Anordnung; die Ersetzung der Fremdbestimmung durch Selbstkontrolle nach gemeinsam erarbeiteten Kriterien, die Förderung des Teamworks in der Entscheidungsvorbereitung und -durchsetzung; die Aktivierung des Mitarbeiter-Fähigkeitspotentials; die systematische Weiterbildung: die Beteiligung am Unternehmenserfolg und an der Unternehmenssubstanz«.[16]

Unsere Zeit ist erfüllt von einem fast charismatischen Glauben an die Organisation. Die Perfektion mechanischer und elektrotechnischer Abläufe veranlaßt uns anzunehmen, auch das soziale Leben der Menschen müsse nach eben den Gesichtspunkten gesteuert und eingerichtet werden, nach denen unsere Maschinen und Apparate laufen. Dies aber sei durch eine vollkommen durchgebildete Organisation mit klarer Arbeits-, Kompetenz- und Verantwortungsgliederung erreichbar. Sicher ist die Organisation eine sehr wertvolle Hilfe und besonders in größeren Betrieben selbstverständliche Voraussetzung zu guter Zusammenarbeit.

Doch ist sie immer nur Form, Gefäß, Rahmen und bedarf zu ihrer Erfüllung des Reichtums und der Mannigfaltigkeit menschlicher Qualitäten. An sich neigt die Organisation zu lähmender Erstarrung, wenn nicht der Mensch mit seinen Problemen, seinen Fähigkeiten und Mängeln, seinen temperament- und charakterbedingten Besonderheiten, seinen Wünschen und Erwartungen lebensfrische Spannung in das organisatorische Gefüge brächte. Der Vielfalt der individuellen Anlagen soll die Organisation möglichst entsprechen. Eine Struktur, die den freien Entfaltungsraum des einzelnen Mitarbeiters mehr lähmen als fördern würde, sollte im Interesse des Betriebes verhindert werden. In zahlreichen Staats- und Verwaltungsbetrieben können wir erleben, wie die Starrheit der Organisation auf die Dauer selbst den Charakter der Mitarbeiter prägt. Normalerweise wirkt in jedem Menschen eine treibende Kraft, ein geistiges Aktivum, das nach Beachtung, Förderung und Entwicklung drängt. Je mehr es dem Leiter einer Belegschaft gelingt, diesen potentiellen Innenraum zu enthusiasmieren, desto initiativer, arbeits- und unternehmungsfreudiger wird der Mitarbeiter. Denn Initiative ist nichts anderes als die zur Wirksamkeit gelangte Ich-Kraft des Menschen. Diese Kraft, die nicht zu verwechseln ist mit dem niederen Ich, fühlt sich befriedigt und erhöht, wenn sie eine Leistung zum Wohle des anderen, ja der Menschheit überhaupt erbringen darf. »Es wächst der Mensch mit seinen höhern Zwecken.« Je wacher die Mitarbeiter im Bewußtsein werden, daß ihre Leistung nicht für sie selber, sondern für die andern bestimmt ist, desto gesunder wird der Betrieb im Leben stehen. So wird die Wirtschaft, die allzulange Schauplatz egoistischer Einzelinteressen war, zu einem Übungs- und Bewährungsfeld der personalen Kräfte, zu einer Schule universalistischen und menschheitlichen Planens und Strebens und schließlich zu einer Saatstätte der Freiheit, nicht bloß in einem theoretischen und ideellen Sinne, sondern in einer ganz handwerklichen Verdichtung, die sich im Sieg des Menschen über sich selbst auszeichnet.

Schlußwort

> Tat, Beispiel, Vorbild: das ist die stärkste Lehre. *Simon Gfeller*

Wir haben von verschiedenen Aspekten aus wahrgenommen, wie der Mensch in der Spannung zweier Einfluß-Sphären steht, wie er als »Mittelring zwischen zwei ineinandergreifenden Systemen der Schöpfung«[17] teilhat am Reich der Natur und am Reich der Übernatur, wie er demzufolge hin- und hergerissen wird von Trieben und Begierden des Leibes und Verlockungen der äußeren Welt einerseits und den moralischen und idealen Forderungen seines Geistes andererseits. Stetig hat er »zwischen Sinnenglück und Seelenfrieden« die »bange Wahl« zu treffen.

Indes erwächst dem Menschen gerade aus der Dualität seiner Existenz die ihm allein vorbehaltene Aufgabe: *Mittler* zu sein zwischen den Ansprüchen der Natur und den Ansprüchen des Geistes, Treuhänder der unteren und der oberen Welt, Bürge der Erde und des Himmels. Alle Erziehungs- und Bildungsarbeit, jeder soziale und kulturelle Einsatz, jegliche wirtschaftliche Bemühung, jede Hilfeleistung gegenüber dem Bedürftigen und Leidenden ist Mittlertum in dem erwähnten Sinne.

Das Doppelbürgertum ist aber auch Voraussetzung für eine weitere Bestimmung des Menschseins: *Freiheit*. Die Freiheit ist der Keimling, der am Baume der Evolution reifen soll – und reifen wird, wenn Menschen den Acker bestellen und die Saat hegen und pflegen, bis sie blüht und fruchtet. Freiheit kann nicht als fertige Gabe dem Menschen vom Schöpfer in die Wiege gelegt werden. Nur die Anlage zu ihr wurde ihm geschenkt, wie wir gesehen haben. Den knospenhaften Keim zur Reife zu bringen, im einzelnen Menschen wie in der gesamten Menschheit, dies ist die ureigentliche Aufgabe, zu der das Schicksal den Menschen auf den verschiedensten Wegen und oft auch Umwegen hinführen und begeistern möchte. Freiheit leuchtet als Zielbild hinter dem bereits einmal vernommenen Wahlspruch auf: »Werde, der du bist!« Oder in Martin Luthers Worten: »Wuchere mit deinem Pfund!« Erwecke die in dir schlummernden Kräfte!

Wir haben an anderer Stelle ausgeführt, wie der moderne Mensch, besonders seit der Renaissance, im Zuge der Entdekkung und Ausbeutung der technisch-naturwissenschaftlichen Welt zum Erlebnis seiner Freiheit und Unabhängigkeit gelangt ist.[18] Wir haben aber auch auf das paradoxale Phänomen hingewiesen, wonach die Auseinandersetzung mit Naturwissenschaft und Technik den Forscher in einen schroffen Determinismus und Gesetzesglauben hineinführte, der ihm die Idee der Freiheit wieder zum Problem werden ließ; eben weil es diese Dimension im Bereich der außermenschlichen Natur nicht gibt, wie im ersten Aspekt sichtbar wurde. Darum neigt mancher Zeitgenosse, der sich zu einseitig und ausschließlich durch sein technisches Wissen und Können leiten läßt, dazu, Lebensverhältnisse zu schaffen, in denen das Ideal der Freiheit, das als Zielbild der Menschheitsentwicklung erkannt worden ist, nur als unberechenbarer, lästiger Störfaktor verstanden werden kann. Die Gefahr besteht also, daß die zivilisierte Menschheit bei solcher Situationsblindheit tiefer und tiefer in den Sog rein materialistischer Bedürfnisse gleitet und unter das Diktat technokratischer Einrichtungen gerät, in denen menschliches Verhalten überhaupt keine Rolle mehr spielt. Der Mensch droht unter solchen Lebensbedingungen auf die Stufe rein animalisch-vitaler Ansprüche und kybernetisch gesteuerter Zweckhaftigkeit reduziert zu werden. Der höhere Mensch, Bürge des Menschseins überhaupt, erstickt in der Eindimensionalität.

Der Weg zur Freiheit hat uns vom Himmel entfernt und in die Kerker und Katakomben der gottfernen Stoffeswelt hinuntergeführt, nicht damit wir darin versinken oder erstarren, sondern damit wir in ihr Kräfte entfalten, Einsichten gewinnen und den Willen entzünden, aus eigener Anstrengung den Weg in das Quellgebiet des Mensch- und Weltseins wieder zu beschreiten und so im besten Sinne selbständige und freie Menschen zu werden.

Der Mensch kann nicht leben und nicht gesund bleiben, wenn er nur die Wirklichkeit der Materie anstarrt und für die Wirklichkeit des Geistes blind ist.[19] Er kann aber auch die Aufgaben in und an der ihm vertrauten physischen Welt nicht richtig lösen, wenn er nicht der höheren Dimension seines Seins innewird und in diesem Bereich Impulse, Inspirationen und Maßstäbe zu seinem werktäglichen Tun findet.

So gesehen, wird uns das Leben zu einer Aufgabe der Selbstschulung und Selbstdisziplinierung, zu einer Aufgabe, die jeder einzelne ganz für sich selbst vollziehen muß, die er nie delegieren kann und die unter Umständen Jahre und Jahrzehnte in Anspruch nimmt. Diese Aufgabe verlangt wohl auch einen gelegentlichen Rückzug aus hektischer Betriebsamkeit, was Joachim Bodamer »Zivilisationsaskese« genannt hat,[20] verlangt bisweilen Verzichtleistungen:

Der darf sich manchen Wunsch gewähren,
Der stolz sich selbst und seinem Willen lebt.
Allein, wer andere wohl zu leiten strebt,
Muß fähig sein, viel zu entbehren.[21]

Ziel solchen Strebens darf nicht das mittelalterlich-mönchische Ideal der Daseinsflucht sein, der inneren Emigration, eine Lebensform, die viele Jugendliche begeistert und welche die problemgeladene Gegenwart quasi sich selbst überläßt. Vielmehr gilt es, unser tagtägliches Tun mit spiritueller Wesenssubstanz zu durchdringen und zu erfüllen. Die Verwandlung der Erde darf dort nicht zu Ende gehen, wo die wirtschaftliche Ausnützbarkeit ihrer Kräfte und Schätze aufhört. Der Mensch als Teilhaber und Mittler beider Sphären ist aufgerufen, Himmel und Erde einander immer näher zu bringen, ja, Oben und Unten zur völligen Vereinigung und Versöhnung zu führen. Nur so kann die Erde, die heute an allen Ecken und Enden unter den Schlägen egoistischer und kurzsichtiger Ausbeutung leidet, ein Stern des Lichtes und der Liebe werden.

Anmerkungen und Literaturhinweise

Die Stellung des Menschen in den Naturreichen

1 Zu weiterführender Orientierung im Sinn und Geist des Autors sei empfohlen: Friedrich Husemann: *Das Bild des Menschen als Grundlage der Heilkunst*, Band 1, Stuttgart 1959, sowie Otto Julius Hartmann, *Die Gestaltstufen der Naturreiche. Von den Richtungen und Zielen des Weltenwerdens im Spannungsfeld von Raum und Zeit*, Freiburg i. Br. 1967.

2 Vgl. zu Bacon: Kurt Brotbeck, *Im Schatten des Fortschritts*, S. 81 ff., Zürich und Stuttgart 1969. (In der Folge zitiert: »Im Schatten«.)

3 »Zum Atomzeitalter«, Gedenkrede anläßlich einer Konradin-Kreutzer-Feier, gehalten am 30. Oktober 1955 in Messkirch.

4 Vgl. »Im Schatten«, S. 131 f.

5 Galilei in seinem berühmten »Dialog über die Weltsysteme«, 1632: »Ich behaupte, daß der menschliche Intellekt einige Wahrheiten so vollkommen begreift und ihrer so unbedingt gewiß ist, wie es nur die Natur selbst sein kann. Dahin gehören die rein mathematischen Erkenntnisse, nämlich die Geometrie und die Arithmetik. Freilich erkennt der göttliche Geist unendlich viel mehr mathematische Wahrheiten; denn er erkennt sie alle. Die Erkenntnis der wenigen aber, welche der menschliche Geist begriffen, kommt meiner Meinung nach an objektiver Gewißheit der göttlichen gleich; denn sie gelangt bis zur Einsicht ihrer Notwendigkeit, und eine höhere Stufe der Gewißheit kann es wohl nicht geben.« Zit. bei Maurice Martin, »Die Technik und das Abenteuer der menschlichen Vernunft« in der Monatszeitschrift ›*evolution*‹, 13. Jg., 1970, Nr. 145.

6 Auf den hier gemeinten Tatbestand weist Rudolf Steiner hin in seiner *Philosophie der Freiheit*, GA Dornach 1978, Bibl.-Nr. 4, sowie Rudolf Steiner *Ausgewählte Werke*, Frankfurt 1985, Bd. 3091 und in *Wahrheit und Wissenschaft*, GA Dornach 1980, Bibl.-Nr. 3.

7 Max Frisch hat in seinem Werk *Homo faber* die Weltschau und die Lebensproblematik eines solchen Menschentypus sehr anschaulich dargestellt.

8 »Die Erfolge der Technik und die Überbewertung der exakt-naturwissenschaftlichen Betrachtungsweise«, Sonderabdruck aus: ›*Verhandlungen der Schweizerischen Naturforschenden Gesellschaft*‹, Basel, Band 81, Nr. 1, 1971.

9 Walter Heitler, *Der Mensch und die naturwissenschaftliche Erkenntnis*, Braunschweig 1962, S. 13ff.

10 Vgl. etwa Adolf Portmann, *Biologie und Geist*, Zürich 1956, sowie Martin Wagenschein, *Verstehen lernen*, Weinheim und Berlin 1968.

11 Vgl. das Kapitel »Newton contra Kepler« in Heitlers Werk *Der Mensch und die naturwissenschaftliche Erkenntnis*, S. 5ff.

12 Walter R. Fuchs, *Knaurs Buch vom neuen Lernen*, München / Zürich 1969, S. 74. Galilei in einem Brief an Markus Welser: »In das Wesen einzudringen, halte ich ebenso für ein unmögliches Unterfangen wie eine leere Mühe bei den nächsten elementaren und bei den entferntesten himmlischen Substanzen ... Solche Erkenntnis zu gewinnen, ist für den Zustand der Seligkeit aufgespart und nicht vorher möglich.« Zit. bei Maurice Martin, a. a. O. (s. Anm. 5).

13 Wir erinnern an das Faust-Wort Goethes: »Wer will was Lebendiges erkennen und beschreiben, / Sucht erst den Geist herauszutreiben, / Dann hat er die Teile in der Hand, / Fehlt, leider! nur das geistige Band.«

14 Der deutsche Philosoph W. H. Preuss verweist in seinem bedeutenden Werk *Geist und Stoff* auf den Privatgelehrten Freiherrn von Herzeele, der in seiner Schrift »Die Entstehung der unorganischen Stoffe« zu beweisen versuchte, daß in der lebenden Pflanze andauernd Materie gebildet wird. Herzeele: »Das Lebendige stirbt, aber das Tote wird nicht geschaffen.« »Nicht der Boden bringt die Pflanze hervor, sondern die Pflanze den Boden.« Vgl. auch Rudolf Hauschka, *Substanzlehre*, Frankfurt a, M., 1960, S. 15ff.

15 Vgl. dazu Carl Unger, Schriften I, *Die Autonomie des philosophischen Bewußtseins*, Stuttgart 1964.

16 Angelus Silesius drückt diesen Gedanken so aus: »Die Rose, welche hier dein äußres Auge sieht, Die hat von Ewigkeit in Gott also geblüht.«

17 Auf die bedeutungsvolle Stellung der Pflanze in den Naturreichen und im Energiehaushalt verweist der Arzt Friedrich Husemann in *Das Bild des Menschen*. Er schreibt: »Der Lebensprozeß ist der umfassendere, der physikalische ist nur möglich durch den Abbau der durch den Lebensprozeß aufgebauten Substanzen; der Lebensprozeß wirkt synthetisch, der physikalische analytisch. Dieser fundamentale Gegensatz geht aus der *energetischen Betrachtung* hervor. Diese stellt fest, daß alle physischen Prozesse der Entropie zustreben, während die Lebensprozesse die Tendenz zeigen, die Zunahme der Entropie aufzuhalten.« A. Jaquet belegt dies in *Wissen und Glauben*, indem er darstellt, wie eine Sandwüste oder nackte Felsen die Sonnenwärme, die sie während des Tages aufnehmen, des Nachts wieder an die Umgebung abgeben.

18 Zur Kompliziertheit der Strukturen und dem hohen Molekurlargewicht kommt bei organischen Substanzen die geringe Stabilität der Verbindungen hinzu. So mutet einen die einfache und stabile Konstitution des Schwefelsäuremoleküls (H_2SO_4) gegenüber dem labilen Hämoglobin-Molekül (Molekulargewicht 68000) an »wie ein

gesunder Bauernknecht gegenüber einem überempfindlichen, zarten Mädchen«. »Diese Labilität der hochmolekularen Eiweißstoffe ist aber offenbar eine notwendige Voraussetzung für das Auftreten des Lebensprozesses. Die chemischen Eigenschaften der Stoffe müssen sich gewissermaßen gegenseitig aufheben und zu einem Zustand von chemischer Labilität kommen, wenn Leben möglich werden soll.« (Husemann, a. a. O., 30.)

19 In erster Linie ist hier die von Rudolf Steiner begründete Geisteswissenschaft zu nennen, in der die »Bildekräftewelt« der Biosphäre ausführlich zur Darstellung kommt. Hier hat auch die »biologisch-dynamische Wirtschaftsweise« ihren Ursprung. Daneben möchten wir hinweisen auf die Arbeiten des Strömungsforschers Theodor Schwenk *Das sensible Chaos*, *Bewegungsformen des Wassers*.

20 Vgl. »Die Erfolge der Technik...« (Anm. 8), S. 39. Zitat v. E. Chargaff.

21 Der Mensch und die naturwissenschaftliche Erkenntnis (Anm. 9), S. 71ff.

22 »Die Metamorphose der Pflanzen«, § 115, in: Goethes *Naturwissenschaftliche Schriften*, Band 1, Bern 1949, S. 57, 105f.

23 Vgl. Husemann, a. a. O., 39.

24 Vgl. Husemann, a. a. O., 42ff.

25 Zit. in meinem Aufsatz »Der manipulierte Mensch«, in: *Programmierter Unterricht*, Zürich 1968, S. 28f.

26 »Vom Seelenleben der Tiere«, *Meyers Handbuch über Mensch, Tier und Pflanze*, Mannheim 1964, S. 463.

27 Lorenz Oken, *Lehrbuch der Naturphilosophie*, 1831, S. 389.

28 J. G. Herder, *Sämtliche Werke*, hg. von Bernhard Suphan, Band XIII, Ideen zur Philosophie der Geschichte der Menschheit, S. 68.

29 *Goethe*, »Maximen und Reflexionen«, 1190.

30 Adolf Portmann, *Biologische Fragmente zu einer Lehre vom Menschen*, Basel 1944; *Biologie und Geist*, Zürich 1956; *Zoologie und das neue Bild des Menschen*, Reinbek 1956; *Entläßt die Natur den Menschen?*, München 1970.

31 Wilhlem Boelsche, *Tierseele und Menschenseele*, Stuttgart 1924, S. 17. Die Tiere, schreibt Boelsche, »haben das Stück nicht erfunden, nicht erlernt, das sie spielen, es wird ihnen souffliert.« Sodann stellt er die Frage: »Wer aber... ist der große Hexenmeister, der die Puppen tanzen läßt?«

32 Johannes Hoffmeister, *Wörterbuch der philosophischen Begriffe*, Leipzig 1944, S. 387.

33 Vgl. Hermann Poppelbaum, *Mensch und Tier*, Dornach 1956, S. 120, 132.

34 *Über Anmut und Würde* (1793), *Sämtliche Werke*, Säkular-Ausgabe Stuttgart und Berlin, 11. Band, S. 204.

35 Vgl. Anm. 33.

36 Vgl. dazu Poppelbaum, a. a. O., 14.

37 a. a. O., 15.

38 a. a. O., 15.

39 a. a. O., 16.
40 a. a. O., 16. Vgl. auch Wolfgang Schad, *Säugetier und Mensch*, Stuttgart 1971, S. 245 ff.
41 Poppelbaum, a. a. O., 20.
42 a. a. O., 18.
43 E. Haeckel, *Generelle Morphologie der Organismen*, 1866; Poppelbaum, a. a. O., 45; Rudolf Hauschka, *Ernährungslehre*, Frankfurt a. M. 1951, S. 15 ff. Poppelbaum: »Die Ahnenschaft des Menschen ist das innere Band, das die ganze Evolution zusammenhält.«
44 Rudolf Hauschka, a. a. O., 16.
45 Aristoteles, *Von der Seele* (402 a–435 a) und *Nikomachische Ethik*. Wir zitieren nach Kröners Taschenausgabe Bd. 129, 2. Auflage, Leipzig 1938, S. 156 ff. und 183 ff.
46 Ernst Haeckel: *Die Welträtsel* (1899), Leipzig 1922, S. 123, 121.
47 Ignaz Paul Vital Troxler, *Fragmente*. Erstveröffentlichungen aus seinem Nachlasse, hg. von Willi Aeppli, St. Gallen 1932, S. 279 f.
48 Troxler, a. a. O., 192.
49 Troxler: »Doch es wird eine Zeit kommen, und sie ist nahe, wo die Anthroposophie die Naturerscheinung des Geisterreiches im Menschen dem Geiste erklären wird, wie die Physik den Regenbogen dem Gesicht und die Aeolsharfe dem Ohr wirklich auseinandersetzt« (a. a. O., 37, 120); Rudolf Steiner, *Die Erziehung des Kindes vom Gesichtspunkte der Geisteswissenschaft*, Dornach 1932, S. 7 ff.
50 Troxler, *Gewißheit des Geistes*. Fragmente, hg. von Willi Aeppli, Stuttgart 1958, S. 26.
51 J. G. Herder, *Ideen zur Philosophie der Geschichte der Menschheit*, Deutsche Bibliothek Berlin o. J., S. 32, 40.
52 Aristoteles, a. a. O., S. 205 (Psychologie).
53 Otto Müller, *Ideal und Wirklichkeit. Hinweise zur Krisis der Gegenwart*, Aarau 1941, S. 109.
54 Pierre Teilhard de Chardin, *Die Zukunft des Menschen*, Olten und Freiburg i. Br. 1963, S. 217.
55 Oswald Spengler, *Der Mensch und die Technik*. Beitrag zu einer Philosophie des Lebens, München 1931, S. 29.
56 J. G. Herder, a. a. O., S. 38, 42, 39.
57 Troxler, *Fragmente* (s. Anm. 47), S. 289.
58 J. H. Pestalozzi, *An die Unschuld, den Ernst und den Edelmut meines Zeitalters und meines Vaterlandes*, Zürich 1949, Band 8, S. 33–37.
59 Portmann, *Biologische Fragmente zu einer Lehre vom Menschen* (Anm. 30), S. 44 f., 51, 79.
60 Jean Paul, *Levana oder Erziehlehre*, § 129. (Reclam-Ausgabe, Leipzig o. J., S. 340, 343.)
61 Herder, a. a. O., S. 37 f.
62 Vgl. A. Portmann, a. a. O., S. 39.
63 Novalis, *Schriften*, hg. von J. Minor, Jena 1923, Band 2, S. 117.

64 J. H. Pestalozzi, *Aber wozu ein Blatt für Menschenbildung? Kritische Ausgabe*, Band 20, 1963, S. 19.
65 Christian Morgenstern, *Stufen*, München 1927, S. 14.
66 Pindar (522–448 v. Chr.).
67 Novalis, a. a. O., Band 2, S. 184.
68 Aniela Jaffé, *Erinnerungen, Träume, Gedanken von C. G. Jung*, Zürich 1962, S. 416.
69 Martin Buber, *Dialogisches Leben*, Zürich 1947, S. 377 f.
70 Pestalozzi, *Die Abendstunde eines Einsiedlers*, *Kritische Ausgabe*, Band 1, 1927, S. 295.
71 Schiller, *Über Anmut und Würde*, a. a. O. (Anm. 34).
72 Giovanni Pico della Mirandola, »Die Würde des Menschen«, in: ›*Lux et Humanitas*‹, Eine Schriftenreihe zur Pflege geisteswissenschaftlicher Werte, Fribourg, Frankfurt a. M. und Wien, o. J., S. 52 f.
73 Christian Morgenstern, *Stufen*, München 1927, S. 169.
74 Herder, a. a. O., 51.
75 Pestalozzi, *An die Unschuld* (Anm. 58), S. 162.
76 Pestalozzi, *Wie Gertrud ihre Kinder lehrt*, *Kritische Ausgabe*, Band 13, 1932, S. 356.
77 a. a. O., 352 f.
78 Pestalozzi, *Der natürliche Schulmeister*, *Kritische Ausgabe*, Band 15, 1958, S. 54, 29.

Menschwerdung als Führungsaufgabe

1 Adolf Portmann, »*Von der Idee des Humanen in der gegenwärtigen Biologie*«, Rektoratsrede 1947, S. 17.
2 J. H. Pestalozzi, *Meine Nachforschungen über den Gang der Natur in der Entwicklung des Menschengeschlechts*, 1797, Zürich 1946, Band V, S. 379 ff.
3 J. H. Pestalozzi, *An die Unschuld*; (Anm. 75).
4 Heinrich Roth (Hrsg.): *Begabung und Lernen*. Gutachten und Studien der Bildungskommission, Deutscher Bildungsrat, Stuttgart 1969, S. 27.
5 a. a. O., S. 29.
6 *Synopsis für moderne Schulmathematik*, hg. vom Ständigen Delegierten der Ständigen Konferenz der Kultusminister bei der OECD, Frankfurt o. J., S. V; zit. bei E. M. Kranich, *Pädagogische Projekte und ihre Folgen*, Stuttgart 1969, S. 51.
7 Heinrich Eltz, *Fremdsprachlicher Anfangsunterricht und audio-visuelle Methode*, Zürich 1971, S. 7.
8 Nietzsche, *Also sprach Zarathustra* I, ›Vom Wege des Schaffenden‹.
9 *An die Unschuld*. Mit beschwörender Eindringlichkeit warnt Pestalozzi in dieser Schrift davor, Erziehung und Bildung nur an den

kollektiven Ansprüchen des Menschen zu orientieren. »Die kollektive Existenz unsers Geschlechts kann es nur zivilisieren, sie kann es nicht kultivieren. Auch lenkt die Tendenz der Zivilisation an sich durchaus nicht zur Veredlung unsers Geschlechts hin. Sie stellt zwar das zaumlose Leben unsers wilden Zustands mit Gewalt still, aber sie tötet seinen Geist nicht, sie gibt ihm nur eine andre, eine bürgerliche Gestalt. Der bloß zivilisierte Mensch drängt sich ebensowohl als der Wilde zum vegetabilischen und animalischen Lebensgenuß unsrer sinnlichen Natur hin wie hungrige Säugetiere zum mütterlichen Euter, und wer von allen bloß zivilisierten Menschen will ihn davon abhalten und mit welchem Recht, mit welcher Kraft und mit welchem Geist? – Der Mensch als sinnliches Wesen findet sich bei diesem Lebensgenuß wohl, er sucht keinen andern. Im Gegenteil, er hängt auf Tod und Leben an ihm. Die Folgen davon auf seine sittliche und geistige Ausbildung sind ihm in diesem Zustande ganz gleichgültig.« S. 137.

10 Vgl. Wilfried Zeller, *Konstitution und Entwicklung*. Anthropologie der Kindheit und Jugend, Göttingen, 1964, S. 51ff.; Oswald Kroh, *Entwicklungspsychologie des Grundschulkindes*, Langensalza 1944; Otto Julius Hartmann, *Zivilisationsschäden machen uns krank*, Freiburg i. Br. 1958, S. 96; Hermann Poppelbaum, a. a. O., S. 93f.

11 Vgl. O. J. Hartmann, *Zivilisationsschäden*, S. 92.

12 Friedrich Wilhelm August Fröbel, *Die Menschenerziehung*, 1826, jetzt Godesberg 1951.

13 Karl König, *Die ersten drei Jahre des Kindes*, Stuttgart, 1968, S. 13.

14 Vgl. Otto Storch, *Die Sonderstellung des Menschen in Lebensabspiel und Vererbung*, Wien 1948, sowie König, a. a. O., 18f.

15 König, a. a. O., Vorwort.

16 a. a. O., 16.

17 R. Steiner, *Die Erziehung des Kindes*, a. a. O. (Anm. 49 zu S. 40).

18 Markus Adolf Schaffner, *Kinder wie sie sind*. Beobachtungen zu den Altersstufen der ersten neun Jahre, Basel, S. 39f.

19 a. a. O., 40.

20 Vgl. Prof. Dr. Jakob Lutz in: *Jean Itard, Victor, das Wildkind von Aveyron*, Zürich und Stuttgart 1965, S. 154.

21 Vgl. die ›*Merkblätter des Vereins für ein erweitertes Heilwesen*‹, Unterlengenhardt über Bad Liebenzell, Nr. 2: »Du und Dein Radio«, Nr. 4: »Fernsehen«.

22 Karl König, a. a. O., 49.

23 a. a. O., 50.

24 a. a. O., 65.

25 a. a. O., 65f.

26 Karl Rauch, *Der Schatten des Vaters*, Esslingen 1954; zit. a. a. O.

27 H. Reichardt, *Die Früherinnerung*, Halle 1926; zit. a. a. O., 67.

28 Vgl. *Im Schatten*, S. 198: »Der Mensch wiederholt die Menschheit«.

29 Novalis, *Gesammelte Werke*, hg. von Carl Seelig, *Fragmente*, Band III, Zürich-Herrliberg 1946, S. 189, Nr. 1377.

30 Hildegard Hetzer bringt in dem Buch *Kind und Jugendlicher in der Entwicklung* (Hannover 1956), S. 55f., überzeugende Beispiele für diesen Tatbestand.
31 Marta Heimeran, *Von der Religion des kleinen Kindes*, Stuttgart 1970, S. 37f.
32 Hetzer, a. a. O., 57.
33 Vgl. hierzu Jean Paul, *Knospe der Kindheit*, Eine Auswahl aus Levana, Stuttgart 1959; ferner: H. H. Schöffler, *Kind im Wandel des Jahrhunderts*. Ein Kinderarzt zur Situation; besonders das Kapitel »Vorahmung und Nachahmung«, Stuttgart 1971.
34 Vgl. zur mythisch-magischen Frühstufe der Menschheit: Ernst Uehli, *Vorzeit der Schweiz*, Zürich 1942, ferner Richard Karutz, *Die Ursprache der Kunst*, Stuttgart 1967.
35 Originelle Beispiele für dieses magische Welterleben bringt Hildegard Hetzer, (Anm. 30, S. 58).
36 Friedel Lenz, *Bildsprache der Märchen*, Stuttgart 1971, S. 12.
37 Wir denken an die bewährten Darstellungen von Jakob Streit: *›Bergblumen-Märchen‹*, *›Tiergeschichten‹*, *›Kindheitslegenden‹*, *›Und es ward Licht‹*, sodann an die Christus-Legende, die Selma Lagerlöf überliefert.
38 Empfehlenswerte Anregungen enthält: Jakob Streit: *Kindheitslegenden*, Stuttgart 1983[7].
39 Wertvolle Hinweise zur Gestaltung der Jahresfeste bietet Marta Heimeran in dem Bändchen *›Von der Religion des kleinen Kindes‹* (Anm. 31).
40 *Die pädagogische Praxis vom Gesichtspunkt geisteswissenschaftlicher Menschenerkenntnis*, Bern 1956, S. 57f.
41 Schöffler, a. a. O., 65.
42 Hetzer, a. a. O., 63.
43 a. a. O., 64.
44 a. a. O., 64f.
45 a. a. O., 65.
46 *Über die ästhetische Erziehung des Menschen* (1793/94), *Sämtliche Werke*, Säkular-Ausgabe, 12. Band, Stuttgart und Berlin, S. 59 (15. Brief).
47 Vgl. Markus Adolf Schaffner, *Kinderspiel und Spielzeug*, Basel 1951.
48 *›Die pädagogische Praxis‹*, S. 82.
49 Eduard Spranger, *Der Eigengeist der Volksschule*, Heidelberg 1955, S. 51.
50 Oswald Kroh, *Psychologie des Grundschulkindes*, 12. Aufl., Langensalza 1935, S. 293f.
51 Otto Müller, »Was schulden wir dem Kind im Volksschulalter?« Als Beilage zu den Lehrplänen 1972 hg. vom Erziehungsdepartement des Kantons Aargau, S. 8.
52 Vgl. Wilfried Zeller, *Konstitution und Entwicklung*. Göttingen 1952, S. 24ff.
53 a. a. O., 25.

54 a. a. O., 25.
55 a. a. O., 27.
56 Vgl. *Die Erziehung des Kindes*, a. a. O., (Anm. 49 zu S. 51).
57 Oskar Hammelsbeck, *Innigst verbunden Spiel und Ernst*, Braunschweig 1963. Zit. bei Otto Müller, a. a. O., 9.
58 »Biologisches zur ästhetischen Erziehung«, in: *Biologie und Geist*, Zürich, 1956, S. 311 ff.
59 a. a. O., 311.
60 a. a. O., 318, 331 f.
61 a. a. O., 326, 330.
62 Schiller, *Sämtliche Werke*, Säkular-Ausgabe Stuttgart, 12. Band, 7.
63 Kurt Brotbeck, *Die Idee der humanistischen Bildung*, 75.
64 Schiller, a. a. O., 42.
65 a. a. O., 42.
66 a. a. O., 43.
67 a. a. O., 11.
68 a. a. O., 44.
69 a. a. O., 55.
70 a. a. O., 59.
71 Rudolf Steiner, *Die Waldorfschule und ihr Geist*, Stuttgart 1956; »Die pädagogische Praxis«, S. 154 ff.
72 Heinrich Eltz, *Fremdsprachlicher Anfangsunterricht und audio-visuelle Methode*, Zürich 1971, S. 13.
73 a. a. O., 14.
74 a. a. O., 15.
75 Simon Gfeller, *Unveröffentlichtes, Briefe, Vermächtnis*, Bern 1957, S. 251.
76 Zit. in: *Schweizer Schule – wohin?* Beiträge zur Schulreform und Schulkoordination, Troxler, Bern 1972, S. 55–57.
77 Vgl. Kurt Brotbeck, ›*Im Schatten*‹, Beitrag zur Ganzwortlesemethode, S. 171–175.
78 Adolf Portmann, *Biologie und Geist*, S. 319.
79 Adolf Busemann, *Pädagogische Jugendkunde*, Frankfurt a. M. 1959; zit. bei Müller, a. a. O., 19 (vgl. Anm. 51).
80 Vgl. Peter Kamm, »Kindheit und Jugendzeit«, in: *Handarbeit und Schulreform*, 67. Jg. 1962, 229 f.
81 Heinz Remplein, *Die seelische Entwicklung des Menschen im Kindes- und Jugendalter*, Basel 1960; zit. bei O. Müller, a. a. O., 19.
82 O. Müller, a. a. O., 19.
83 Adolf Portmann, *Ein Naturforscher erzählt*, Basel 1955, S. 16–24; zit. bei Wagenschein, *Verstehen lernen*, Weinheim 1968, S. 29.
84 Wagenschein, a. a. O., 29.
85 a. a. O., 29.
86 Adolf Busemann, *Pädagogische Jugendkunde*, zit. bei O. Müller, S. 23.
87 Vgl. O. Müller, S. 24.
88 Hildegard Hetzer, *Kind und Jugendlicher in der Entwicklung*, S. 135.

89 Heinz Remplein, »Die seelische Entwicklung des Zehn- bis Zwanzigjährigen und sein Verhältnis zur Schule«, in: K. Strunz (Hg.): *Pädagogische Psychologie für höhere Schulen*, München 1967, S. 57.
90 Wilfried Zeller, *Konstitution und Entwicklung*, S. 41.
91 Rudolf Steiner, *Die Erziehung des Kindes*, a. a. O., 52.
92 Zit. bei Zeller, a. a. O., 39.
93 Remplein, a. a. O., 74.
94 Zit. in: *Die Idee der humanistischen Bildung*, S. 232.
95 Wagenschein, *Verstehen lernen*, S. 9.
96 Remplein, a. a. O., 57.
97 Remplein, a. a. O., 78; auch M. Schaffner, *Wie Schulkinder reifen*, S. 157 ff.
98 Markus Adolf Schaffner, *Wie Schulkinder reifen*, Basel 1949.
99 a. a. O., 183.
100 Hermann Nohl, *Charakteristik der Reifezeit*, zit. in: Friedhelm Neidhardt, *Jugend im Spektrum der Wissenschaften*, München 1970, S. 160 f.
101 Eduard Spranger, *Psychologie des Jugendalters*, Leipzig 1935, S. 188. »Die Jugend hat ... sich noch nicht ganz mit der Tatsache der Endlichkeit abgefunden. In ihr lebt noch der ›unbedingte Trieb‹, der über alles real Gegebene hinaus einen Überschuß enthält.« Über den ›metaphysischen Kampf‹ dieses Alters vgl. auch S. 41.
102 Hans Erhard Lauer, »Der entmenschte Mensch«, in: Alfred Häsler, *Schulnot im Wohlfahrtsstaat*, Zürich 1967, S. 111.
103 Hinweise zu den Lebensstufen des erwachsenen Menschen verdanken wir der Darstellung von Hans Erhard Lauer, *Der menschliche Lebenslauf*, Freiburg i. Br. 1952.
104 Lauer, a. a. O., 106.
105 Freilich ist zu beachten, daß der Lebenslauf eines Menschen ein Ganzes darstellt, insofern nicht äußere, durch die Zivilisationsverhältnisse bedingte Ereignisse ein Dasein vorzeitig abbrechen. Darum kann das Zeitmaß der Entwicklung in besonderen Fällen ein sehr unterschiedliches sein, was wir am Lebenslauf von »Frühvollendeten« wie Raffael, Mozart, Novalis, Kleist, Schubert und Kafka erkennen, deren Lebensleistung nicht als Torso, sondern als »in sich abgeschlossene Totalität« erscheint. (Vgl. Lauer, a. a. O., 111.)
106 Goethe bezeichnet die Begriffe von Polarität und Steigerung als die »zwei großen Triebräder aller Natur«. Vgl. *Gedenkausgabe*, Zürich, Bd. XVI, S. 925.

1 Vgl. J. Chr. A. Heinroth, *Anthropologie*, Leipzig 1822.

2 Peter A. Hofstätter in: *Das Fischer Lexikon*, Band ›Psychologie‹, Frankfurt am Main 1973, S. 307.

3 Einen knappen Kommentar zu Schillers Temperamentrose gibt Lothar Vogel in seinem Werk *Der dreigliedrige Mensch*, Dornach 1967, S. 206f. Der Leser versuche die Temperamentrose nach dem Studium unserer Darstellung der Temperamenttypen zu deuten. Er beachte das Prinzip der Polarität zwischen aktiven und passiven Eigenschaften (Held – Geschichtsschreiber). Bemerkenswert ist auch die Dreigliederung jedes Quadranten, wodurch die Übergänge von einem Temperament zum benachbarten sichtbar werden: Der cholerische Tyrann steht neben dem melancholischen Herrscher, der cholerische Abenteurer neben dem sanguinischen Bonvivant. – Der Einbau des Farbkreises in die Temperamentrose mag denjenigen interessieren, der sich um die von Goethe erarbeitete sinnlich-sittliche Wirkung der Farbe bemüht. Im Zuge einer psychologischen Farbgebung sind diese Hinweise sehr wesentlich.

4 Außer den in den Anmerkungen 1–3 erwähnten Werken sind zu nennen: Friedrich Arndt, *Die vier Temperamente*, Magdeburg 1839; Wilhelm Wundt, *Grundzüge der physiologischen Psychologie*, 1903; Hermann Ebbinghaus, *Abriß der Psychologie*, 1908; Ernst Neumann, *Intelligenz und Wille* 1908; Rudolf Steiner, *Das Geheimnis der Temperamente*, Basel 1967; Norbert Glas, *Die Temperamente*, Stuttgart 1963; Rudolf Grosse, *Erlebte Pädagogik*, Dornach 1975, Frankfurt am Main 1984, Fischer Taschenbuch. Band-Nr. 5537.

5 Vgl. Walter Müri, *Der Arzt im Altertum*, München 1943, S. 73, sowie Gaston Baissette, *Leben und Lehre des Hippokrates*, Stuttgart 1962.

6 Hippokrates, *de natura hominis, Die Natur des Menschen*, zit. bei Müri, a. a. O., S. 74ff.

7 »Über die Natur«, 399ff., vgl. *Die Anfänge der abendländischen Philosophie*, Zürich 1949, S. 86.

8 Wir haben die Feststellung gemacht, daß viele Choleriker es vermeiden, sich mit den ihnen entsprechenden kräftigen Farben zu umgeben, weil sie dadurch viel zu stark affiziert würden, und gedämpfte oder gebrochene Farbtöne vorziehen, die weniger aggressiv wirken, gelegentlich auch das ruhige, kalte, phlegmatische Blau. (Vgl. Abb. 7.)

9 Dieses Aperçu verdanke ich meinem verehrten Lehrer Prof. Dr. Arthur Stein.

10 Romain Rolland, *Ludwig van Beethoven*, Zürich 1930, Neuausgabe 1969, S. 46ff.

11 Friedrich Nietzsche, *Werke in zwei Bänden*, Leipzig 1930, S. XIV.

12 Vgl. Norbert Glas, *Das Antlitz offenbart den Menschen*, Stuttgart 1961, S. 16f., 94.
13 Norbert Glas, *Das Antlitz offenbart den Menschen*, Band 2: Die Temperamente, S. 32.
14 Diese himmelstürmende Geste des Kindes drückt Carl Spitteler in dem Gedicht ›Ein Bildchen‹ aus.
15 Glas, *Die Temperamente*, S. 37.
16 a. a. O., 30.
17 Arndt, a. a. O., 22.
18 Glas, a. a. O., 39.
19 Arndt, a. a. O., 19f.
20 Vgl. die Monographie Bodmers von Max Wehrli in *Große Schweizer*, Zürich 1938, S. 299.
21 Vgl. Fritz René Allemann, *Große Schweizer sehen sich selbst*, Zürich 1967, S. 100.
22 Vgl. *Richard der Einzige, Satire, Parodie, Karikatur*, zusammengestellt von Hermann Hakel, Wien 1963, S. 14.
23 a. a. O., 99.
24 a. a. O., 99.
25 Zit. bei Hans Rudolf Schmid, *Philipp Suchard 1797–1884*, Verein für wirtschaftshistorische Studien, Zürich 1955, S. 23.
26 a. a. O., 30.
27 Vgl. dazu Martin Wagenschein, *Verstehen lernen*, S. 7ff.
28 Heinroth, *Anthropologie*, S. 145.
29 a. a. O., 145.
30 Glas, *Die Temperamente*, S. 27.
31 a. a. O., 21.
32 Betsy Meyer, *Conrad Ferdinand Meyer in der Erinnerung seiner Schwester*, Basel 1971, S. 130.
33 a. a. O., 130.
34 a. a. O., 132.
35 Heinroth, a. a. O.; Vogel, *Der dreigegliederte Mensch*, S. 192.
36 Affektive Gefühlsentladungen hat Ernst Kretschmer dem leptosomen Formkreis zugeordnet. Vgl. ders., *Körperbau und Charakter*.
37 Rudolf Steiner, »Das Geheimnis der Temperamente«, S. 28.
38 Glas, a. a. O., 17.
39 a. a. O., 17.
40 a. a. O., 17.
41 Vogel, a. a. O., 192.
42 Willibald Klinke, *Kant für jedermann*, Zürich 1949, S. 57.
43 a. a. O., 29.
44 Ernst Kretschmer, *Geniale Menschen*, Berlin 1958, S. 163–165.
45 a. a. O., 167.
46 Vgl. Klaus Wagenbach, *Franz Kafka, Eine Biographie seiner Jugend*, Bern 1958, S. 48f.; ferner Kafka, *Hochzeitsvorbereitungen auf dem Lande*, Frankfurt a. M. 1953, S. 230.
47 Zit. bei Franz Baumer, *Franz Kafka, Köpfe des XX. Jahrhunderts*, Band 18, Berlin 1960, S. 6.

48 Franz Kafka, *Tagebücher 1910–1923*, Frankfurt a. M. 1951, S. 27.
49 Franz Kafka, *Briefe 1902–1924*, Frankfurt a. M. 1958, S. 161.
50 H. E. Lauer, *Die Volksseelen Europas*. Versuch einer Psychologie der europäischen Völker auf geisteswissenschaftlicher Grundlage, Stuttgart 1965.
51 Vgl. »Das Geheimnis der Temperamente«. (Vgl. Anm. 4)

Zur Pädagogik der Menschenführung

1 André Maurois, *Napoleon in Selbstzeugnissen und Bilddokumenten*, rororo-Bildmonographie, Reinbek 1966.
2 Heinrich Zschokke, *Eine Selbstschau*, Schweizer Bücherfreunde Zürich, o. J.; ferner Max Widmer, »Heinrich Zschokke und die Schweiz«, in: ›*Die Menschenschule*‹, 45. Jg., März/April 1971, Basel.
3 Zit. bei Widmer, a. a. O., S. 85.
4 Emil Spiess, *Ignaz Paul Vital Troxler*. Der Philosoph und Vorkämpfer des schweizerischen Bundesstaates, dargestellt nach seinen Schriften und den Zeugnissen der Zeitgenossen, Bern 1957; S. 535 ff., 894–897; Max Widmer, *Ignaz Paul Vital Troxler*, in: ›*Gegenwart*‹, 27. Jg., S. 497 ff. (1966); Max Widmer, *Troxler und die Schweiz*, in ›*Gegenwart*‹, 28. Jg., Nr. 8/9, 1967, S. 316 ff.; Iduna Belke: *Der Briefwechsel zwischen Ignaz Paul Vital Troxler und Karl August Varnhagen von Ense, 1815–1858*, Aarau 1953, S. 99.
5 Friedrich Arndt, *Die vier Temperamente*, Magdeburg 1839.
6 R. Steiner, *Das Geheimnis der Temperamente*, Basel 1967.
7 Als Brandnatur bezeichnen wir einen Helden, wie ihn Henrik Ibsen in »Brand« dargestellt hat: einen Menschen, der nur ein hartes Entweder-Oder, Alles oder Nichts kennt, den Typus »individueller Selbstherrlichkeit«: »Eins begehrt ein Mann allein: Bahn frei, ganz er selbst zu sein; Mag er alles sonst entbehren, – *Dies* Recht soll ihm keiner wehren.« Ibsen, *Sämtliche Werke in deutscher Sprache*, Berlin, 4. Bd., S. XII.
8 Caroline von Heydebrand, *Vom Seelenwesen des Kindes*, Stuttgart 1959, S. 60 f.
9 Waldemar Besson, *Autorität in der mündigen Welt*, Bulletin Nr. 77 der Vereinigung für freies Unternehmertum, September 1969.
10 Charles Dickens, *Oliver Twist*, und Charlotte Brontë: *Jane Eyre* (1847). Um eine Abgrenzung und Unterscheidung der Begriffe »autoritativ« und »autoritär« im Umkreis der Schule bemüht sich J. R. Schmid, *Antiautoritäre, autoritäre oder autoritative Erziehung*, Bern 1971. Bei der Entscheidung zwischen autoritärer und antiautoritärer Haltung ist immer mitzubedenken, daß jeder Mensch von der Stufe der Fremdbestimmtheit (Heteronomie des Willens) zur Selbstbestimmtheit (Autonomie des Willens) fort-

schreitet. In vorliegendem Kapitel fassen wir die Aspekte des erwachsenen, »selbstbestimmten« Menschen ins Auge.

11 Sowenig Münchhausen sich an seinem eigenen Schopf aus dem Sumpf zu ziehen vermochte, sowenig wird es möglich sein, mit dem an der Technik orientierten Denken die Gefahren der Technik zu meistern. Auf die möglichen Gefahren hat Carl Oechslin unentwegt hingewiesen. »Der Verstand vermag wohl Maschinen zu konstruieren, die zum Monde fliegen, er ist aber nicht in der Lage, Anweisungen zu geben, wie von diesen Maschinen auch *der rechte Gebrauch* gemacht werde.« Oechslin fordert die »Entwicklung eines neuen Denkstils, eines von innen heraus verantworteten, schöpferischen Denkens, dem wir den Namen ›moralische Phantasie‹ geben möchten«. Vgl. *»Je mehr Technik – desto mehr Mensch«*, Bericht von der IX. Sommertagung der Vereinigung für freies Unternehmertum, Buchdruckerei Wochenblatt, Pfäffikon ZH.

12 Max Rapold, *Partnerschaft als Aufgabe*, VfU-Bulletin Nr. 84, Juli 1971.

13 Jacques Lusseyran, *Gegen die Verschmutzung des Ich*, Stuttgart 1971, S. 14.

14 a. a. O., 14.

15 Rapold, a. a. O.

16 a. a. O.

Schlußwort

17 J. G. Herder, *Ideen zur Philosophie der Geschichte der Menschheit*, 5. Buch, 6. Kap., Sämtliche Werke, Band IV. 1, Kürschners Deutsche Nationalliteratur, Stuttgart, o. J., S. 185.

18 Vgl. »Im Schatten des Fortschritts«, S. 86.

19 Darauf weist auch der Zürcher Psychiater Balthasar Staehelin in seinem vielbeachteten Buch *Haben und Sein*, Editio Academica, 1969, hin.

20 Vgl. Joachim Bodamer, *Der Mensch ohne Ich*, Herder-Bücherei, Band 21, Freiburg i. Br. 1964.

21 Zit. bei O. J. Hartmann, *Zivilisationsschäden machen uns krank*, Freiburg i. Br. 1958, S. 91.

Personenregister

Kursive Zahlen weisen auf Hauptstellen und längere Zitate hin.
Werktitel sind unter dem Namen des Autors zu finden.

Bitte umblättern:

Perspektiven der Anthroposophie

Medizin/Pädagogik

Erhard Fucke
Lernziel: Handeln können
Erfahrungen und Überlegungen zu einem erweiterten Bildungskonzept
Band 5501

Frans Carlgren
Erziehung zur Freiheit
Die Pädagogik Rudolf Steiners
Berichte aus der internationalen Waldorfschulbewegung
Band 5502

Karl König
Die ersten drei Jahre des Kindes
Erwerb des aufrechten Ganges, Erlernen der Muttersprache, Erwachen des Denkens
Band 5507

Stefan Leber
Selbstverwirklichung, Mündigkeit, Sozialität
Eine Einführung in die Idee der Dreigliederung des sozialen Organismus
Band 5519

Gerhard Wehr
Der pädagogische Impuls Rudolf Steiners
Theorie und Praxis der Waldorfpädagogik
Band 5521

Fischer Taschenbuch Verlag

fi 436/1a

Perspektiven der Anthroposophie

Medizin/Pädagogik

Olaf Koob
Gesundheit, Krankheit, Heilung
Grundbegriffe einer menschengemäßen Heilkunst in der Anthroposophie Rudolf Steiners
Band 5524

Thomas J. Weihs
Das entwicklungsgestörte Kind
Heilpädagogische Erfahrungen in Camphill-Gemeinschaften
Band 5529

Erich Gabert
Autorität und Freiheit
Das mütterliche und das väterliche Element in der Erziehung
Band 5531

Anthroposophie heute
Herausgegeben von Kurt E. Becker und Hans-Peter Schreiner
Band 5535

Rudolf Grosse
Erlebte Pädagogik
Schicksal und Geistesweg
Band 5537

Fischer Taschenbuch Verlag

fi 436/1b

Perspektiven der Anthroposophie

Medizin/Pädagogik

Hans Müller-Wiedemann
Mitte der Kindheit
Das neunte bis zwölfte Lebensjahr.
Eine biographische Phänomenologie der kindlichen Entwicklung.
Band 5539

Stefan Leber
Die Sozialgestalt der Waldorfschule
Ein Beitrag zu den sozialwissenschaftlichen Anschauungen Rudolf Steiners
Band 5540

Albert Steffen
Kunst als Weg zur Einweihung
Der Künstler als Therapeut
Band 5542

Rudolf Treichler
Die Entwicklung der Seele im Lebenslauf
Stufen, Störungen und Erkrankungen des Seelenlebens
Band 5544

Rudolf Steiner
Aspekte der Waldorf-Pädagogik
Beiträge zur anthroposophischen Erziehungspraxis
Herausgegeben von Edwin Froböse
Band 3334

Fischer Taschenbuch Verlag

fi 436/1c

Perspektiven der Anthroposophie

Frans Carlgren

Frans Carlgren, 1925 geboren, arbeitet als Lehrer an der Stockholmer »Kristofferschule« und am Rudolf-Steiner-Seminar in Järna. Er gilt als Kenner und Darsteller der Waldorfpädagogik. Seine Arbeiten zu verschiedenen anthroposophischen Themen haben in Schweden z.T. starke öffentliche Beachtung gefunden.

Erziehung zur Freiheit
Die Pädagogik Rudolf Steiners
Berichte aus der internationalen Waldorfschulbewegung
Band 5502

Kein Schultyp wird heute so häufig zitiert und diskutiert wie die Waldorfschule. In diesem Band wird ausführlich berichtet über die erste, seit 60 Jahren funktionierende Gesamtschule: Begründung durch Rudolf Steiner, pädagogische Grundlagen, Lehrplan, Selbstverwaltung der Schule, Praxisberichte vom Kindergarten bis zum Abitur, bildungspolitische Probleme der internationalen Waldorfschulbewegung.

Der anthroposophische Erkenntnisweg
Band 5543

Immer mehr Menschen fühlen heute ein Bedürfnis nach der inneren Ruhe und Seelenstärke, die durch Meditation erreicht werden können. Dieses Buch möchte Entscheidungshilfe bieten, um einen Übungsweg zu finden, der nicht nur die erwünschte Wirkung vermittelt, sondern auch dem modernen Menschen westlicher Zivilisation voll entspricht.

Fischer Taschenbuch Verlag

fi 439/1